国家自然科学基金青年项目"高质量发展视角下社会保险机制研究"（项目编号：71904076）

经济管理学术文库·经济类

社会保险与就业的互动关系及作用机制研究

Research on the Interaction Relationship and
Mechanism of Social Insurance and Employment

汪润泉／著

经济管理出版社
ECONOMY & MANAGEMENT PUBLISHING HOUSE

图书在版编目（CIP）数据

社会保险与就业的互动关系及作用机制研究/汪润泉著.—北京：经济管理出版社，2023.3
ISBN 978-7-5096-8962-2

Ⅰ.①社… Ⅱ.①汪… Ⅲ.①社会保险—影响—就业—研究—中国 Ⅳ.①F840.61 ②D669.2

中国国家版本馆 CIP 数据核字（2023）第 045201 号

组稿编辑：郭　飞
责任编辑：郭　飞
责任印制：黄章平
责任校对：蔡晓臻

出版发行：经济管理出版社
（北京市海淀区北蜂窝 8 号中雅大厦 A 座 11 层　100038）
网　　址：www.E-mp.com.cn
电　　话：(010) 51915602
印　　刷：唐山玺诚印务有限公司
经　　销：新华书店
开　　本：720mm×1000mm/16
印　　张：13.75
字　　数：278 千字
版　　次：2023 年 3 月第 1 版　2023 年 3 月第 1 次印刷
书　　号：ISBN 978-7-5096-8962-2
定　　价：88.00 元

·版权所有　翻印必究·
凡购本社图书，如有印装错误，由本社发行部负责调换。
联系地址：北京市海淀区北蜂窝 8 号中雅大厦 11 层
电话：(010) 68022974　邮编：100038

序

近年来，笔者一直致力于社会保险缴费相关问题研究，早期对该议题的关注主要聚焦于社会保险适度费率的拟定。在后期的思考中，笔者逐渐意识到社会保险缴费和就业的关联性，尤其是职工社会保险制度的参保和基金筹集均以就业为前提，费率的设定会影响企业和劳动者的行为决策从而影响就业。自2015年以来的社会保险降费改革也暗含了稳就业的政策目标。厘清社会保险与就业两者间的互动关系及其作用机制问题，对于增进社会保险与就业的协调性、实现高质量发展，具有重要的现实意义。

基于以上思考，笔者在2019年以"高质量发展视角下社会保险费率调整与就业促进的互动机制研究"为题，申报了国家自然科学基金青年项目，很幸运得到了评审专家的认可和基金委的批准。历经三年多的时间，笔者和课题组成员不断细化研究问题、完善研究内容，公开发表了系列论文，基本完成了课题预期目标，最终形成了本书。

本书研究议题的产生源于两个方面的考虑：一是既有研究指出我国社会保险缴费率偏高对企业劳动力需求产生了挤出作用，政府采取了多轮降费改革以期稳岗就业。然而，从劳动者个体角度而言，雇佣就业是诸多就业方式中的一种，企业雇佣规模的下降未必意味着就业挤出，就业的结构性转变问题尚未引起重视。二是随着经济形态的变化，劳动者的就业形态也发生了变化，无形中对社会保险制度运行构成了新挑战，但目前尚缺乏相关的实证研究。为此，厘清社会保险缴费对就业的影响效应以及就业对社会保险制度运行的反馈作用，就成了本书的核心内容。

众所周知，自改革开放以来，我国社会保险制度建设取得了举世瞩目的成就，在制度层面实现了全覆盖，然而，就业人口的增长并未完全转换为参保缴费人口的增长，这些均与我国社会保险制度的费率设计息息相关。从社会保险与就业的互动关系出发，在当前经济形势与政策环境下，社会保险缴费对劳动供需、就业结构和就业质量的影响效应如何？降费改革能否起到稳定就业的作用？就业的变化是如何反馈于社会保险制度运行的？诸如此类问题，均是本书所关注的重点。

本书由五部分内容构成。第一部分为绪论，由第一章组成。本部分着重对本书的研究背景、研究问题等进行阐述，在对与本书内容相关的国内外文献进行梳理总结的基础上，确定本书的分析思路和研究框架。第二部分为社会保险缴费的就业效应，由第二章至第六章组成。本部分以上市企业、小微企业以及流动人口等不同类型劳动者为考察对象，辨析社会保险缴费对企业、劳动者行为决策的影响效果，揭示了上市企业的解雇和资本替代效应、小微企业的减员和员工结构效应、流动人口的就业挤出与非正规化效应、中老年劳动者的提前退休效应以及缴费对区域和个人就业质量的弱化效应。第三部分为社会保险降费改革的就业效应，由第七章至第九章组成。本部分以自2015年以来的社会保险降费改革为政策实验，利用双重差分法（DID），从劳动需求和供给两个维度评估社会保险降费对企业和劳动者的影响。在企业层面，评估了降费引发的雇佣效应和薪酬调整效应，在劳动者个体层面，评估了降费的就业促进效应与收入效应，以及对农民工等次级劳动力市场主体的溢出效应。第四部分为就业对社会保险制度运行的反馈，由第十章至第十二章组成。本部分以社会保险基金平衡为切入点，以基金结余率和支付能力为具体指标，结合就业形态的新变化探讨就业"去雇主化"对社会保险基金平衡的影响，从新业态从业者的参保决策逻辑角度分析就业去雇主化影响基金运行的底层逻辑，同时检验了改善就业质量基金运行效率的提升作用。第五部分为总结，即本书的第十三章。本部分着重对全书的研究发现进行总结，提炼研究结论并提出建设性建议。

本书认为，尽管社会保险缴费对就业有着"量"上的挤出作用，但更应关注的是缴费引起的就业结构与就业质量变化。高费率挤出了企业的雇佣规模，但劳动者面临消费约束，会转向非雇佣就业，从而引发就业结构的转型，甚至影响就业质量。在更充分就业和更高质量就业的愿景下，这一问题需要政策制定者给予更多的关注。降费改革能够在一定程度上缓解上述问题，在增加就业总量的同时，引导着就业朝着更稳定的方向发展，同时对农民工等次级劳动力市场主体有溢出效用。此外，就业对社会保险制度运行的反馈作用需要高度重视，社会保险基金的筹集对就业有着天然的依赖性，随着人口老龄化程度的不断加深，通过增加就业人口规模的方式来维持社会保险基金运行已不再具备长期有效性，改善与提高就业质量是增强社会保险基金平衡性的有效途径。

综合本书的主要研究结论，推进社会保险与就业良性互动，要防止两者陷入"高费率—就业挤出/质量弱化—就业去雇主化—参保率下降—基金失衡—提高费率"这一恶性循环。重建"降低费率—就业促进与正规化—就业质量改善—参保率提升—基金平衡—负担下降"这一良性循环。

  本书在选题、开展研究以及成果发表等各个环节都得到了诸多单位和个人的支持与帮助，在此一并致谢。本书以探讨社会保险与就业的互动关系为重点，对与其紧密关联的费率调整研究浅尝辄止，实属遗憾。此外，受时间、精力以及笔者水平限制，书中错误和不足之处在所难免，恳请广大读者批评指正。

汪润泉

2022 年 11 月

目 录

第一部分 绪论

第一章 研究背景、研究问题与分析框架 ……………………… 3
第一节 研究背景 …………………………………………… 3
第二节 研究问题与分析框架 ……………………………… 6
第三节 文献回顾与述评 …………………………………… 10
第四节 研究意义与创新 …………………………………… 17

第二部分 社会保险缴费的就业效应

第二章 解雇与资本替代：来自上市企业的证据 ……………… 21
第一节 核心问题与研究设计 ……………………………… 21
第二节 社会保险缴费的解雇效应 ………………………… 24
第三节 社会保险缴费的资本替代效应 …………………… 29
第四节 本章小结 …………………………………………… 35

第三章 减员与员工结构调整：来自小微企业的证据 ………… 37
第一节 小微企业的参保缴费与用工情况 ………………… 37
第二节 模型与变量说明 …………………………………… 40
第三节 小微企业社保缴费的减员效应 …………………… 41
第四节 小微企业社保缴费的员工结构效应 ……………… 45
第五节 本章小结 …………………………………………… 47

第四章　就业挤出与非正规化：基于流动人口的考察 …… 49

第一节　典型事实与核心问题 …… 49
第二节　研究设计 …… 52
第三节　缴费与就业挤出 …… 54
第四节　缴费与就业非正规化 …… 58
第五节　本章小结 …… 59

第五章　提前退休效应：社会保险与中老年就业 …… 61

第一节　制度背景与问题提出 …… 61
第二节　研究设计 …… 66
第三节　退休激励效应的精算结果分析 …… 69
第四节　劳动者提前退休的计量检验 …… 74
第五节　本章小结 …… 77

第六章　就业质量的弱化：宏微观双重视角的检验 …… 79

第一节　就业质量：概念与测量 …… 79
第二节　社会保险缴费与区域就业质量 …… 84
第三节　缴费影响个体就业质量的实证分析 …… 88
第四节　本章小结 …… 94

第三部分　社会保险降费改革的就业效应

第七章　需求视角：企业的雇佣决策与薪酬安排 …… 99

第一节　企业雇佣与薪酬决策的组间比较 …… 99
第二节　雇佣效应：降费改革与企业员工规模 …… 101
第三节　工资效应：降费改革与企业工资水平 …… 106
第四节　福利效应：降费改革与企业员工福利 …… 109
第五节　本章小结 …… 111

第八章　供给视角：降费与城镇劳动者的就业决策 …… 113

第一节　思路与研究设计 …… 113
第二节　就业效应：降费与劳动者就业 …… 115

第三节	就业回报分析：降费能否让利于民	120
第四节	保险权益：降费与劳动者参保率	124
第五节	本章小结	126

第九章　降费的溢出效应：基于次级劳动力市场的考察　128

第一节	问题提出与分析框架	128
第二节	农民工就业及回报的组间比较	131
第三节	降费的就业促进作用	133
第四节	降费的就业引导作用	137
第五节	降费与农民工就业回报	139
第六节	本章小结	143

第四部分　就业对社会保险制度运行的反馈

第十章　就业形态的转变及其对基金平衡的弱化效应　147

第一节	"去雇主化"：新形势下的就业转型	147
第二节	研究设计	149
第三节	就业"去雇主"化与基金平衡关系的实证检验	152
第四节	"去雇主化"弱化基金平衡的路径分析	158
第五节	本章小结	160

第十一章　"去雇主化"的参保效应：新业态人员的决策逻辑　162

第一节	新业态下劳动者的就业与参保现状	162
第二节	"去雇主化"对就业人员参保的挤出	164
第三节	去雇主劳动者的参保决策差异	167
第四节	去雇主化劳动者的参保逻辑分析	170
第五节	本章小结	173

第十二章　高质量就业对社保基金运行效率的提升　175

第一节	就业质量影响基金运行的理论分析	175
第二节	区域就业质量与基金运行效率	176
第三节	劳动者就业质量与基金运行	181
第四节	本章小结	184

第五部分 总结

第十三章 研究结论、政策建议与研究展望 …………………………… 187
 第一节 研究结论 …………………………………………………… 187
 第二节 政策建议 …………………………………………………… 191
 第三节 研究展望 …………………………………………………… 194

参考文献 ……………………………………………………………………… 196

第一部分

绪 论

　　关于社会保险与就业关系的理论和实证研究由来已久。不同于以往研究单方面强调社会保险缴费对就业的影响，本书聚焦于两者的相互影响关系，以企业、个人等行为主体的决策逻辑为依据，厘清社会保险与就业的互动机制，探讨实现社会保险制度高质量发展以及推动高质量就业的政策路径。本部分主要针对研究背景展开论述，并对国内外相关文献进行梳理，阐明本书的核心问题，由此搭建本书的分析框架，明确本书的研究意义和主要创新。

第一章 研究背景、研究问题与分析框架

第一节 研究背景

一、社会保险制度特点与政策新动向

20世纪80年代末,在改革开放与国有企业合同制改革等时代背景下,我国开启了社会保险制度变革。在经各地区的试点推行后,国发〔1997〕26号文件提出要"逐步建立全国统一的城镇企业职工基本养老保险制度",同期,其他社会保险项目的制度框架也逐步确立。在此阶段的改革中,我国借鉴俾斯麦社会保险模式引入了单位与个人共同缴费原则,搭建起了统筹账户与个人账户相结合的社会保险体系。

但由于我国采取"地方试点"的改革思路,地区间的发展水平差异也形塑了社会保险制度的参数差异。在统一的框架下,各地区的具体制度设计并不一致,而是具有明显的"碎片化"特征(吕天阳等,2015;杨一心,2021)。其中,一个典型的表现是,各地区的社会保险缴费率存在较大差距。以2015年为例[1],上海市的社会保险缴费率高达45.5%,居于全国之首,而最低的广东缴费率为35.05%,两地的缴费率差距超过了10个百分点。此外,地区间的费率结构也存在一定的差距,上海市企业与职工个人缴费率之比为3.3∶1,也即企业承担的费率是个人费率的3.3倍,而费率比最低的广东为2.3∶1。事实上,由于制度统筹层次较低,同一省份不同地级市间的社会保险费率设计也存

---

[1] 2015年我国各省市社会保险缴费率达到最高值,随后开始了降费改革。

在差异。

除了地区差异,我国社会保险费率设计的另一个特点是缴费标准较高。根据杨翠迎等(2018a)对世界主要国家社会保险缴费率的比较分析可知,我国职工社会保险缴费居于全球前十位。过高的社会保险缴费率加重了企业成本,严重制约了企业发展乃至经济增长,尤其是《社会保险法》实施后,用人单位的社会保险负担进一步上升,丧失了原有的劳动力成本优势。

随着经济新常态的来临,我国经济增速放缓,企业营销环境恶化,为降低企业成本同时规范社会保险制度,2013年党的十八届三中全会《中共中央关于全面深化改革若干重大问题的决定》提出建立更加公平可持续的社会保障制度,适时适当降低社会保险费率,由此,社会保险费率进入全面调整期,截至2019年,社会保险缴费率共经历了五次降费改革。

从费率调整的过程来看,前四次为阶段性降费,第五次为综合性降费。2015年2月,人社部和财政部发文规定,自2015年3月1日起失业保险总缴费率由3%下调为2%,单位和个人的缴费比例由各地政府确定,此为第一次降费改革。同年6月,国务院常务会议决定,从10月1日起,工伤保险平均费率由1%降至0.75%,生育保险缴费比例由不超过1%调整为不超过0.5%。自2016年5月1日起,我国开始了第三轮降费改革,企业养老保险缴费比例超过20%的省份下调至20%;且2015年底基金累计结余可支付月数超过9个月的省份则阶段性调整为19%;失业保险缴费比例由2%阶段性降至1.0%~1.5%,其中个人缴费比例不超过0.5%。2017年的第四轮降费改革主要针对失业保险,根据人社部和财政部联合发布的通知,失业保险总费率为1.5%的省市,可以将总费率降为1%。

与前四轮的降费改革不同,在第五轮降费中,国务院发布的《降低社会保险费率综合方案》规定,自2019年5月1日起,降低城镇职工基本养老保险(包括企业和机关事业单位基本养老保险,以下简称养老保险)单位缴费比例。各省、自治区、直辖市及新疆生产建设兵团(以下统称省)养老保险单位缴费比例高于16%的,可降至16%;目前低于16%的,要研究提出过渡办法。在此轮的降费改革中,除了降低企业养老保险缴费率外,对社会保险的缴费基数也作出了新的规定,新方案要求以全口径城镇单位就业人员平均工资[①]作为核定社会保险缴费基数的标准。社会保险降费有着"减轻企业负担"及"稳就业"的政策意图,但就目前而言,降费改革的实际效果尚未得到充分的评估。

---

① 包括城镇非私营单位就业人员和城镇私营单位就业人员。

二、就业新变化及其对社会保险制度的挑战

作为针对就业群体的劳动保护制度，社会保险与就业有着紧密的关联，就业形势的变化会深刻地影响到社会保险制度的运行。近年来，中国经济与就业的发展表现出了与传统计划经济时期完全不同的特征，劳动者不再偏爱国企等计划经济时期的"铁饭碗"，其就业形式更加多元化。从宏观统计数据来看，在城镇就业群体中，传统单位就业人数占比逐年下降，而私营企业就业人员、个体就业人员占比不断上升。根据《中国统计年鉴》可知，我国城镇非私单位就业人数占比已从2010年的69.6%下降至2019年的40.7%，个体就业和私企就业人数占比分别从2010年的12.9%、17.5%增加至2019年的26.4%、32.9%。

中国劳动和社会保障科学研究院就业创业研究室的一项最新研究《赋能"微"力量，筑底大民生》显示，尽管企业一直是吸纳就业的主力，但随着近年来数字技术及互联网平台的发展以及营商环境的不断改善，个体形式的微型创业迎来发展高潮，大大增强了就业扩容的弹性空间，成为中国就业的突出现象。随着我国经济发展进入新常态，劳动者的就业形态发生了新变化，平台就业等新业态蓬勃发展，吸纳了大量新增就业人口。人社部调查显示，2015年，我国自由职业者、非全日制雇员和其他形式就业者在非农就业中占26.5%，新就业形态逐渐成为未来劳动力市场的重要特征。且据学者测算，我国的非正规就业人口规模已超过正规就业人口规模（薛进军和高文书，2012）。

在经济的下行期，新业态为解决就业问题提供了新的突破口，然而，对社会保险制度而言，新业态带来的就业人口增量未能有效转换为新增缴费人口。我国现行的社会保险制度高度依赖于稳定的雇佣关系，这也是俾斯麦社会保险模式的核心特征，劳动者与用人单位建立劳动关系后，由用人单位申报参加职工社会保险。在这种制度设计下，新型用工形式对劳动关系以及社会保险义务与责任分配提出了挑战（问清泓，2019），破坏了社会保险制度的可持续发展。

无论是就业形式的多元化还是新业态的崛起，都弱化了劳动者与用人单位之间的绑定关系，从而衍生出了就业的"去雇主化"特征，这一新变化成了当前社会保险制度发展面临的新挑战。综观现有文献可知，目前关于社会保险与就业关系的研究均忽略了这一新情境，尚未有研究考察就业形势变化对社会保险制度运行造成的影响。本书认为，探讨中国社会保险制度与就业之间的互动关系需要充分考虑当前的新环境、新背景，这既是解决当前制度发展困境的需要，也是补充和修正既有理论认知的契机。

第二节 研究问题与分析框架

一、主要研究问题

本书所称的社会保险特指城镇职工基本社会保险制度，其与就业关系紧密。一方面，职工社会保险以就业为前提，就业为社会保险制度提供了经济基础，就业者及其雇主承担相应的缴费义务，并以此成为社会保险制度的权利主体。另一方面，社会保险也会影响就业，既可能通过提升人力资本、改善就业环境等渠道起到就业促进与劳动保护的作用，也可能因加重劳动力成本而降低就业水平和就业质量，最终效果取决于社会保险缴费率等参数设计的合理性及其与就业形势的协调性。

在就业优先的战略安排下，我国就业形势总体稳定，但质量型矛盾日益突出且已上升为主要矛盾（丁守海等，2018）。社会保险制度建设虽取得了重大成就，但尚未做到与就业的有机协同、相互促进，因而难以满足高质量发展的需要。如何平衡更充分、更高质量的就业诉求与健全社会保险制度之间的关系，是当前政策与理论研究中的热点话题。

结合我国的经济制度环境，社会保险与劳动就业的不协调之处集中表现为两个方面。第一，社会保险对劳动就业存在负面影响。由于社会保险制度的缴费率过高，加重了企业的劳动力成本，从而引发了"逃费""不参保""提前退休"等失范行为以及"降低工资"等成本转嫁行为，对企业和劳动者个人的行为决策可能产生诱导作用。第二，社会保险制度无法适应就业形态变化，新增就业人口难以纳入职工社会保险制度。在国家就业优先战略的要求下，稳就业成了政府工作的重点。近年来，我国就业人口规模仍有所增长，但劳动者的就业形态却发生了重大变化，新业态成了当前就业的新趋势。由于新业态从业人员缺乏明确的雇佣关系，其大多游离于社会保险制度之外。一方面，新业态导致就业人员未能为社会保险制度提供基金来源；另一方面，从业者也面临权益缺失，需独自承担社会风险。

社会保险与就业实质上是共享与共建的关系，社会保险是共享、就业是共建，共享要以共建为基础，共建要以共享为目标。统筹兼顾社会保险制度发展及其与就业的关系，发挥社会保险与就业的政策协同效应，是我国今后解决就业与社会保障两大民生问题的有效途径。近年来，国家在调整社会保险政策时也纳入了对就业的考量。2019年初的中央经济工作会议提出"要加快研究降低社会保险费率的实施方案"时，强调要把就业作为经济社会发展的优先目标，重点考虑农民工等群体的就业问题，支持企业稳定发展。国家的最新政策与工作动向表明，新时期的社会保险费率调整与就业工作正逐步融合，这极有可能成为谋求高质量发展的突破点。

在新就业形势下，推进社会保险制度改革步伐，优化社会保险制度，构建就业与社会保险的良性互动机制，需要厘清以下问题：在当前经济形势与政策环境下，社会保险缴费对就业的影响效应如何？降费改革能否起到"稳就业"的作用？就业是如何反馈于社会保险制度运行的？本书以探索和回答以上问题为出发点，尝试厘清社会保险与就业之间的互动关系，以费率设计为切入点，探讨社会保险缴费、降费对就业的多维影响效应；以基金运行为落脚点，考察就业对社会保险制度运行的反馈作用，从而为新时期就业与社会保险的高质量发展提供决策咨询和政策建议。

二、思路与分析框架

随着社会保险制度在世界范围内的建立与推广，其对就业的影响已受到学术界的广泛关注，与此不同，本书强调两者间的相互作用，从"互动性"视角出发，重点考察在中国制度环境下，社会保险与就业的相互影响关系，从而为推动就业与社会保险的"共建共享"提供理论依据和决策参考。

自Brittain（1971）提出社会保险缴费的就业挤出效应分析框架以来，关于社会保险费率设计与就业关系的研究文献层出不穷。这类文献强调社会保险缴费加重了雇主的劳动力成本，在无法通过工资转嫁来降低成本的情况下，雇主会减少雇佣规模，从而表现出就业挤出效应。置身于中国当下的经济与制度环境，这一分析框架既有其合理性，也存在不足的一面。我国社会保险制度的费率标准偏高，这为就业挤出效应提供了事实依据，而雇佣就业仅是我国劳动者多种就业形式中的一种，雇佣就业的下降未必意味着总体就业规模的下降。根据我国所处的经济发展阶段与民生发展水平，劳动收入仍是劳动者及其家庭的主要收入来源，甚至是唯一的收入来源，因此，即便社会保险缴费挤出了雇佣就业，劳动者迫于生计也会尽力谋求其他形式的就业，以获得必要的生存资料。由此，在我国情境下，社会保险缴费对就业的影响可能不同于来自其他经济体的研究。

为探讨社会保险与就业的互动关系及其作用机制，本书在已有分析框架的基础上，引入企业、劳动者多个市场主体，构建了一个新的分析框架，如图1-1所示。社会保险与就业的关系最终要通过企业、劳动者等微观主体展现出来，对企业而言，社会保险是一项劳动力成本，其行为遵循成本应对模式，而个体的行为则需考虑义务与权益间的权衡。因此，本书从剖析企业和个人的行为决策出发，解析社会保险缴费、降费影响就业的作用效果与路径。

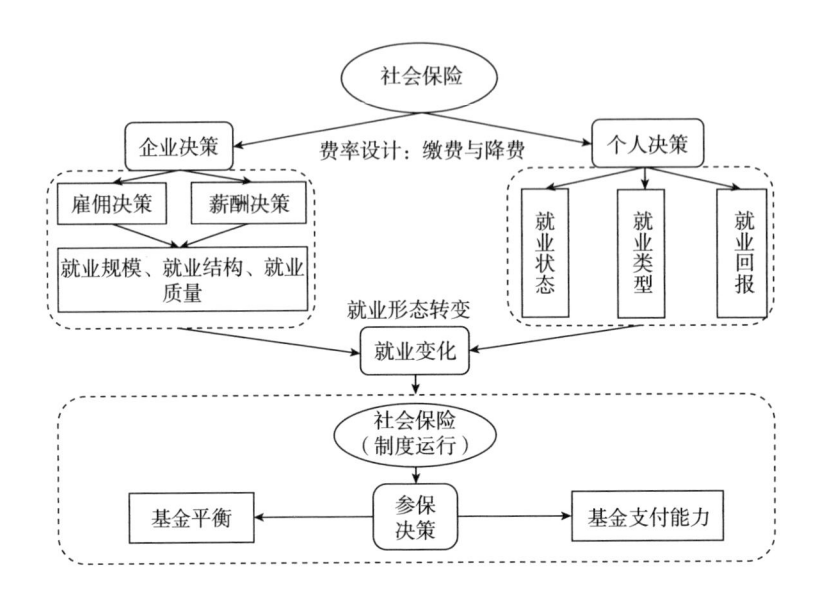

图1-1　社会保险与就业互动关系的分析框架

近年来，有研究指出我国社会保险制度的高费率导致了企业缩减雇佣规模，在此基础上，本书要继续追问的是，社会保险缴费所导致的企业缩减雇佣规模是单纯地减少了用工数量，还是产生了资本对劳动的替代效应，不同类型企业是否有差异？在降低用工数量时，对不同类型员工是否存在选择性，从而对员工结构也产生了影响？如果企业仅仅是降低了劳动力数量，这可能意味着生产规模的缩减，对企业发展以及经济增长不利，如果存在资本与劳动间的替代效应，则意味着我国社会保险制度在一定程度上对企业形成了倒逼机制，有助于降低单位产出的劳动力成本。

对于劳动者个体而言，一方面，社会保险是一种风险分散机制，有利于降低风险损失、提升人力资本；另一方面，社会保险的高费率除了提高企业劳动力成本，也降低了劳动者的当期收入和社会保险制度的缴费回报率。前者可能吸引劳动者积极就业以获取社会保险权益，而后者可能降低劳动者的就业概率和就业质量。当下，个人的社会保险参与情况与其就业形态高度关联，劳动者完全可以通过改变就业形态来回避社会保险缴费。由此可见，社会保险费率的变动对个体就业机会的获得、就业类型的选择以及就业质量的好坏均有可能产生影响。

在探讨社会保险对就业的影响效应时,本书涉及了就业规模、就业结构和就业质量等多维度。首先,若社会保险缴费对企业雇佣规模、个体就业概率均表现出显著的负向影响,即意味着社会保险缴费对就业规模起到了挤出作用;反之,若降低社会保险缴费率对企业员工规模、个体就业概率表现出显著的正向影响,即意味着社会保险降费对就业规模起到了促进作用。其次,就业结构既表现为企业内部的员工结构,也表现为劳动者的就业类型。社会保险费率的变动会影响企业的雇佣决策,企业依据生产成本以及对不同员工的价值判断,可能会对不同类型的员工做出不同的雇佣安排,从而改变企业内部的员工结构。在劳动者个体层面,社会保险费率的变动可能会引起劳动者在正规就业、灵活就业等不同就业类型之间的取舍,当这一影响效应足够大、受影响的劳动者数量足够多时,便会对劳动力市场的整体就业形态产生影响。最后,就业质量是一个多维概念,表现为某个地区或者某个劳动者就业的体面程度,在我国"就业优先""稳就业"等政策主张下,就业问题受到政府层面的高度重视,此时,可能会出现"以牺牲质量换取数量"的现象,从而降低了劳动者的就业质量。

在具体分析策略方面,以上针对社会保险缴费与就业三维度的研究除了考虑缴费水平外,还需考虑缴费结构的差异。我国社会保险制度强调雇主和雇员共同承担缴费责任,而雇主与雇员之间不同的费率分担比例亦可能对就业产生影响。当雇主承担的缴费责任较高时,对劳动者就业供给的影响相对较小,而雇主的用人成本更高,相应的劳动力需求下降。当雇员承担的缴费责任较高时,对雇主劳动力需求的影响相对较弱,而劳动者的就业供给更有可能受到影响。

以上考虑了社会保险对就业的影响,但事实上,就业也会对社会保险制度运行起到反馈作用。企业与个体的行为决策改变了整体就业形态,而就业形态的转变会通过参保决策、基金筹集等渠道对社会保险制度的运行效率产生影响。在高劳动力成本环境下,企业为追求利润,会通过调整雇佣规模、用工形式等方式减少社会保险费用支出,而劳动者个体也会通过改变就业形态来回避社会保险责任。以上行为会迫使社会保险制度运行偏离理想状态。

基于上述分析,本书设计了三个模块的研究内容。第一,立足于我国社会保险缴费率偏高以及地区差距大这一基本事实,实证考察缴费率对上市企业、小微企业以及流动人口等不同主体行为决策的影响,具体检验高缴费引致的企业"解雇与减员效应""资本替代效应""员工结构效应",劳动者"就业挤出与引导效应""提前退休效应"以及就业质量的弱化效应。第二,以自2015年以来的社会保险降费改革为政策实验,从企业需求和个体供给两个维度评估降费改革对就业的影响,在企业维度具体检验降费的"雇佣决策""工资与福利效应",在个体维度具体检验降费的"就业与收入效应"以及对农民工等次级劳动力市场主体的"溢出效应"。第三，以就业形态的新进变化为依据，检验就业对社会保险制度的反馈作用，以基金结余率和基金支付能力为具体指标，探讨就业形态的转变以及就业质量的变化对基金运行的影响效应。

第三节　文献回顾与述评

一、社会保险与就业关系的理论分析

各历史时期的主流思想学派对社会保险与就业的关系进行了不同的阐述。社会保险与就业关系的正式论述可以追溯到20世纪30年代，彼时的经济大萧条和凯恩斯主义需求理论让人们注意到了社会保障在充分就业方面所起到的促进作用。而在此之前，新历史学派和福利经济学派在阐述社会保障与经济增长的关系时，从维护社会稳定以及劳动力再生产的角度提到了社会保障对就业的正向作用。进入20世纪70年代以后，随着"福利病"的出现，社会保障被指责抑制了劳动力供给，与高福利对应的高税收也降低了劳动力需求，进而对就业具有负向作用。不同于这类二元化的分析思维，20世纪90年代的"第三条道路"思想认为社会保障与就业的关系需要从度层面把握，只有适度的社会保障才能起到促进就业的作用。尽管以上思想流派并未明确区分社会保险和社会保障，但其在一定程度上意味着社会保险与就业的关系依赖于具体的制度设计。

在理论分析层面，学者认为社会保险对就业的影响效应与社会保险缴费的分担机制及其费用归宿有关。20世纪70年代初，Brittain（1971）构建了分析社会保险就业效应的基本框架，他指出，如果完全由职工来承担缴费，那么雇主的用工成本不会发生变化，也不会影响雇主的用工需求，此时社会保险缴费对就业是中性的。但这一结论要求市场上的劳动供给是充分的，也即劳动供给是无弹性的，而这往往与现实不符。Feldstein和Samwick（1972）修正了Brittain模型中的无弹性假设，建立了以固定替代弹性生产函数为基础的理论模型，并以此探讨社会保险缴费对劳动供给的影响，模型分析指出，如果职工仅关心净收入，那么社会保险缴费将导致劳动供给减少，如果职工将雇主缴纳的社会保险费视为收入的一部分，那么劳动供给会增加，此时就业水平提高。

随后，Summers（1989）的分析模型指出，在弹性假设下，若雇员将社会保险缴费视为自己的延期收益，则雇主名义上缴纳的社会保险费将完全转嫁给雇员，此时就业不会产生影响，但若工资具有一定的刚性或者雇员对社会保险的

认可度不高，那么雇主就无法完全将社会保险缴费转嫁给员工，此时劳动力成本上升，对就业有挤出效应。Gruber（1997）的理论模型表明，当劳动力市场处于均衡状态时，如果劳动力供给弹性越小，或者劳动力需求弹性越大，则雇主以低工资的形式转嫁社会保险缴费的效应越强。在部分国家，社会保险以工薪税的形式征收，Pisauro（1991）在特定税收归宿框架中讨论了工薪税对劳动力市场的影响，认为增加工薪税会使特定市场工资率下的总劳动力成本上升，并减少对劳动力的需求，所以，更高的工薪税将导致失业增加。

根据上述理论分析可知，缴费是社会保险影响就业的重要动因，且缴费环境以及制度主体对待缴费的不同态度会影响到社会保险对就业的具体作用效果。这为后续开展的实证研究提供了理论指导，同时也为实证研究结论的差异性埋下了伏笔。

二、社会保险缴费的就业规模效应

社会保险缴费改变了劳动力成本结构，对劳动就业产生了一定的影响。学者利用各国社会保险政策改革以及缴费标准在时间和地区层面的差异，构建量化分析模型，实证检验了社会保险的就业效应。从研究结论来看，现有研究大体可分为以下三类：

第一，就业促进论，这类研究认为社会保险缴费对就业具有促进作用。如Stiglitz（1982）认为，在劳动力供给充裕、社会福利水平较低且劳动者是风险规避的条件下，提高社会保险缴费可能导致劳动力供给增加，其原因是劳动者需要更加努力地工作挣钱以防范可能发生的风险。Prescott（2006）对美国和其他OECD国家的比较研究同样验证了社会保险对就业的激励作用。

第二，就业中性论，这类研究认为社会保险缴费对就业无显著影响。如Gruber和Krueger（1991）利用美国劳动补偿险缴费比例在不同州以及不同时间点上的差异，考察了政府强制企业为员工缴纳劳动补偿险对就业和工资的影响，其结论显示，劳动补偿险对企业雇佣规模并无显著影响。类似地，Gruber（1994）考察了强制企业为员工缴纳生育保障费用对女性就业的影响，其结果也支持中性论。同样的证据还来自对美国医疗保险缴费与雇员就业概率的相关研究（Lubotsky和Olson，2015）。

第三，就业抑制论，这类研究认为社会保险缴费挤出了就业。Weitenberg（1969）对荷兰工薪税的研究发现，对企业征收的工薪税一部分以提高商品价格的方式转嫁给了消费者，同时也导致了商品需求减少、企业盈利能力减弱，进而降低了劳动需求。20世纪90年代，哥伦比亚将与养老、医疗相关的工薪率提高了10.5%，对此，Kugler和Kugler（2003）利用制造业的调查数据分析了哥伦比亚工薪税率变化前后的就业情况，发现工薪税率每上升10个百分点将导致就业率下降4个百分点。Papps（2012）根据土耳其2002~2005年的就业水平面板数据，分别分析了提高社会保障税和最低工资对就业的影响，其回归分析结果表明增加社会保障税比增加同等的最低工资更容易引发劳动力失业。

基于各国制度实践的研究得出了不同的结论，而来自中国的研究则较为一致的支持就业抑制论，且部分研究认为社会保险缴费对就业的挤出效应存在异质性。在具体研究中，学者既采用了国家宏观统计数据，也使用了企业层面的微观数据，如杨俊（2008）利用2002~2006年中国省级面板数据，通过模型分析认为，养老保险缴费对就业增长率具有显著的负向影响，养老保险费率每提高1%，会导致就业增长率下降3个百分点。同样，基于省级面板数据，朱文娟等（2013）的研究发现，2004~2010年，中国社会保险缴费降低了就业水平，平均而言，社会保险费率每增加1个百分点，总就业水平下降0.153个百分点、城镇就业水平下降0.06个百分点，但在低收入地区，上述作用不显著。针对养老保险制度，穆怀中和张楠（2018）利用2005~2014年省级面板数据的分析指出，养老保险缴费对就业具有抑制性，且抑制的程度受就业结构、人力资本水平的影响。一项基于制造业企业数据的研究发现，企业社会保险缴费率每提高1%，会导致企业雇佣人数下降6.9%（刘苓玲和慕欣芸，2015）。

在异质性方面，学者发现社会保险缴费对就业的挤出作用存在企业、行业和地区差异。马双等（2014）通过制造业企业的报表数据，测算出企业的实际缴费水平，进而考察企业缴费对就业的影响，研究发现，在低技术水平以及低工资水平产业中，企业养老保险费率的上升对就业有显著的挤出作用。陶纪坤和张鹏飞（2016）从宏观、微观两个层面考察了社会保险缴费对就业的影响，其结果发现，在宏观层面上，社会保险缴费对就业的挤出主要发生在东部地区，在微观层面上，社会保险缴费对企业劳动力需求的挤出主要发生在民营企业。葛结根（2018）从行业和经济周期视角出发，认为企业缴纳社会保险费用对就业具有转嫁效应，劳动密集型行业和低风险行业企业的转嫁效应更大，且经济萧条会扩大转嫁效果，而经济扩张则会弱化转嫁效果。

随着相关研究的推进，最新研究开始结合我国环境剖析社会保险缴费挤出就业的具体机制。如刘贯春等（2021）以《社会保险法》的出台为政策实验，其研究结果表明，社会保险缴费的增加显著降低了企业劳动力雇佣增长率，而且该效应在劳动密集型、融资约束严重、税收征管力度大以及成本转嫁能力弱的企业更为凸显。不同于以往研究的"替代效应"，该研究认为企业减少雇佣的核心逻辑在于"流动性约束效应"，社会保险缴费导致企业现金持有显著减少、应付账款显著增加、股利支付规模显著下降。

三、社会保险缴费的就业质量效应

就业质量是一个多维度的概念,然而,当前关于社会保险缴费与就业质量关系的研究主要围绕就业回报——工资维度展开。立足于税负归宿分析框架,现有研究检验了社会保险缴费对员工工资的转嫁效应,主要研究结论表明,社会保险缴费导致企业降低了职工的工资水平。根据社会保险对工资水平挤出程度的差异,目前的研究文献可划分为以下三类:

第一,完全转嫁论。这类研究认为,企业通过降低职工工资的方式将社会保险缴费完全转嫁给了员工。在一项跨国研究中,Brittain(1972)发现,在给定生产率条件下,企业的社会保险缴费负担完全通过降低工资的方式转嫁给了员工。Gruber(1994,1997)对美国生育保险计划以及智利养老金改革的两项研究中都发现,企业通过降低工资将缴费负担完全转嫁给了员工。

第二,部分转嫁论。这些研究则指出企业将部分社会保险缴费转嫁给了员工。Holmlund(1983)通过时间序列数据,对瑞典福利项目缴费率改革的研究发现,当企业职工福利计划的缴费率从14%上升到40%时,企业在短期内便将50%的缴费负担转嫁给了员工。Hamermesh(1979)利用不同福利项目间的费率差异,采用拟实验方法,其结果发现,雇主将0%~35%的社会保障供款负担转嫁给了员工。利用华盛顿1985年失业保险费率改革这一"准自然实验",Anderson 和 Bruce(2000)基于13年跨期经验数据的分析表明,企业的转嫁现象非常明显,且企业失业保险缴费转嫁和所得税转嫁间的差异较小。Ooghe 等(2003)利用欧盟统计局公布的数据,分析了各成员国社会保障供款的归宿问题,指出超过一半的缴费负担都被转嫁给了员工,且当社会保障缴费与待遇间的关联越紧密时,缴费转嫁的程度越高。Junya 和 Yasushi(2010)对日本的研究发现,在短期内社会保险费率上升1个百分点,市场工资将下降1.8个百分点,而在长期模型中,社会保险费率每增加1个百分点,将导致市场工资下降6.8个百分点。

第三,无转嫁论。这类研究认为,企业并未通过降低工资将社会保险缴费负担转嫁给员工。如 Kohei 和 Atsuhiro(2004)对日本健康保险以及长期护理保险的研究发现,雇主将大部分的健康保险缴费负担转嫁给了雇员,而在长期护理保险中未发现转嫁现象。另外有一项基于日本企业经验数据的分析表明,在社会保险缴费中未发现支持企业缴费转嫁的证据,也即该研究认为企业如实承担了社会保险缴费(Tachibanaki 和 Yokoyama,2008)。各国家的市场环境以及制度安排不同,这可能是导致上述研究结论存在差异的原因。

近年来,针对中国社会保险缴费与工资水平的关系问题,国内学者多认为,社会保险制度的高费率降低了职工的工资水平。在这些文献中,既有研究以企业为考察对象，认为企业缴费降低了员工工资。如马双等（2014）利用1998~2007年制造业企业报表数据研究发现，养老保险企业缴费率每增加1%，将挤出员工工资0.6%。钱雪亚等（2018）认为，企业实际承担的社保缴费率越高，其雇佣工资越低，社会保险以降低工资的方式对劳动力市场运行产生影响。张鹏飞（2020）基于上市公司面板数据的分析表明，企业社会保险缴费对职工工资的挤出效应存在区域、产业、行业等差异，不发达地区企业社会保险缴费挤出职工工资的程度要大于发达地区，第一产业所属企业社会保险缴费挤出职工工资的程度要小于第二产业和第三产业，制造业所属企业社会保险缴费挤出职工工资的程度要大于非制造业，大企业社会保险缴费挤出职工工资的程度要大于中小企业。

上述研究多利用社会保险缴费率的地区差异和时间差异来构造计量模型，最新研究则试图通过准实验法以改进以往研究在方法上可能存在的偏误。如鄢伟波和安磊（2021）利用社会保险征收体制和《社会保险法》的颁布，构造三重差分模型研究社保缴费在企业和职工间的转嫁，研究发现，政策冲击使劳动密集型企业相对于非劳动密集型企业的社保缴费强度提升了约12%，结构分解表明政策冲击主要提升了企业养老保险和医疗保险缴费强度，且并未发现企业未通过减少就业、降低其他类型薪酬或提升职工学历结构的形式将增加的社保缴费转嫁给职工。

也有研究以劳动者个体为考察对象，认为社会保险制度降低了个体的工资水平。如封进（2014）利用个体层面的追踪调查数据，考察了有无社会保险的职工在工资水平上的差距，其结论认为，总体上企业社会保险缴费对职工工资的影响不显著，但低受教育程度以及非技术型员工，在一定程度上承担了企业的社会保险缴费转嫁，转嫁的程度在10%~15%。周作昂和赵绍阳（2018）利用流动人口监测调查数据，考察了农民工社会保险与其工资间的关系，其结论表明，社会保险与农民工的工资水平具有替代性，社会保险降低了农民工8%的工资收入。

事实上，工资是就业质量的重要表征，社会保险对工资的挤出效应似乎表明其对就业质量具有负向作用，然而就业质量还有其他的维度，仅凭工资这单一维度的研究并不能得出以上结论。20世纪末和21世纪初，国际劳工组织、欧盟委员会、欧洲基金会等国际组织均对就业质量作了界定与定义，在国内，赖德胜等（2011）、张抗私和李善乐（2015）从不同维度对我国的就业质量进行了指数化研究。目前，国内学者认为我国的就业矛盾已从数量型矛盾转向质量型矛盾，并主张构建以提高就业质量为核心的积极就业政策（丁守海等，2018），国家最新政策动态也强调了就业的高质量发展，民众对就业质量的关注度逐渐上升，提高就业质量是社会发展的基本趋势。在这样的背景下，以社会保险对工资的影响效应为立足点，亟须丰富和拓展社会保险与就业质量关系的研究。

四、降费改革的就业效应评估

尽管在不同的制度环境下，社会保险对就业的影响效应存在差异，但来自多国的研究结论均指出，较高的社会保险缴费率在量和质两个层面上均对就业起到了负面作用。那么，降低社会保险缴费率能否消除其负面影响，从而改善就业状态呢？对此，现有研究结论亦存在争议。由于多数发达国家的社会保险制度以工薪税的形式进行筹资，因此，在降费改革效果的评估方面也主要以工薪税的调整为研究依据，从研究结论来看，这类文献针对工薪税调整的就业和工资效应得出了不同的结论。

部分学者的研究认为，降低工薪税减轻了劳动力负担，能够起到促进就业的作用。如2007～2009年瑞典实施了针对年轻人的工薪税削减政策，以此为政策实验，学者考察了其对就业的影响效应。根据Egebark和Kaunitz（2018）的研究结果，工薪税削减提高了年轻人的雇佣率，但对工作时间无显著影响，且随着年龄的上升就业效应逐渐减弱。另一项针对瑞典工薪税调整的研究指出，针对年轻人的工薪税削减政策并没有影响工资，但具有明显的就业效应，主要是由于离职率减少了，且在失业率较高的地区减税政策的就业效应越明显（Saez等，2019）。2008年12月至2019年12月，法国针对收入低于1.6倍最低工资且受雇于小微企业的低薪群体降低了工薪税，以此为背景，Cahuc等（2014）评估了此次工薪税调整的就业效应，其结果表明，小微企业的雇佣规模有明显的上升。2012年，哥伦比亚进行了税制改革，工薪税和雇主承担的健康保险税下降了13.5%，经此改革，中小企业的就业规模显著扩大，但大企业的就业规模未有明显变化（Bernal等，2017）。

也有部分学者的研究认为，工薪税的减免并未促进就业，但对工资水平有一定的提升作用。Bennmarker等（2009）评估了2002年瑞典工薪税减免政策的就业和工资效应，其结果发现，改革并没有对企业的劳动力需求产生任何影响，但是工薪税每降低1%，雇员的平均工资就上涨0.25%。来自其他国家工薪税调整的政策评估同样指出，降低企业的工薪税会通过提高工资的形式传递给员工，从而对就业没有产生影响（Cruces等，2010；Mansson和Quoreshi，2015）。

此外，已有研究还揭示了降税政策效果的异质性。Korkeamaki和Uusitalo（2009）针对芬兰降低工薪税改革的研究发现，降税所带来的工资效应仅存在于服务业，在制造业无明显工资效应。Stokke（2021）基于挪威工薪税改革的研究认为，工薪税的下降对制造业有显著的工资提升作用，但在服务业不存在工资效应。此外，降税改革提升了低教育程度工人的工资水平，对高教育程度工人无工资提升效应。1997年，西班牙针对30岁以下和45岁以上群体降低了工薪税，结果发现，前者的就业率提高了2.42%，但后者的就业率并未得到提高（Elias，2015）。

自2015年以来，我国政府实施了"减税降费"政策，针对社会保险制度多次下调了缴费率，以期减轻企业负担，稳定就业形势。对此，有研究开始评估我国社会保险降费改革的就业效应，但所得结论并不一致。吕学静和何子冕（2019）以上市公司为研究对象，利用山东2010年企业养老保险缴费率下调为"准自然实验"，借助双重差分法评估了降费改革的工资和就业效应，研究表明，政策实施后国有企业、非制造业企业的工资水平显著上升。

宋弘等（2021）以浙江各地2012年的社保缴费率下调统筹为政策实验，利用双重差分法发现，一方面，养老保险缴费率下降显著提高了企业的社保参与率，并且提高了企业社保总缴费支出；另一方面，降低缴费率显著提高了企业劳动力需求，并且这一效应对于中小民营企业尤为明显。尹恒等（2021）根据全国税收调查中10个服务业行业数据进行政策模拟发现，社保降费对服务业企业劳动需求的促进作用相当可观，降费4个百分点，既定工资率下企业的劳动需求量平均增长约6.36个百分点，社保降费确实可以成为促进服务业就业的重要政策工具，不过同时应该采取相应措施消除其对社会保险收入的冲击。

可以发现，前述研究多以企业为分析对象，检验降费改革对企业雇佣需求的影响，然而，在不考虑劳动供给的情况下雇佣需求的上升未必意味着就业上升。目前，从劳动供给维度考察社会保险降费效应的研究尚不多见，仅有利用2016年部分省份降低养老保险缴费率这一政策事件，采用双重差分法检验了降费对个体就业的影响的相关研究。其结果表明，降费导致个体提供劳动供给的概率显著下降1.93%，且主要影响21~30岁和受教育程度为大学及以上的群体（程煜等，2021）。由此可见，基于劳动供给和劳动需求的研究得出了相悖的结论，其背后的原因值得深究，社会保险制度的降费改革对就业究竟有何影响，仍需进一步的研究和探讨。

五、研究述评

依据国内外相关文献梳理可知，学术界围绕社会保险对就业的影响问题已取得了大量的研究成果，但探讨就业对社会保险制度反馈作用的研究少之又少。整体而言，当前研究存在以下不足和值得推进之处：

首先，现有研究集中讨论了社会保险缴费对就业水平的影响，其方法和思路有助于理解我国社会保险制度与就业关系，但所得结论未必适用于我国情境。主流文献认为社会保险缴费减少了企业的雇佣水平，从而降低了就业水平，然而，受雇于企业仅是劳动者诸多就业方式中的一种，企业雇佣规模的减少未必意味着整体就业规模的下降。由此可知，仅从企业用工需求的角度分析社会保险缴费的就业效应难以真实反映社会保险对就业的影响。

其次，从劳动供给角度探讨社会保险对就业影响效果的研究相对缺乏。目前，关于社会保险与个体就业的研究多见于对农村社会保险制度的讨论（黄宏伟等，2014；张川川，2015；周广肃和李力行，2016；吴培材，2019），仅有的一项考察城镇职工社会保险降费对个体就业影响的研究却得出了与劳动需求维度研究相悖的结论。就业水平的变化既可能是劳动需求变化引起的，也可能是劳动供给变化引起的，因此，在探讨社会保险对就业的影响时需要明确对两者的作用效果，如果供给与需求具有相悖的影响趋势，那将引发就业结构方面的问题。

再次，目前针对社会保险与就业质量关系的研究多局限于工资维度，难以全面刻画社会保险缴费对劳动者就业质量的影响效应。事实上，就业质量是一个多维度的概念，劳动者除了获取工资收入之外，还会在意就业过程中的其他维度，比如劳动时间、劳动环境等，且不同特征的劳动者对就业质量各维度的偏好亦有所不同，这就要求在考察社会保险对就业质量的影响效应时要分配好各维度的权重。

最后，在就业对社会保险制度的反馈作用方面仍存在较大的研究空白。社会保险与就业具有内在关联性，社会保险费用的征缴会影响雇主和雇员的行为决策，从而产生就业挤出或促进效应。同样，经济体整体就业形势的变化也会对社会保险制度的运行造成干扰，如就业规模的变化以及就业质量的变化均影响社会保险基金的筹资水平，进而影响制度运行效率。

鉴于以上不足，本书以更加系统化、全面化地考察社会保险与就业的关系为核心内容，探讨两者良性互动的作用机制，以形成完整的逻辑链条。具体而言，本书以宏观统计数据、企业运行数据、个体调查数据为支撑，探究社会保险缴费、降费对就业的影响效应，以基金运行为切入点，探究就业对社会保险制度的反馈作用。基于上述内容，本书完整地探讨了社会保险与就业的互动关系问题，并根据我国制度实践提炼改革建议。

第四节 研究意义与创新

本书以社会保险费率变动与就业的关系为分析对象，总体研究目标是厘清我国社会保险与就业关系中的基本事实，从企业和劳动者决策角度分析社会保险与就业关系的微观机制，在此基础上，探讨推动社会保险与就业良性循环的可行路径。

具体目标可分解为三个维度。首先，在事实维度上，本书旨在通过对我国以及各地区社会保险与就业发展的经验分析，厘清就业发展的基本特征与趋势，明确社会保险费率设计与企业雇佣决策、薪酬决策以及劳动者就业决策、就业回报之间的量化关系。其次，在理论与机制维度，基于企业和劳动者对待社会保险的不同偏好，从两者的行为决策出发，检验我国社会保险费率设计对就业的影响效应及其作用机制，厘清社会保险与就业关系理论的解释力，并提供新的经验证据。最后，在政策维度，探讨因应就业形态变化的社会保险改革思路以及社会保险与就业协调发展的可行路径。

本书具有较强的应用性特征，选题紧密结合了我国社会保险与就业的发展态势，及其在改革中的目标诉求，具有实践指导价值。更充分、更高质量的就业以及社会保险的降费改革都是当前国家政策实践中的重要议题，本书结合我国制度实际，量化社会保险、就业总量、就业结构和就业质量间的互动关系，揭示社会保险对企业、劳动者微观主体行为决策的作用效果与机制，指明当前就业政策调整以及社会保险制度改革的可行方案与路径。对促进社会保险制度健康运行以及社会保险与就业的协调发展和良性互动具有直接的指导意义。

本书的理论意义包括以下两点：第一，以中国经验为基础，从社会保险与就业的内在联系出发，探究社会保险费率设计对就业的影响效应以及就业对社会保险制度运行的反馈作用，厘清两者的互动机制，有助于丰富我国社会保险与就业理论。第二，基于企业、劳动者等多主体以及就业结构、就业质量等多维度，分析我国社会保险制度运行与就业的关系，拓展了现有文献的研究深度和广度，有助于从不同维度检验现有理论的解释力度与解释范围。

本书的现实意义包括以下两点：第一，从我国社会保险与就业存在的问题出发，紧密结合两者的发展规律与作用关系，针对性地提出有效干预手段，为完善社会保险费率设计、谋求就业高质量发展提供恰当的政策建议。第二，实证检验了我国社会保险降费改革的就业效应以及就业形态转变对社会保险基金运行的影响，为推进社会保险制度改革提供了经验支撑。

第二部分

社会保险缴费的就业效应

　　社会保险缴费对就业的影响是多方面的，本部分立足于企业、劳动者等市场主体的行为逻辑，从就业规模、就业结构以及就业质量等角度剖析我国职工社会保险制度产生的就业效应。社会保险缴费加重了用人单位的劳动力成本、降低了就业人员的可支配收入，这是其影响就业规模和就业质量的逻辑基础。另外，劳动就业已成为个体获取生活资料的重要途径，且不同就业方式下劳动者参与社会保险的程度存在差异，这就可能引发劳动者在不同就业方式间的选择。

　　本部分的内容安排如下：首先，以我国上市企业和小微企业为考察对象，分析社会保险缴费对企业雇佣决策的影响，揭示社会保险缴费产生的解雇效应、资本替代效应、员工结构效应及其内部异质性。其次，基于个体层面的微观调查数据，以流动人口和中老年等就业困难群体为重点分析对象，检验社会保险缴费对流动人口就业的挤出效应、就业类型选择的非正规化效应，以及对中老年群体产生的提前退休效应。最后，利用省级层面的统计数据和个体微观调查数据，构建就业质量指标体系，检验社会保险缴费对区域就业质量和个人就业质量的弱化效应及其影响路径。综合上述内容，本部分从总量、结构和质量维度考察社会保险缴费对就业的影响效应。

第二章　解雇与资本替代：来自上市企业的证据

单位就业是我国劳动就业的核心模式，本章以单位就业的主体——企业为分析对象，考察社会保险缴费对企业员工规模和资本投入的影响，以此分析企业面临社会保险缴费压力时的雇佣决策。当社会保险缴费要求上升时，企业使用劳动力的成本上升，故而出现了解雇现象，另外，随着资本和劳动相对价格的变化，企业使用资本要素替代了劳动要素，从而出现了资本替代现象。本章基于我国A股上市企业报表数据的实证分析验证了社会保险缴费产生的上述两种效应。

第一节　核心问题与研究设计

一、核心研究问题

雇主和雇员共同承担缴费责任，是俾斯麦模式社会保险制度的核心特征，我国现行职工社会保险制度也强调由企业和个人共同筹资，且企业承担了更大比例的缴费责任。如养老保险制度规定企业缴费比例为16%[1]，个人缴费比例为8%，两者供款比例为2∶1。在用人单位承担更高缴费责任的制度设计下，社会保险成了企业劳动力成本的重要构成，深刻影响到了企业的运营，尤其是在经济下行趋势时，社会保险缴费对企业各方面决策都有可能造成影响。

本章侧重于考察社会保险缴费对企业雇佣决策的影响。当前，已有部分研究指出，我国社会保险缴费率偏高，从而降低了企业的雇佣规模。这类研究或是强

---

[1] 自2019年5月起单位养老保险缴费比例下调至16%，此前用人单位承担的养老保险缴费比例高达20%，部分地区甚至高于20%。

调企业的成本规避行为，认为企业实际社会保险缴费支出的增长会减少雇佣员工数量（钱雪亚等，2018），或者强调社会保险缴费降低了企业的雇佣能力（刘贯春等，2021）。事实上，无论是实际社会保险缴费支出还是雇佣员工数量，都是企业的内部决策，通过识别两者间的变动关系来检验社会保险缴费的就业效应会面临严重的内生性问题。

立足于现有研究成果，本章要继续追问的是社会保险缴费所导致的企业缩减雇佣规模是单纯地减少了用工数量，还是产生了资本对劳动的替代效应？不同类型企业是否存有差异？如果企业仅仅是降低了劳动力数量，这可能意味着生产规模的缩减对企业发展以及经济增长不利，如果存在资本与劳动间的结构性替代效应，则意味着我国社会保险制度在一定程度上对企业形成了倒逼机制，有助于降低单位产出的劳动力成本。

鉴于上述分析，本章在探讨社会保险缴费对企业雇佣决策的影响效应时，从两个方面做了改进：一是采用各地级市社会保险政策费率这一外生变量来衡量企业面临的缴费要求；二是同时检验了企业的解雇效应和资本替代效应及其异质性，更全面地考察了企业面对社会保险缴费时的不同决策安排。

二、企业解雇员工的基本逻辑

社会保险缴费何以导致企业解聘员工？事实上，这涉及社会保险缴费成本的分担问题。根据 Brittain（1971）构建的分析框架，如果社会保险缴费完全由员工个人承担，那么企业的人工成本并未发生变化，其劳动力需求也不会发生变化，此时社会保险对企业雇佣规模的影响是中性的，不会产生解雇效应。然而，由于工资刚性等因素的存在，社会保险缴费成本并非完全由员工个人承担，且现代国家的社会保险制度也明确规定由雇主和个人分摊社会保险缴费。由此，社会保险缴费必然提高了企业的劳动力价格，导致企业降低劳动力需求。尤其是在我国的制度环境下，社会保险缴费率长期高于世界多数国家，由此成了影响企业雇佣决策的重要因素。根据国内学者的相关研究，当社会保险缴费率上升时，省层面的就业人数出现下降（朱文娟等，2013），针对企业的分析也表明，较高的缴费率确实降低了企业的员工规模，且这一效应在不同类型企业（陶纪坤和张鹏飞，2016）、不同经济时期（葛结根，2018）存在一定的差异。

上述研究为本章讨论社会保险缴费对企业的解雇效应提供了理论与经验指导。通常而言，在既定的缴费率下，企业的社会保险总缴费成本取决于参保员工数量和企业的工资水平，当企业无法通过工资转嫁等方式将缴费成本完全转嫁给员工时，减少参保员工人数能够减少企业缴费支出。根据我国《社会保险法》的规定，企业必须为员工参加职工社会保险，但现实中很多企业只是选择性地为

部分员工参保,在假定参保率不变的情况下,缩小雇佣规模能够为企业规避部分社会保险缴费成本。鉴于此,本章提出以下研究假说:

假说1:对企业而言,社会保险缴费产生了解雇效应,导致企业减少员工人数。

三、企业资本替代劳动的基本逻辑

劳动与资本是企业生产经营所需的核心要素,两者的不同组合能够带来不同的产出水平和生产成本,同样,在既定的生产水平上,企业也可以采用资本与劳动的多种组合方式,以控制总成本。按照新古典经济增长理论,一种生产要素价格的变动会引致另一种要素需求量的变动。企业对劳动、资本等要素的使用量既取决于企业的生产计划,也取决于两者的相对价格,当劳动的价格上涨时,企业为降低成本同时保持一定的生产量,会选择减少使用劳动要素、增加使用资本要素,反之亦然。

要求企业为员工缴纳社会保险费用相当于提高了劳动要素的价格,尽管"工资转嫁""解聘员工"等方式能够在一定程度上规避成本,但在现有的法制环境下,这些行为可能面临着高昂的惩罚。此时,使用资本替代劳动成了一种相对安全和有效的减负方式。从利润最大化的角度而言,社会保险缴费减少了企业的可支配收入,挤占了企业的存留利润,可能迫使企业通过加大投资的方式,扩大再生产的规模收益,以减少社会保险缴费引起的收入损失。

从现有文献来看,已有研究关注到企业的"资本替代劳动"现象。当劳动力成本上升时,企业会采用技术要素或资本要素代替人工,以减轻劳动力成本负担(Acemoglu,2003),提高生产效率(Malgarini等,2013)。中国学者的研究也得出类似的结论:劳动要素价格的上升将刺激企业以资本替代劳动,使企业扩大投资规模(都阳,2013)。Lejour和Verbon(1996)的研究认为,社会保险缴费涉及劳动和资本之间的博弈,由于工资谈判的存在,社会保险缴费由资本所有者承担,而这会影响企业的投资盈利能力,进而影响资本流向和资本规模。鉴于此,本章提出以下研究假说:

假说2:社会保险缴费起到了促进企业扩大投资规模、以取代劳工的作用。

四、数据与分析思路

本章以A股上市企业作为研究对象,收集了2008~2016年企业的相关报表数据。首先,通过国泰安数据库获得A股企业的基本情况数据表,包括企业成立和上市年份、注册资本、行业、注册地址等信息;其次,在《财务报表数据库》中获得企业的工资总额、职工人数等数据;再次,在《股东研究数据库》中获得企业股东信息，以此确定企业所有制性质；最后，通过企业代码将以上数据进行匹配，同时根据企业注册地信息匹配所在地级市的社会保险缴费率数据。

从企业行为决策角度考察社会保险缴费的就业效应，检验是否存在解雇效应和资本替代劳动效应。需要说明的是，尽管劳动与资本要素的投入比例（劳资比或人均资本）是衡量企业要素构成的重要指标，但在检验社会保险是否对企业产生资本替代劳动效应时，不可直接采取劳资比或人均资本作为因变量。因为，即便企业资本投入不变，当企业减少用工规模时，其人均资本量也会上升，但此时并不存在资本替代劳动。故此，考察社会保险缴费是否倒逼企业以资本替代劳动，应同时检验社会保险缴费对企业资本投入规模和雇佣规模的影响，若企业投资规模上升且雇佣规模下降，则说明社会保险缴费确实促使企业以资本替代劳动，此时的人均资本变量才是有效的。

基于以上分析，本章首先针对企业的劳动雇佣情况，构建如下劳动雇佣模型：

$$EMP_{it} = \beta_0 + \beta_1 INSU_{it} + \beta_2 F_{it} + \beta_3 P_{it} \tag{2-1}$$

其中，EMP_{it}表示 t 年 i 企业的雇佣规模，采用企业员工人数的自然对数来衡量；$INSU_{it}$表示模型的核心解释变量，即 t 年 i 企业所在地区的社会保险缴费率；若待估参数β_1显著小于零即表示社会保险缴费降低了企业的劳动力需求，具有解雇效应。

随后构建如下资本投入模型：

$$CAP_{it} = \alpha_0 + \alpha_1 INSU_{it} + \alpha_2 F_{it} + \alpha_3 P_{it} \tag{2-2}$$

其中，CAP_{it}表示 t 年 i 企业的投资规模，采用企业构建固定资产、无形资产和其他长期资产支付的现金之和来衡量；若待估参数α_1显著大于零，则表示社会保险缴费提高了企业的资本投入。

第二节 社会保险缴费的解雇效应

一、解雇效应的回归结果

式（2-1）展示的解雇效应计量模型，参考穆怀忠和张楠（2018）的做法，采用企业员工人数的自然对数来衡量企业雇佣规模。为控制其他因素对企业员工规模的影响，本节在计量模型中加入企业和省份两个层面的控制变量。其中，企业层面的变量包括企业年龄，用观测年份与企业成立年份的差值表示；企业资产用企业总资产的自然对数表示；企业所有制性质参照既有研究的常规做法，将国有企业和政府平台投资的企业均记为1，非国有企业则记为主营业务收入用企业主营业务收入的自然对数表示。样本统计显示，上市企业的平均成立年份为15.8年，国有企业占比达48%。地区层面的变量包括地区城镇就业人数、地区社会平均工资，用各省份社会平均工资的自然对数衡量；地区吸引外资能力，参考彭浩然等（2018）的做法，用各省份外商投资与GDP的比值衡量。

社会保险缴费影响企业解雇效应的回归结果如表2-1所示。在（1）列中未加入任何控制变量，此时缴费率对企业雇佣规模的回归系数为-0.338且在1%统计水平上通过了显著性检验，初步验证了解雇效应，即社会保险缴费导致企业降低了员工规模。在（2）列的回归模型中，加入一系列控制变量，同时控制企业的行业性质以及时间效应，结果显示缴费率对企业雇佣规模依然存在显著的负向作用，随着缴费率的上升企业员工人数下降，平均而言，缴费率每上升1个百分点，企业员工人数减少约4.7%。由此，社会保险缴费对上市企业的解雇效应基本得到证实。

表2-1　企业解雇效应的基准回归结果

变量名	（1）雇佣规模	（2）雇佣规模	（3）雇佣规模	（4）工资水平
缴费率	-0.338*** (0.041)	-0.047** (0.025)	-0.045** (0.023)	-0.007*** (0.003)
企业工资	—	—	-0.853*** (0.006)	—
控制变量	否	是	是	是
固定效应	否	是	是	是
观测值	6650	6650	6343	6343
R^2	0.002	0.755	0.806	0.303
变量名	（5）工具变量一	（6）工具变量二	（7）考虑延续性	（8）替换变量
缴费率	-0.041*** (0.012)	-0.057** (0.028)	-0.043*** (0.017)	—
上期规模	—	—	0.066*** (0.028)	—
费率均值	—	—	—	-0.018*** (0.002)
控制变量	是	是	是	是
固定效应	是	是	是	是
观测值	6343	6343	6343	6343

续表

变量名	（5）工具变量一	（6）工具变量二	（7）考虑延续性	（8）替换变量
R^2	0.820	0.817	0.503	0.621

注：显著性水平 *** 表示 $p<0.01$，** 表示 $p<0.05$，* 表示 $p<0.1$；固定效应包括时间效应和行业效应；表中未展示工具变量第一阶段回归结果。

前文分析指出，当企业无法将社会保险降费成本转嫁给员工时，便会出现解雇现象。表2-1的结果已证实了我国上市企业社保缴费对员工就业存在"解雇效应"，那是否意味着我国企业没有将社会保险缴费成本转嫁给员工呢？对此，在（3）列中展示了企业平均工资与企业员工规模的关系。从回归系数中可以看出，工资水平与雇佣人数呈反向变动关系，当社会保险缴费成本较高时，企业要么降低工资水平，要么减小雇佣规模，这意味着企业会在工资与员工人数之间进行权衡。更进一步地，本节使用企业人均工资的对数作为被解释变量，检验缴费对企业工资水平的影响，（4）列的结果表明，社会保险缴费显著降低了员工的工资水平，缴费率每上升1个百分点，员工工资平均下降0.7%。这意味着当企业面临高缴费率时，会通过减少雇佣和降低工资双重路径来缩减用工成本，缴费同时引发了企业解雇效应和降薪效应。

此外，模型中的控制变量回归结果表明，企业资产与雇佣规模显著正相关，资产规模越大的企业，雇佣的员工数量越多。企业的主营业务收入对雇佣规模具有促进作用，主营业务收入越高的企业对劳动力的需求更大。相比于非国有企业，国有企业的员工规模更大，可能的原因有两个方面，一是国有企业资本更加雄厚、更有能力雇佣员工，二是国有企业需要配合国家解决就业问题，因此提供的就业岗位更多。从企业年龄来看，成立时间越长的企业雇佣规模越小，可能的原因是企业的成长时间越长，其要素结构更趋于优化，更有可能采取资本或技术替代劳动的方式，从而缩小了雇佣规模。地区社会平均工资水平与企业雇佣规模成正比，地区社平工资越高，对劳动力的吸引力越大，企业面临的劳动供给更丰富。以上结果与既往研究结论基本一致，故表中未展示控制变量的回归结果。

二、解雇效应的内生性与稳健性检验

企业在做雇佣决策时要考虑诸多方面的因素，前文的实证模型中可能存在遗漏变量。另外，地方政府在制定社会保险缴费率时也可能会考虑当地的企业数量和企业规模，从而导致缴费率与企业规模存在双向因果效应，这些都会产生内生性问题，对回归结果的可靠性造成干扰。

为此，本节采用工具变量法重新检验缴费对企业雇佣决策的影响。工具变量

的选择必须满足与内生性解释变量相关，而与随机扰动项不相关，确保内生解释变量是工具变量影响被解释变量的唯一渠道，排除了其他可能的影响渠道。根据这一标准本节选取了以下两个工具变量对模型进行再估计：

第一，以上一年度各地区的社会保险基金支付压力为工具变量。社会保险基金支付压力是指上年度的社会保险基金支出总额占上年度社会保险基金收入的比重。该变量的取值越大意味着基金支付压力越大，地方政府越有可能提高社会保险缴费率，当支付压力取值大于1时意味着地方政府面临着社会保险基金支付缺口。一般而言，上一年度的社会保险基金支付压力会影响当年度地方社会保险法定费率的确定，但与当年度的企业雇佣规模不直接相关，满足工具变量的基本假定。表2-1中（5）列的回归结果表明，支付压力与缴费率显著正相关，即通过了工具变量的相关性检验，且F值大于10，不存在弱工具变量问题。第二阶段的结果显示，社会保险缴费率的回归系数显著为-0.041，这就意味着在控制了模型的内生性问题后，社会保险缴费率越高，企业雇佣规模越小，企业社会保险缴费的解雇效应显著成立。

第二，以上一年度各地区养老保险的制度赡养率为工具变量。制度赡养率是指各地区领取社会保险待遇的职工人数占正在缴费的职工人数的比重。该变量对社会保险制度的财务平衡有着重要影响，同时也会影响社会保险缴费率的制定，但制度赡养率不会直接影响到企业的雇佣规模，从而满足工具变量的基本假定。从表2-1中（6）列的回归结果中可以看出，社会保险缴费率的回归系数依然显著为负，缴费率每增加1个百分点，企业雇佣人数下降约5.7%，再次验证了缴费对企业雇佣规模的负面作用，解雇效应假说1通过了实证检验。

为了进一步验证解雇效应结论的稳健性，采取下面两种方式对模型进行重新估计：

第一，考虑企业雇佣决策的延续性。企业当期的雇佣规模可能受已有员工存量的影响，原来规模较大的企业更有可能会维持较大的雇佣规模。对此，本节采用动态面板回归方法，以控制企业前期雇佣规模的影响。根据表2-1中（7）列的估计结果，相邻两期的雇佣人数具有显著的正向关系，企业当前的雇佣规模在很大程度上依赖于前期的员工规模，控制这一效应后，社会保险缴费率的回归系数为-0.043，且依然通过了显著性检验，也即社会保险缴费确实缩小了企业雇佣规模。

第二，用缴费率的平均值代替水平值。为了排除特定年份数据对总体回归结果的干扰，本节选取2008~2016年企业社会保险缴费率的九期均值作为企业社会保险缴费的代理变量，对模型进行再估计，回归结果如表2-1中（8）列所示，社会保险费率均值的回归系数依旧显著为负，与基准结果保持了较好的一致性，因此本节的实证结论具有较强的稳健性。

三、解雇效应的异质性分析

前文从平均意义上验证了企业的解雇效应。然而，中国企业存在很大的异质性，不同类型企业的经营环境、生存逻辑和决策依据都存在区别，社会保险缴费导致的解雇效应也可能因企业类型的不同而存在差异。本节从企业性质、企业规模以及企业所在地区三个维度对上市企业进行分组回归，以检验社会保险缴费对不同企业雇佣决策的影响差异。

首先，在企业性质维度上，依据企业法人及主要控股人的类型将所有企业划分为国有企业和非国有企业。表2-2中（1）列和（2）列展示的回归结果表明，对于非国有企业，社会保险缴费显著缩小了雇佣规模，缴费率每上升1个百分点，其员工人数下降约8.5%，也即缴费产生的解雇效应成立。但对于国有企业，社会保险缴费并未缩小雇佣规模。导致这一结果差异的可能的原因在于，非国有企业的运行更遵循市场逻辑，当缴费导致人工成本增加时，企业能够相对自主地减少雇员数量，而国有企业的运行受行政部门的干预，尤其是在经济下行和就业行情不利的情况下，国有企业承担着更多的稳岗就业任务，因而其较难进行裁员。

表2-2 解雇效应的异质性分析

变量名	（1）非国企	（2）国企	（3）500人及以下企业	（4）500人以上企业
缴费率	-0.085*** (0.021)	-0.334 (0.285)	-0.098 (0.576)	-0.071** (0.023)
控制变量	是	是	是	是
固定效应	是	是	是	是
观测值	2171	4172	655	5688
R^2	0.606	0.725	0.574	0.835
变量名	（5）东部地区	（6）中部地区	（7）西部地区	
缴费率	-0.089** (0.031)	-0.095* (0.056)	0.043 (0.067)	
控制变量	是	是	是	
固定效应	是	是	是	
观测值	2171	4172	655	
R^2	0.606	0.725	0.574	

注：显著性水平***表示$p<0.01$，**表示$p<0.05$，*表示$p<0.1$；固定效应包括时间效应和行业效应。

其次，根据企业员工人数进行分类，分为员工人数500人及以下企业和500人以上企业。(3)列和(4)列的回归结果表明，在人数相对较少的企业中，社会保险缴费并未产生显著的解雇效应，但在500人以上企业中缴费导致的解雇效应显著成立。这意味着在大企业中，缴费率变动带来的成本上升更加严重，因此，大企业的雇佣决策对缴费率的敏感性更强。

最后，从企业所在地区维度进行分类，根据匹配的省份信息，将所有企业分为东部地区、中部地区和西部地区[①]。分析结果显示，在东部地区和中部地区，社会保险缴费对企业规模具有显著的负向影响，缴费率每上升1个百分点，东部地区和中部地区企业平均员工人数减少约8.9%和9.5%，但在西部地区缴费的影响效应未通过显著性检验。以上结果表明，社会保险缴费产生了企业解雇效应存在明显的地区差异，在东部地区和中部地区企业会根据缴费率调整雇佣规模。

第三节　社会保险缴费的资本替代效应

一、资本替代效应的回归结果

依据式(2-2)展示的计量模型，使用"企业购建固定资产、无形资产和其他长期资产所支付的现金"衡量企业的投资规模，在模型中取对数处理。同时，参考靳庆鲁等(2012)的做法，使用总资产对企业投资支出进行标准化，得到企业投资率。为控制其他因素对企业投资的影响，模型中加入了企业利润、企业总资产、企业年龄、企业性质以及企业所在地的基本特征作为控制变量。

从表2-3的结果可以看出，社会保险缴费对企业投资具有显著的促进作用。在(1)列中，使用企业投资支出的对数作为被解释变量，回归结果显示，缴费率越高对应的企业投资支出越高，且回归系数在5%统计水平上通过了显著性检验，平均而言，缴费率每增加1个百分点，企业投资支出增加9.3%。在(2)列中，使用企业投资率作为被解释变量，结果表明，缴费率越高对应的企业投资率越高，且回归系数在1%水平上通过了显著性检验。以上结果表明，社会保险缴费确实提高了企业的投资支出，结合前文的解雇效应可知，社会保险缴费一方面

---

① 东部地区包括北京、天津、河北、辽宁、上海、江苏、浙江、福建、山东、广东、广西、海南；中部地区包括山西、内蒙古、吉林、黑龙江、安徽、江西、河南、湖北、湖南；西部地区包括四川、贵州、云南、西藏、陕西、甘肃、宁夏、青海、新疆。

缩小了企业员工规模，另一方面增加了企业的投资支出。因此，社会保险缴费的资本替代效应成立，当社会保险缴费率上升时，企业会使用资本替代劳动。以往研究指出，企业利润与企业的投资行为具有显著的正相关性（申广军和邹静娴，2017）。本节的控制变量回归结果也证实了这一点，利润水平越高的企业和资产规模越大的企业越倾向于扩大投资，其可能的原因在于，这类企业的经营状态更好，更有能力增加投资支出。

表 2-3 资本替代效应的基准结果

变量名	（1）企业投资支出对数	（2）企业投资率
缴费率	0.093** (0.049)	1.878*** (0.696)
企业利润	0.086** (0.038)	0.183*** (0.032)
企业资产	0.037*** (0.006)	0.732*** (0.098)
企业年龄	0.217*** (0.075)	-0.503*** (0.053)
国有企业	-0.323 (0.210)	-0.559*** (0.192)
营业收入	-0.064 (0.076)	-0.369*** (0.083)
城镇化	0.116 (3.168)	-14.498*** (2.411)
外商投资	3.232 (3.090)	2.219 (6.823)
经济水平	-1.173 (0.836)	1.693*** (0.589)
时间效应	是	是
个体效应	是	是
常数项	-13.601 (36.807)	-79.117 (10.641)
观测值	2503	16698
R^2	0.102	0.114

注：显著性水平 *** 表示 $p<0.01$，** 表示 $p<0.05$，* 表示 $p<0.1$。

二、替代效应的稳健性检验

为进一步证实社会保险缴费确实激励了企业投资，本节采用工具变量法重新进行估计，以排除遗漏变量等因素造成内生性干扰。依据相关性和外生性标准，本节以同一省份其他城市的社会保险费率均值为社会保险缴费率的工资变量。根据彭浩然等（2018）的研究可知，我国地方政府在社会保险基金筹集等方面存在竞争行为，某一地区的社会保险费率的制定可能会受到其他费率水平的影响，但其他地区的缴费率不会直接影响本地区企业的投资行为。

表2-4中（1）列和（2）列展示的回归结果表明，在排除内生性因素的干扰后，社会保险缴费对企业投资的促进作用依然显著，无论是使用企业购建资产的现金支出对数还是使用企业投资率作为被解释变量，社会保险缴费率的回归系数均为正值。平均而言，社会保险缴费率每提高1个百分点，企业投资支出增加7.8%，企业投资率提升约1.748个单位，故而本节再次验证了资本替代效应的存在。

为了进一步确保实证结果的稳健性，本节从以下几个方面对模型进行再检验：

第一，使用动态面板模型，考虑企业投资决策的延续性。企业的投资行为不仅受企业社会保险缴费、企业资产等因素的影响，还可能受到以往投资存量调整的干扰，如果忽视这一因素可能导致回归出现结果偏差。因此，本节依托动态面板模型，控制企业前期投资规模可能带来的影响。根据表2-4中（3）列所示的回归结果，在基准回归模型中加入上期企业投资支出规模，社会保险缴费对企业投资依然存在显著的正向影响，且企业的投资支出与上一期的投资量存在显著的负相关性。

第二，考虑缴费影响的非线性。以往研究指出，过高的社会保险缴费会挤出企业的投资（李珍和王向红，1999），劳动力成本的上涨增加了企业的经营风险，进而降低了企业生产效率和投资规模（Damiani和Pompei，2009；Autor等，2010）。这与本节的结论相反，其可能的原因在于社会保险缴费对企业投资的影响具有非线性特征。对此，在模型中加入了缴费率的平方项，从表2-4中（4）列展示的结果可以看出，费率平方项的回归系数显著为负值，这意味缴费率企业投资具有倒"U"型关系，当费率没有超过临界点时，企业投资随着缴费率的上升而上升，当费率超过临界点时，企业投资随着缴费率的上升而下降。

第三，考虑数据的平衡性。本节使用2008~2016年上市企业面板数据检验社会保险缴费对企业投资的影响，在各年度部分企业存在缺失值，因此数据为非平衡面板数据。如果企业缺失的原因是非随机的，尤其是当部分企业缺失的原因与社会保险缴费有关，如缴费率过高导致企业关闭，那么将会导致模型检验结果受到干扰。对此，本节剔除在各年度存在缺失值的企业，构造平衡面板数据重新检验缴费率对投资的影响。根据表2-4中（5）列展示的结果可知，社会保险缴费对企业投资规模依然存在显著的促进作用，从而证实了研究结论的可靠性。

第四，替换核心被解释变量。本章在检验替代效应时实际上分解成了两个步骤，先证实缴费缩小了企业的雇佣规模，在此基础上，检验缴费对投资的影响，若两者均通过检验，则资本替代效应成立。对此进行逆向分析可知，如果缴费确实产生了资本替代效应，那么企业的资本劳动比会上升，故本节计算出企业人均资本投入也即资本劳动比替换原模型中的投资规模，再次进行回归分析。依据表2-4中（6）列展示的结果可知，社会保险缴费率对企业资本劳动比的回归系数为804.644，且在10%水平上通过了显著性检验。

综合上述检验结果可知，我国社会保险制度的缴费要求确实对企业的资本—劳动配置产生了显著的影响，缴费率的上升提高了企业雇佣员工的价格，从而导致企业使用资本替代劳动。

三、替代效应的异质性分析

考虑到不同类型企业在投资决策方面的差异性，本节以企业投资支出对数为被解释变量，从以下三个层面对企业进行分类型检验：

首先，考虑国有企业和非国有企业的差异。前文的解雇效应检验表明，国有企业并不存在显著的解雇效应，本部分进一步检验两者的替代效应差异。如表2-4所示，（1）列和（2）列的回归结果表明，对于非国有企业，社会保险缴费显著促进了企业的投资行为，而对于国有企业，缴费对企业投资规模的影响未通过显著性检验。结合前文的实证结果可知，社会保险缴费所产生的资本替代效应主要存在于非国有企业。

表2-4　资本替代效应的工具变量检验结果

变量名	（1）支出对数	（2）投资率	（3）动态面板	（4）平方项	（5）平衡面板	（6）资劳比
缴费率	0.078** (0.039)	1.748*** (0.102)	0.065*** (0.021)	11.141** (4.054)	0.062* (0.047)	804.644* (422.511)
上期投资	—	—	-0.156* (0.086)	—	—	—
费率平方	—	—	—	-6.877** (3.747)	—	—

续表

变量名	（1）支出对数	（2）投资率	（3）动态面板	（4）平方项	（5）平衡面板	（6）资劳比
控制变量	是	是	是	是	是	是
行业效应	是	是	是	是	是	是
时间效应	是	是	是	是	是	是
观测值	6353	6353	4327	6353	2340	6353
R^2	0.299	0.076	0.026	0.035	0.035	0.041

注：显著性水平 *** 表示 $p<0.01$，** 表示 $p<0.05$，* 表示 $p<0.1$；工具变量回归的第一阶段结果表明，各城市的社会保险费率与其他地区费率有高度的正相关性；表中未展示回归结果。

其次，考虑企业对不同生产要素的依赖度。劳动与资本是企业生产的核心要素，不同企业对各类生产要素的依赖性不同，有的企业侧重于劳动要素，而有的企业更依赖于资本要素，从而有了劳动密集型企业和资本密集型企业的区别。一般而言，劳动密集型企业的员工规模更大，其劳动力成本对社会保险缴费率的敏感性更强。本节参照葛结根（2018）的划分方法，具体划分办法分为两步：第一步，计算出企业人均固定资产水平，将高于总体平均水平的行业划入非劳动密集型企业，反之，则划入劳动密集型企业；第二步，结合企业规模和生产性质，对诸如冶金等规模大、机械化程度高的行业企业进行调整，也划分为非劳动密集型企业。按照上述方法将上市企业样本分为劳动密集型企业和非劳动密集型企业两种类型，进行分样本检验。表2-5中（3）列和（4）列的回归结果显示，在劳动密集型企业中，社会保险缴费的回归系数显著为正，而在资本密集型企业中，缴费率的回归结果不显著，这表明企业社会保险缴费的资本替代效应主要发生在劳动密集型企业。

最后，考虑企业决策的地区差异。前文针对不同地区企业解雇效应的分析表明，社会保险缴费对企业雇佣规模的挤出效应仅存在于东部地区和中部地区。为进一步检验社会保险缴费资本替代效应的地区差异，本节同样根据企业注册地址将所有企业分为东部地区、中部地区、西部地区三个子样本。检验结果如表2-5中（5）列至（7）列所示，在东部地区，社会保险缴费对企业投资规模有显著的提升作用，而在中部地区和西部地区，社会保险缴费并未促进企业投资，这意味着社会保险缴费所产生的资本替代效应主要存在于东部地区的企业。对此，使用资本劳动比替换企业投资规模重新检验缴费对东部地区企业资本劳动比的影响，表2-5中（8）列的结果表明，在东部地区，社会保险缴费显著提高了企业的资本—劳动要素配置比例，从而再次验证了社会保险缴费对东部地区产生的资本替代效应。

表 2-5　替代效应的异质性检验结果

变量名	（1）非国有企业	（2）国有企业	（3）劳动密集型企业	（4）资本密集型企业
缴费率	0.078*** (0.026)	0.514 (0.519)	0.080*** (0.027)	0.567 (0.252)
固定效应	是	是	是	是
控制变量	是	是	是	是
观测值	2171	4172	1130	5426
R^2	0.025	0.028	0.302	0.032
变量名	（5）东部地区	（6）中部地区	（7）西部地区	（8）资劳比—东部地区
缴费率	0.075*** (0.024)	0.328 (0.873)	-0.095 (0.096)	122.625* (78.286)
控制变量	是	是	是	是
观测值	3920	1350	992	3732
R^2	0.223	0.347	0.236	0.042

注：显著性水平 *** 表示 $p<0.01$，** 表示 $p<0.05$，* 表示 $p<0.1$；本节同样检验了缴费对中西部地区企业资劳比的影响，结果未通过显著性检验。

四、替代效应的机制检验

当社会保险缴费导致劳动力价格上升时，为何有的企业会使用资本替代劳动，而有的企业并没有增加投资？事实上，企业的最佳资本结构不仅取决于劳动力价格，还取决于企业的财务杠杆，企业通过两者间权衡来实现最佳资本结构（Berk 等，2010）。有研究指出，刚性的劳动力成本，会导致工资溢价变低，企业要想发挥债务融资的税盾效应，则会提高财务杠杆率（Matsa，2013）。而财务杠杆的提高，有助于增加企业盈余份额，进而提高企业的投资动力和投资规模（Dalmazzo，1996）。类似地，金融加速器理论亦指出，企业的投资水平主要依赖于企业财务杠杆，加大财务杠杆对投资水平具有正向作用（Bernanke 等，1989），且财务杠杆的传导机制在经济萧条时期的影响更强（Gertler 和 Gilchrist，1994）。

结合上述分析可知，社会保险缴费作为企业劳动力成本的重要构成，极有可能加大了企业的财务杠杆，从而影响其投资决策。对此，本节使用递归方法，检验社会保险缴费影响企业投资规模的传导机制。其中，中介效应模型的第一步如式（2-2）所示，第二步和第三步模型如下：

$$Financial_{it} = \beta_0 + \beta_1 INSU_{it} + \beta_2 F_{it} + \beta_3 P_{it} + \varepsilon_{it} \quad (2-3)$$

$$CAP_{it} = \partial_0 + \partial_1 INSU_{it} + \partial_2 Financial_{it} + \partial_3 F_{it} + \partial_4 P_{it} + \varepsilon_{it} \quad (2-4)$$

其中，Financial$_{it}$表示企业财务杠杆，采用企业总负债与总资产的比值表示，该指标数值越大，表明企业的资产负债率越高。

中介效应的检验结果如表2-6所示，社会保险缴费确实显著提高了企业的财务杠杆，且控制企业财务杠杆后，社会保险缴费对企业投资规模的回归系数有所下降。以上检验结果表明，社会保险缴费对企业投资的影响既有直接作用也有间接作用，一方面，缴费率的上升提高了劳动力价格直接导致企业所用资本替代劳动；另一方面，缴费率的上升加大了企业的财务杠杆从而间接导致企业加大资本投入。为进一步检验中介效应的有效性，本节进行了Sobel检验，检验系数在1%统计水平上通过了显著性检验，从而验证了中介效应的有效性。

表2-6 中介效应的检验结果

变量名	（1）投资规模	（2）财务杠杆	（3）投资规模
缴费率	0.093** (0.049)	1.268** (0.629)	0.045* (0.026)
财务杠杆	—	—	-0.098* (0.055)
其他变量	是	是	是
固定效应	是	是	是
观测值	6357	6357	6357
R^2	0.101	0.036	0.040

注：显著性水平***表示$p<0.01$，**表示$p<0.05$，*表示$p<0.1$。

第四节 本章小结

社会保险制度要求雇主为员工缴纳社会保险费用，随着现代国家社会保险制度的完善以及相关待遇的提高，社会保险制度的缴费标准也在逐渐上升，并成了企业的一项重要劳动力成本，对企业的生产和经营决策都产生了深刻的影响。我国于20世纪80年代开始社会保险制度改革，逐步明确了企业缴费责任，随着经济形势的变化，一方面企业的社会保险缴费能力面临挑战，另一方面在市场化逐渐加深的大环境下，企业的逐利动机也越发明显。在此背景下，社会保险制度的缴费要求对企业的生产要素配置产生影响。本章利用我国A股上市企业数据，实证检验了社会保险缴费对企业雇佣决策、资本投入的影响，主要结论如下：

第一，社会保险缴费对企业产生了显著的解雇效应。随着社会保险缴费率的上升，企业雇佣的员工人数减少，使用工具变量处理内生性问题，以及采用动态面板、替换核心解释变量等方式进行稳健性检验均验证了本章结论的可靠性。此外，社会保险缴费产生的解雇效应存在一定的异质性，非国有企业、500人以上的大规模企业以及东部地区和中部地区企业更容易发生解雇效应。

第二，社会保险缴费增加了企业的资本投入。实证结果表明，无论是采用企业购建资产的现金支出对数还是使用资产投资率作为测量指标，社会保险缴费都显著增加了企业的投资规模，且这一结论通过了一系列内生性和稳健性检验。

第三，结合以上两点，社会保险缴费具有显著的资本替代效应，也即企业使用资本替代了劳动力。根据检验结果可知，在非国有企业、劳动密集型企业以及东部地区企业中，社会保险缴费更容易导致资本替代效应。

第四，社会保险缴费的资本替代效应既有直接作用，也有间接作用。一方面，社会保险缴费提高了劳动与资本的相对价格，从而直接影响企业的要素配置；另一方面，财务杠杆是社会保险缴费导致企业使用资本替代劳动的重要机制，社会保险缴费通过加大企业的资产负债率，间接促进了企业进行投资。

综上所述，社会保险制度是现代国家为劳动者建立的一项劳动保护和社会风险分散制度，对保障劳动者的切身利益具有重要作用。然而，制度的具体设计也会在一定程度上损害劳动者的利益，如过高的缴费要求降低了企业的劳动力需求，从而危及劳动力的就业机会。当前我国经济形势发生变化，企业运营环境变差，社会保险缴费加重了企业的劳动力成本，最终损害的是劳动者的就业权益。我国政府高度重视就业问题，近年来屡次强调要"稳就业"，为了实现这一政策目标，切实保障劳动者的就业权益，社会保险制度也要进行相应的改革，如进一步加大降费力度、合理分摊制度的缴费责任，从而激发企业活力、创造更多的就业岗位。

第三章 减员与员工结构调整：
来自小微企业的证据

当前研究多采用上市企业或规模以上企业作为分析样本，相对而言，这类企业的市场份额、经营环境较好，如果这类企业存在就业挤出效应，那么有理由相信其他中小微企业也存在就业挤出效应。然而，这一推论面临着两个挑战：一是中小微企业员工的社会保险参保率可能偏低，其雇佣决策受社会保险缴费的影响可能更弱；二是中小微企业和上市企业的运行逻辑可能有区别，单纯以上市企业为研究对象，无法刻画中小微企业的决策逻辑。鉴于此，本章以小微企业为研究对象，检验社会保险费率水平以及费率结构对小微企业用工决策的影响，指出高费率对小微企业的减员和员工结构调整效应。

第一节 小微企业的参保缴费与用工情况

一、小微企业的参保与缴费情况

小微企业是小型企业、微型企业、家庭作坊式企业的统称，尽管经营规模和用工规模相对较小，但由于企业总量庞大，因而小微企业也是解决我国就业问题的重要渠道。中小微企业贡献了我国50%以上的税收，60%以上的GDP，70%以上的技术创新，80%以上的城镇劳动就业，90%以上的企业数量，是国民经济和社会发展的生力军[①]。

小微企业抗风险能力较弱，近年来受融资困难、成本上涨和用工紧张等多重夹击，已然面临生存困境。根据我国社会保险制度的规定，小微企业同样需要为

---

① 资料来源：国务院促进中小微企业发展工作领导小组第一次会议。

员工参保缴纳社会保险费用，这无疑会加剧企业的成本负担。詹长春等（2013）在江苏开展的小微企业调查发现，小微企业社会保险缴费支出占员工工资总额的比重达 32.94%，缴费支出占利润的比重为 27.86%，且企业承担的缴费支出是员工个人缴费支出的 3 倍以上。同样基于江苏的另一项调研指出，小微企业正处于参保率上升阶段，人均薪酬增长幅度较快，但由于企业经济效益下滑，导致企业社保缴费承受能力有限（王宏鸣和张继良，2018）。

本章使用 2015 年全国层面的小微企业调查数据，分析其社会保险缴费情况。调查数据共获取了 4597 家处于正常营业状态的企业信息，其中有 2298 家企业报告的 2014 年度社会保险缴费支出大于零，可见有近一半的小微企业没有汇报社会保险情况甚至是没有参与社会保险缴费。

我国社会保险制度的费率设定存在较大的地区差异，不同地区小微企业的缴费情况也存在差距。根据对小微企业调查数据的分析可知，参与社会保险缴费的小微企业分布在 28 个省份，其中内蒙古小微企业的人均社会保险缴费支出最低，仅为 1051.6 元/年，上海小微企业的人均缴费支出最高，为 10527.4 元/年，是内蒙古企业人均缴费水平的 10 倍多。从缴费要求来看，上海的社会保险政策费率也是最高的，2014 年其费率标准达 45.5%，比内蒙古高 4.5 个百分点。根据测算结果可知，不同地区小微企业的人均缴费水平差距要大于地区间的政策费率差距，这意味着不同地区小微企业的实际社会保险缴费遵从度存在较大的差距。

调查中发现，小微企业在缴纳社会保险费用时并未覆盖到每一位员工。在实际操作时，企业针对不同类型员工作了差别化处理，相比于非正式员工，小微企业为正式员工缴纳社会保险费用的概率更高。依据调查数据可知，70.5% 的小微企业为正式员工参保并缴纳了社会保险费用，而为非正式员工缴纳社会保险的企业仅为 20.6%。由此可见，通过变更用工方式来规避社会保险缴费成本现象在小微企业中较为普遍，我国《劳动合同法》与《社会保险法》更多强调对正式员工的劳动保护，这为企业规避责任提供了操作空间。分别计算企业为正式员工、非正式员工缴纳的社会保险费用可知，小微企业正式员工的人均社会保险缴费支出为 7921.5 元/年，而非正式员工的人均社会保险缴费支出仅为 2923.4 元/年，足见两者在社会保险待遇方面的差距。

尽管小微企业的实际社会保险参与度以及实际缴费水平均低于政策规定，但社会保险仍是小微企业的主要支出压力。根据调查数据，员工工资和社会保险缴费支出占总支出的比重超过 50%。因此，社会保险缴费依然会影响小微企业的运营，改变其经营和雇佣策略。

二、小微企业的用工情况

员工规模较小是小微企业的典型特征之一，调查显示，样本中小微企业的平均职工人数为 51 人。考察小微企业的员工人数分布情况可知，超过半数的小微企业员工人数在 20 人以下，20%左右的小微企业员工人数为 21~50 人，员工人数超过 100 人的小微企业不足 10%。这与朱武祥等（2020）的调研结果比较吻合，其调研发现，65.9%企业的员工人数不超过 50 人，员工人数在 100 人以内的企业占 79.6%，500 人以内的企业合计占 92.9%。

从不同所有制类型来看，国有、集体性质的小微企业平均职工人数为 62 人，私营性质的小微企业平均职工人数为 50 人，外资、合资性质的小微企业平均职工人数为 76 人。不同类型小微企业的员工构成如表 3-1 所示，在所有样本企业中，普通型员工、正式员工和男性员工是小微企业员工的主要构成。在不同所有制类型企业中，小微企业的员工构成有所差异。首先，在技术员工构成方面，相比于国有企业和私营企业，外资、合资企业更注重吸纳技术型员工，其技术员工人数的均值为 21 人，高于国有、集体企业的 10 人和私营企业的 13 人，且从相对构成来看，外资企业技工与普工的比例为 21∶38，同样大于其他两类企业。其次，在正式员工构成方面，相比于私营企业，国有、集体企业和外资、合资企业更多使用非正式员工，其中，国有企业正式员工、非正式员工人数均值分别为 47 人、46 人，外资、合资企业两种类型员工人数分别为 64 人、56 人，而在私营企业中，正式员工人数均值为 52 人、非正式员工人数为 22 人，前者远多于后者。最后，在性别构成方面，国有、集体企业、私营企业的男性员工人数多于女性员工，而外资、合资企业的女性员工人数多于男性员工。可见，相比于外资、合资企业，国有、集体和私营性质的小微企业在招聘员工时存在一定的男性偏好。

表 3-1　不同类型小微企业的员工构成（平均人数）　　　单位：人

员工类型	所有企业	国有、集体企业	私营企业	外资、合资企业
技术员工	13	10	13	21
普通员工	48	54	46	38
正式员工	52	47	52	64
非正式员工	24	46	22	56
男性员工	30	38	30	38
女性员工	23	22	22	39

第二节 模型与变量说明

一、思路与模型设定

根据前文的描述可知,小微企业的平均用工人数较少,且在缴纳社会保险费用时存在责任规避现象,这意味着小微企业并未完全承担起我国职工社会保险制度要求的缴费责任。在此种情况下,社会保险制度的缴费要求是否还会对其雇佣决策造成影响?其结论尚未可知。调查发现,小微企业的员工结构存在多样性,非正式员工等用工类型较为普遍,小微企业的员工结构是否会受到社会保险缴费的影响,即企业是否会通过调整员工结构来规避部分缴费责任?或者社会保险缴费对企业的用工偏好产生了形塑作用?

本章通过小微企业注册地信息,将小微企业调查数据与调查年度各省份的社会保险政策费率等数据进行匹配,从费率水平和费率结构两个维度,检验社会保险缴费对小微企业用工规模、员工结构的影响效应。

首先,考察社会保险缴费水平的影响,针对小微企业的用工规模,建立如下计量模型:

$$staff_i = \beta_0 + \beta_1 soc_i + \beta_2 X_i + \varepsilon_i \tag{3-1}$$

其中,$staff_i$ 表示小微企业 i 的员工总人数,soc_i 表示 i 企业所在省份的社会保险费率水平,X_i 表示一系列控制变量,β_1 表示模型关心的回归系数,若其显著小于零,即意味着社会保险缴费对小微企业的用工规模产生了挤出作用。

为检验社会保险缴费水平对小微企业员工结构的影响,建立如下计量模型:

$$staff\_type_t = \alpha_0 + \alpha_1 soc + \alpha_i X_i + \varepsilon_i \tag{3-2}$$

其中,$staff\_type_t$ 表示小微企业不同类型员工数量。当 t=0 时,表示小微企业女性员工数量;t=1 时,表示男性员工数量;t=2 时,表示技术型员工数量;t=3 时,表示普通员工数量;t=4 时,表示正式员工数量;t=5 时,表示非正式员工数量。

其次,考察社会保险费率结构对小微企业雇佣规模、员工结构的影响效应,将上述式(3-1)和式(3-2)中的费率水平变量替换为费率结构变量,检验步骤与前文一致。

在模型分析中,使用了各省份社会保险政策费率作为解释变量,这是因为政策费率具有更强的外生性,而小微企业的实际社会保险缴费支出与用工人数同属于企业的经营决策,两者间存在相互影响的可能性,因而内生性较强,对回归结果会造成较大的干扰。考虑到企业缴费不实现象较为严重,政策费率高估了企业实际承担的社会保险缴费负担,对此,本章使用各省份社会保险基金实际征缴收入除以工资总额计算出各省份的实际征缴费率,使用该变量替换政策费率进行稳健性检验。

二、变量选择与描述

员工人数是本章实证模型中的被解释变量,在考察社会保险缴费对小微企业总用工规模的影响时,以企业总人数为被解释变量,在考察社会保险缴费对小微企业员工结构的影响时,以各类型员工人数为被解释变量。费率水平和费率结构是本章模型的核心解释变量,调查年度各省市社会保险政策费率的均值为41.8%[①]。

由于我国存在严重的缴费不实现象,社会保险制度的实际缴费率并不等于政策费率(汪润泉等,2017;杨翠迎等,2018),对此,本章使用各省份社会保险基金实际征缴率作为解释变量,以进行稳健性检验。依据测算结果,各省份社会保险基金实际征缴率的均值为19.7%,远低于政策费率。此外,从费率结构来看,调查年度各省份企业和个人政策费率比值的均值为2.9,也即企业承担的缴费责任是个人的2.9倍。

在控制变量方面,根据小微企业调查问卷涉及的信息,结合已有研究,本章在模型中加入了企业资产(企业总资产的对数)、企业营业收入(企业年度营业收入对数)、企业研发支出(企业年度研发支出对数)、企业所有制类型(国有集体企业=0;私营企业=1;外资企业=2)和是否为高新技术企业等变量,其中企业资产、营业收入、研发支出在模型中取对数。调查数据显示,超过80%的小微企业营业收入不足5000万元,高新技术企业占比仅为14%左右。

第三节 小微企业社保缴费的减员效应

一、费率水平与员工规模

社会保险缴费标准的设置对小微企业的雇佣规模会产生何种影响?表3-2展

[①] 自2015年以来,我国已连续6次下调社会保险缴费率,2019年之后我国社会保险总政策费率为28%左右。

示了社会保险缴费水平对小微企业总员工人数的回归结果,在控制其他因素后,社会保险缴费率对员工规模的回归系数为-3.558,且在10%统计水平上通过了显著性检验,这意味着社会保险缴费水平越高,小微企业的员工总规模越小,缴费率对企业雇佣产生了挤出作用,具有明显的减员效应。平均而言,社会保险政策缴费率每提高1个百分点,小微企业员工总人数减少3.558人。在控制变量方面,回归结果显示,营业收入越高的企业雇佣规模越大,研发投入越高的企业雇佣规模越大。一般而言,这类企业的生产规模较大,经营能力较强,从而就业吸纳能力也相对较强,能够雇佣更多的员工。

表3-2　小微企业减员效应的回归结果

Panel A 企业员工规模	(1) 员工总人数	(2) 总人数对数	(3) 员工总人数	(4) 总人数对数
政策缴费率	-3.558* (1.884)	-0.055*** (0.019)	—	—
实际征收费率	—	—	-2.707** (0.671)	-0.016** (0.007)
控制变量	是	是	是	是
观测值	4597	4597	4597	4597
R^2	0.302	0.555	0.299	0.552
Panel B 企业招聘	(5) 招聘计划	(6) 预计招聘人数	(7) 预计招聘人数对数	
政策缴费率	-0.110** (0.055)	-2.245*** (0.854)	-0.090*** (0.029)	
控制变量	是	是	是	
观测值	4597	4597	4597	
R^2	0.211	0.104	0.222	

注：显著性水平***表示$p<0.01$,**表示$p<0.05$,*表示$p<0.1$。

为验证小微企业减员效应的可靠性,本节从以下几个方面进行稳健性检验:

首先,对模型中的因变量做对数处理,取对数能够降低异方差对模型回归结果的干扰,使回归结果更可靠。如表3-2中(2)列所示,使用企业员工总人数的对数作为被解释变量,回归系数依然显著为负值,缴费率每增加1个百分点,小微企业员工人数减少约5.5%,表明社会保险费率越高小微企业的员工规模越小,缴费所产生的减员效应成立。

其次,使用各省市实际征收费率替换原解释变量,评估其对小微企业总员工人数的影响。由于各地区均存在缴费不实现象,政策费率高估了小微企业面临的社会保险缴费要求,故使用各省市社会保险基金实际征缴数据测算出实际征收费率。根据表3-2中(3)列的回归结果可知,实际征收费率对小微企业员工总人数的回归系数为-2.707,且在5%统计水平上通过了显著性检验,这意味着小微企业所在省份的实际社会保险征收费率每增加1个百分点,小微企业将裁减约2.707个员工。

最后,结合前两种方式重新进行检验,即把因变量调整为员工总人数的对数,同时使用实际征收费率作为解释变量。根据表3-2中(4)列的回归结果可知,实际征收费率的回归系数同样通过了显著性检验,缴费率的上升确实会引发小微企业的减员效应。综上所述,尽管小微企业的雇佣规模较小,且社会保险缴费遵从度也不高,当其面临较高的社会保险费率水平时,也会减小雇员规模。

由于本章使用的小微企业员工数据和社会保险缴费率数据是同一年度的,无法反映小微企业根据费率水平对员工规模的调整情况。对此,本节根据调查问卷梳理了小微企业未来一年的招聘规划和预计招聘人数,检验社会保险缴费对小微企业招聘计划的影响。

依据表3-2展示的回归结果,社会保险缴费改变了小微企业的招聘计划,缴费率越高小微企业计划进行招聘的概率越低,平均而言,社会保险政策缴费率每提高1个百分点,小微企业计划招聘的概率下降9.5%($1-e^{-0.110}$)。使用小微企业预计招聘人数及其对数作为被解释变量,回归结果显示,社会保险缴费率越高小微企业预计招聘人数越少,平均而言,缴费率每增加1个百分点,小微企业预计招聘人数将缩减约2.2人,预计缩减规模约9%。

综合上述分析可知,社会保险缴费制约了小微企业的员工规模,随着缴费率的上升,小微企业的实际员工人数以及预计进行的招聘人数都会显著下降。在新经济形势下,小微企业已成为我国经济发展的生力军,是解决就业问题的一个重要渠道,然而,我国社会保险制度过高的缴费要求却降低了小微企业的就业吸纳能力。

二、费率结构与员工规模

前文验证了社会保险费率水平对小微企业用工规模的影响,本部分从费率结构维度探讨了社会保险缴费的影响效应。利用各省份社会保险政策规定的企业缴费率与个人缴费率之比衡量费率结构,比值越大意味着社会保险缴费责任越偏向于企业,可以预期在相同的总费率水平下,企业承担的费率比值越大对企业经营决策的影响也会越大。

首先,考察社会保险费率结构对小微企业总雇佣规模的影响。根据表3-3展示的回归结果，费率结构对小微企业员工总规模的回归系数为-47.375，且在1%水平上通过了显著性检验，这意味着企业承担的费率责任越大，对应的小微企业员工规模越小。使用员工总人数的对数作为模型分析的因变量，回归结果依然表明，费率结构对员工规模具有显著的负面影响。

表3-3 费率结构与小微企业的雇佣决策、招聘计划

变量名	（1）员工总数	（2）员工总数对数	（3）招聘计划	（4）新招人数	（5）新招人数对数
费率结构	-47.375*** (16.667)	-0.588*** (0.155)	-0.919** (0.458)	-22.843*** (6.403)	-1.052*** (0.229)
控制变量	是	是	是	是	是
观测值	4597	4597	4597	4597	4597
R^2	0.302	0.560	0.049	0.110	0.242

注：显著性水平***表示$p<0.01$，**表示$p<0.05$，*表示$p<0.1$。

然后，考察社会保险费率结构对小微企业员工结构的影响。从表3-3展示的回归结果中可以看出，费率结构对小微企业招聘计划的回归系数为负值，且在5%水平上通过了显著性检验，这一结果表明，在企业与个人费率比值较高的地区，小微企业未来一年内有员工招聘计划的概率更低。使用小微企业预计招聘人数作为被解释变量，结果显示，费率结构依然具有显著的负向作用，但企业与个人费率比值上升时，小微企业会明显缩小未来一年的招聘规模。对预计招聘人数取对数，然后重新回归，上述结果保持不变。综合上述实证结果可知，小微企业的雇佣规模会受到社会保险费率结构的影响，当政府要求企业在社会保险缴费中承担更多的责任时，小微企业会采取减员策略缩小员工规模，同时也会改变下一年度的招聘计划。

以往研究指出，大力发展中小企业有助于转移和吸收剩余劳动力，有利于平衡资本、就业和消费关系，推动经济高质量发展（周天勇，2002）。在经济周期性下行与结构转型的交互期，大力发展中小企业往往是抵御经济周期和结构转型冲击的重要政策工具（郭思文和陈建伟，2019）。由此，社会保险缴费对小微企业就业吸纳能力的制约作用需要各界足够的重视，破解社会保险缴费对小微企业的减员效应，是维护小微企业发展的需要，也是推进经济增长和就业稳定的需要。来自减税激励的研究表明，所得税减半征收政策显著降低了限额以下小微企业的实际所得税负，促进了企业发展（赵颖，2022）。鉴于此，减轻小微企业的社会保险负担或许能够为其赢得更多的发展空间。

第四节 小微企业社保缴费的员工结构效应

一、费率水平与员工结构

从降低成本的角度而言，减员并不是小微企业减轻社会保险缴费负担的唯一路径，事实上，小微企业还可以通过雇佣非正式员工的方式规避缴费责任。此外，企业对不同类型的员工可能存在一定的偏好，当小微企业的就业吸纳能力受到社会保险缴费的制约时，其是否更有可能减少某一类型的员工？针对这类问题，本节以小微企业各类型员工人数的对数为被解释变量，通过计量模型实证检验社会保险缴费对小微企业员工结构的影响。在具体分析时，分别检验社会保险缴费是否降低了小微企业某一类员工的规模。

首先，从性别角度进行分析。根据表3-4 Panel A展示的回归结果可知，控制其他变量后，社会保险缴费对女性员工具有显著的挤出效应，但对男性员工规模没有显著影响。平均而言，政策缴费率每提高1个百分点，小微企业将减少6.1%的女性员工。由此可见，在社会保险缴费与就业的关系问题上存在着性别歧视，当小微企业面临较高的社会保险缴费要求时，会优先裁减女性员工，这是劳动力市场中性别歧视的延伸，女性的劳动力市场地位普遍弱于男性。

表3-4 缴费对小微企业员工结构的影响结果

变量名	Panel A 基准回归结果					
	女性	男性	技术型	普通型	正式	非正式
政策缴费率	−0.061** (0.027)	−0.026 (0.017)	−0.021 (0.022)	−0.050** (0.021)	−0.037* (0.021)	−0.037 (0.047)
控制变量	是	是	是	是	是	是
观测值	4597	4597	4597	4597	4597	4597
R^2	0.348	0.530	0.338	0.545	0.528	0.234
变量名	Panel B 稳健性检验结果					
	女性	男性	技术型	普通型	正式	非正式
实际征缴率	−0.072*** (0.010)	−0.031 (0.026)	0.025 (0.028)	−0.058** (0.018)	−0.043* (0.017)	0.033 (0.014)
控制变量	是	是	是	是	是	是

续表

变量名	Panel B 稳健性检验结果					
	女性	男性	技术型	普通型	正式	非正式
观测值	4597	4597	4597	4597	4597	4597
R^2	0.357	0.528	0.338	0.546	0.528	0.235

注：显著性水平＊＊＊表示 $p<0.01$，＊＊表示 $p<0.05$，＊表示 $p<0.1$；各类员工人数均取对数。

其次，从员工技术类别角度进行分析。社会保险缴费对不同技术类型员工规模的回归结果表明，普通员工数量受到了社会保险缴费的负面影响，而技术型员工规模不受影响。平均而言，社会保险缴费率每提高1个百分点，小微企业普通员工数量减少5.0%。对企业而言，技术型员工的生产效率更高，其市场价值更大，而普通员工具有较高的可替代性，当社会保险缴费制约其就业吸纳能力时，企业会优先缩减普通员工数量。

最后，考虑正式员工和非正式员工的区别。从表3-4中可以看出，社会保险缴费对正式员工规模有显著的挤出作用，而对非正式员工无显著影响。平均而言，社会保险缴费率每增加1个百分点，小微企业雇佣的正式员工数量将减少3.7%。这是因为我国的《劳动合同法》和《社会保险法》更强调对正式职工的劳动保护，企业雇佣的非正式员工往往不会签订劳动合同，从而更少参加职工社会保险。

为进一步验证以上结论的可靠性，采用各省份社会保险基金实际征缴率替换前文模型中的政策费率，重新估计社会保险缴费对小微企业不同类型员工规模的影响。如表3-4 Panel B所示，在控制其他因素后，社会保险实际征缴率对女性员工、普通员工、正式员工具有显著的负面影响，而对其他三种类型的员工规模无显著影响。这一结果与基准回归结果一致，从而更加证实了小微企业减员时的偏好性，这也意味着社会保险缴费影响了小微企业的员工结构。综上所述，社会保险缴费对小微企业员工规模的挤出效应并不是均匀分布的，女性员工、普通员工和正式员工更容易受到影响。

二、费率结构与员工结构

同样采用各省份社会保险政策费率中企业费率和个人费率的比值衡量费率结构，检验其对小微企业员工结构的影响效应，结果如表3-5所示。

表3-5　费率结构对小微企业员工结构的回归结果

变量名	女性	男性	技术型	普通型	正式	非正式
费率结构	-0.104＊＊＊ (0.014)	-0.028 (0.046)	-0.109 (0.183)	-0.113＊＊＊ (0.041)	-0.063＊＊＊ (0.015)	-0.589 (0.410)

续表

变量名	女性	男性	技术型	普通型	正式	非正式
控制变量	是	是	是	是	是	是
观测值	4597	4597	4597	4597	4597	4597
R^2	0.359	0.530	0.338	0.553	0.532	0.241

注：显著性水平＊＊＊表示$p<0.01$，＊＊表示$p<0.05$，＊表示$p<0.1$；各类型员工人数均取对数。

首先，在性别维度上，社会保险费率结构对女性员工规模有显著的负向作用，对男性员工规模未产生显著影响。平均而言，企业与个人费率比值每增加1个单位，将导致小微企业减少10.4%的女性员工。其次，在技术员工维度上，社会保险费率结构对普通员工规模产生了显著的负向影响，但对技术型员工规模无显著影响。平均而言，企业与个人的费率比值每增加1个单位，小微企业普通员工规模将下降11.3%。最后，在正式员工维度上，社会保险费率结构显著降低了正式员工规模，但对非正式员工规模无显著影响。平均而言，企业与个人费率比值每增加1个单位，小微企业正式员工规模将减少6.3%。

综上所述，社会保险费率结构与费率水平一样影响着小微企业的员工结构，但费率水平上升、企业与个人费率比增加时，小微企业会优先缩小女性员工、普通员工和正式员工规模。

第五节　本章小结

小微企业已成为我国经济发展的生力军，是吸纳就业的重要力量。尽管小微企业员工规模普遍较小，社会保险参保与缴费程度也不高，但社会保险制度的缴费要求依然对小微企业的雇佣决策产生了显著的影响作用。本章研究表明，社会保险费率设计从费率水平、费率结构两个维度影响了小微企业的雇佣规模和员工结构，具体研究发现如下：

第一，社会保险缴费显著降低了小微企业的雇佣规模，具有明显的减员效应。无论是采用政策费率还是实际征缴率来衡量社会保险缴费水平，其对小微企业的员工总规模都具有显著的负向作用，且社会保险缴费还降低了小微企业预计进行招聘的概率以及预期的招聘规模。此外，在总费率既定的情况下，企业与个人承担的费率比例也会显著影响小微企业的雇佣决策，当企业承担的费率比重增加时，小微企业会减少员工人数、改变招聘计划、降低预期招聘规模。

第二，社会保险缴费对小微企业的员工结构产生了显著影响，具有明显的员工结构效应。当社会保险政策费率或实际征缴率上升时，小微企业会优先减少女性员工、普通员工和正式员工规模，且采用费率结构替换费率水平后，这一影响效应同样存在。社会保险缴费对小微企业员工规模的挤出并不是均匀分布于各类型员工，企业会根据自身偏好降低某些类型的员工数量，从而影响到了企业的员工结构。

综上所述，社会保险缴费对小微企业的雇佣决策不只有规模效应还有结构效应。在本章分析的小微企业中，小微企业所在地区的社会保险缴费水平越高、企业承担的缴费比重越高，则小微企业的实际员工人数越少，近期的招聘计划也越少，不仅如此，小微企业的减员效应具有一定的倾向性，从而引发了员工结构的变化。

中小微企业是稳住我国经济基本盘的重要基础，对繁荣经济、稳固就业、促进创新都有重要的影响。近年来，随着经济社会形势的急剧变化，中小微企业发展面临经营难、融资难等难题，为增强中小微企业发展动力和活力，要积极推进减税降费政策，对中小微企业给予一定的政策优惠。在社会保险制度设计层面，可以考虑针对中小微企业实施缴费补贴，既鼓励其积极参与社会保险制度，也切实降低其社会保险缴费负担。

第四章　就业挤出与非正规化：基于流动人口的考察

　　流动就业是我国劳动力市场的典型特征，流动劳动力是我国劳动力的重要构成。受体制与制度等因素的影响，流动人口的就业权益远不如本地人口，尤其是农村户籍流动人口（农民工）在城市就业往往遭遇各种权益缺失。在社会保险领域，流动人口的参与率明显过低，如此，其就业决策是否还会受到社会保险缴费的影响？以往研究大多忽略了这一点。本章使用全国流动人口动态监测调查数据，考察社会保险缴费对流动人口就业决策的影响及其户籍差异，检验高缴费率对其就业状态、就业类型的影响，指出高费率对流动人口就业的挤出作用和非正规化效应。

第一节　典型事实与核心问题

一、流动人口的就业与参保特征

　　就业是流动人口外出的主要原因，根据全国流动人口动态监测调查数据可知，流动人口的就业参与率较高，2013~2018年，无论是农村户籍流动人口还是城镇户籍流动人口，其就业率均在85%以上。比较两类群体的就业率可知，在历年的调查数据中，城镇籍流动人口的就业率略高于农村籍流动人口，但相差不大，这意味在城市劳动力市场中，城镇户籍人口具有一定的就业优势。从时间趋势来看，两类流动人口的就业率变动情况一致，在2017年及以前均呈现出上升趋势，而在2018年均有所下降。

　　流动人口的就业类型具有多样性，根据流动人口就业过程中的雇佣关系差异，本章将其分为两种主要的就业类型，分别是正规就业（就业者拥有相对稳定的雇佣单位)和非正规就业(包括临时工、散工以及自我雇佣等灵活就业人员)。根据上述划分标准,考察不同户籍流动人口的就业类型可知,近年来,无论是农村籍流动人口还是城镇籍流动人口,选择雇佣就业的人数占比均有所下降,而选择非正规就业的人数占比有所上升,这意味着近年来流动人口就业的雇佣关系趋于松散化。

比较两类流动人口的就业类型差异可知,历年城镇籍流动人口选择雇佣就业的比例高于农村籍流动人口,而城镇籍流动人口选择非正规就业的比例低于农村籍流动人口,相对而言,城镇籍流动人口更容易获得稳定的雇佣关系。由上可知,尽管两者在总体就业率上的差距不大,但在就业类型上存在较大的差异。有研究指出,不同户籍人口的就业形态差异,会导致就业稳定性差异和劳动报酬差异(张世伟和武娜,2014),甚至会引发两者的行为偏差(王弘钰和王辉,2016)。因此,对两者的比较研究显得尤为重要。

自《社会保险法》实施以来,就业人员的社会保险权益得到了国家法律的保障,然而,流动人口参加职工社会保险的比例并不高。根据测算,2018年农民工参加城镇职工社会保险的比例不足20%,城镇职工的参保率不超过40%。尽管流动人口参加职工社会保险已无制度障碍,但其实际参保率并不高,且农村籍流动就业人口的参保率要低于城镇籍职工,在社会保险制度的参与过程中户籍差异明显。流动人口的低参保率现象也得到了诸多学者的证实,但现有研究更倾向于从人力资本、社会资本等因素进行解释(赵亮和张世伟,2011),鲜有研究将其与社会保险制度本身联系起来。

根据《社会保险法》的规定,雇佣就业人员由就业单位代为参保并缴纳社会保险费用,无雇佣单位的其他就业人员可自行申请参加职工养老和医疗保险。然而在现实中,不同就业类型人员的实际参保率存在较大的差异,据统计,无论是城镇籍流动就业人口还是农村籍流动就业人口,雇佣就业人员的参保率均高于其他类型的就业人员,尤其是雇佣就业的城镇职工参保率高于50%。相对而言,灵活就业人员的参保率是最低的,灵活就业农民工参加职工社会保险的比例仅为3%左右,而灵活就业的城镇工参加职工社会保险的比例也只有9%~20%。

二、研究问题与研究假说

(一)研究问题

在现代社会中,就业是劳动者获取生活资料的重要途径,是最大的民生问题。自"十二五"规划以来,国家坚持实施就业优先战略,屡次强调要解决好农村转移劳动力(农民工)等重点群体的就业问题。然而,近年来,农民工群体的就业矛盾依然凸显,不充分、低质量就业等问题亟待解决。根据卫健委主持的全国流动人口监测调查数据,超过四成的农民工表示近两年找工作的难度变大,尤其表现为正规就业占比下降,2018年已有半数以上农民工处于非正规就业状态①,这意味着农民工群体的就业稳定性在变弱。因此,破解农民工群体的就业矛盾既关乎"三农"问题的解决,也关乎中国经济社会的稳定与和谐发展。基于此,本部分以流动人口为研究对象,从劳动供给端探讨社会保险缴费与就业的关系及其户籍差异。

流动人口的就业受到众多因素的影响,就业既是流动人口基于个人禀赋和家庭资源所做出的自主决策行为,同时也受国家体制和制度环境的制约与引导。由此,学术界形成了"市场"和"制度"两种不同的研究路径,前者关注个人和家庭因素在流动人口就业决策中的作用(邓睿,2020;张原,2020),后者关注户籍、劳动合同法等制度性因素的作用(丁守海,2010;孙婧芳,2017)。在经济转型与体制改革的环境下,关注制度性因素对于理解同等禀赋流动人口的就业差异以及推进相关制度改革更具现实意义。

我国社会保险制度的"高费率"弊端由来已久,其对就业的影响也引发了学者的关注,但现有研究多从宏观层面或企业层面分析降费对就业的影响,而针对劳动者个体维度的实证分析相对不足。仅有的几篇文献考察了社会保险对个体工资水平的影响,认为劳动者参加职工社会保险会遭遇工资损失(周作昂和赵绍阳,2018),用工单位通过成本转嫁的方式降低了员工的工资水平(秦立建和苏春江,2014),且这种效应主要存在于教育程度较低或非技术型的员工(封进,2014)。上述研究仅分析了社会保险对处于就业状态劳动者收入水平的影响,而忽视了部分劳动者可能由于社会缴费而进入了非就业状态。

随着城镇职工社会保险制度在流动人口群体中的推广,社会保险这一重要制度因素对流动人口就业的影响理应受到重视。当前学术界主要关注了农民工等流动就业群体的社会保险参保情况(董芳和周江涛,2020),以及参加社会保险对幸福感(程名望和华汉阳,2020)、家庭消费(温兴祥和郑子媛,2019)、城市融入(韩俊强,2017)、工资水平(周作昂和赵绍阳,2018)等的影响。这类研究强调了社会保险权益的重要性,但忽视了社会保险缴费率等参数设计可能对流动人口就业产生的不利影响。

部分研究从劳动力需求端出发,认为我国社会保险制度的缴费率偏高,且对就业产生了显著的挤出作用(葛结根,2018)。但这一研究并非针对流动人口群体展开,鉴于流动人口尤其是农民工群体的弱市场地位,就业挤出现象在流动人

---

① 根据2018年流动人口监测调查数据,42.55%的农民工表示近两年找工作的难度加大,非正规就业农民工占比为51.9%。

口中是否更为突出？在不同户籍性质流动人口中是否存在差异？社会保险的高费率是否可以解释农民工的就业难以及非正规就业上升等现象？

（二）研究假说

关于社会保险缴费与就业关系的研究多认为，高费率降低了企业的用工需求，从而对就业产生了负面影响（马双等，2014）。根据这一结论进行逻辑推演可知，社会保险缴费率的上升导致劳动力要素成本增加，用人单位为减轻负担会调整用工计划，缩减用工规模，进而导致劳动力就业难度增加。在我国的社会与制度环境下，流动人口的市场地位弱于本地劳动者，其就业受市场环境变化的影响较大，因此，社会保险缴费率的上升对其就业将产生不利影响。此外，在流动人口群体中，农村户籍人口的市场地位更低，相比于城镇户籍人口，其就业对市场环境的敏感性更高。鉴于此，本章提出以下研究假说：

假说1：社会保险缴费对流动人口就业具有挤出效应，且农村户籍流动人口受到的影响更大。

获取收入是流动人口外出务工的主要原因，为了获取必需的生存资料，当社会保险缴费加大就业难度时，流动人口极有可能选择非正规就业，从而导致市场中非正规就业人口规模上升。相比于城镇户籍流动人口，农村户籍流动人口的家庭条件更差，其对劳动收入的依赖性更强，因此，当社会保险缴费加大就业难度时，其更有可能选择非正规就业。鉴于此，本章提出以下研究假说：

假说2：社会保险缴费加大了流动人口选择非正规就业的概率，且对农村户籍流动人口的影响更大。

在劳动力市场中，不同技能劳动者的议价能力存在差异，其保留工资以及对就业环境的要求也不同。相对而言，高技能劳动者对企业生产的促进作用更大，企业更愿意为其支付高成本，在面临高社会保险缴费成本时，企业对不同技能劳动者存在一定的取舍。鉴于此，本章提出以下研究假设：

假说3：相比于高技能劳动者，社会保险缴费对低技能劳动者的就业挤出效应更强。

第二节 研究设计

一、分析思路与计量模型

流动人口就业的非正规化现象得到了不少学者的关注，其背后既有流动人口个体的选择，也有制度性因素的推动（陆万军和张彬斌，2018；杨正雄和张世伟，2020）。本章从社会保险制度出发，基于缴费成本视角，尝试提出一种新的解释。在有关社会保险缴费与就业的研究中，多数文献只关注了社会保险缴费对就业的挤出效应，而忽视了对就业类型的影响，对于劳动者而言，社会保险缴费对其就业的影响可能不仅表现为"是否就业"还表现为不同就业类型间的转换。

本章以流动人口为研究对象，首先针对缴费对就业的影响建立如下计量模型：

$$\mathrm{Employment}_{cj} = \beta_0 + \beta_1 \mathrm{Insur}_c + \beta_j X_j + \beta_c X_c + \sigma \tag{4-1}$$

其中，$\mathrm{Employment}_{ci}$ 表示 c 城市 i 流动人口是否处于就业状态；Insur_c 表示城市 c 的社会保险缴费率，该数据来源于各地级市政府门户网站以及劳动法宝网等；X_j 表示流动人口个体层面的控制变量；X_c 表示城市层面的控制变量；β_1 表示本章的主要待估参数，反映社会保险缴费对流动人口是否就业的影响效应。针对因变量"是否就业"的二分类属性，本章采用 Logit 回归方法，检验社会保险缴费对流动人口就业的影响效应。

本章将流动人口的就业形式分为正规就业（有稳定雇主的受雇就业）和非正规就业（自雇、散工、无固定雇主等灵活就业）两种类型，并以正规就业为参照组，针对处于就业状态的样本建立如下计量模型：

$$\mathrm{Employment\_type}_{cj} = \alpha_0 + \alpha_1 \mathrm{Insur}_c + \alpha_j X_j + \alpha_c X_c + \sigma \tag{4-2}$$

其中，$\mathrm{Employment\_type}_{ci}$ 表示 c 城市 i 流动人口的就业类型，鉴于该变量的二分类属性，本章采用 Logit 回归方法，检验社会保险缴费对流动人口就业类型选择的影响效应。考虑到不同户籍流动人口在就业和参保方面的差异性，本章在上述计量模型的基础上，分别检验社会保险缴费对农村籍和城镇籍流动人口是否就业以及就业类型的影响。

二、变量选择与描述分析

随着人口流动限制的解除和劳动力市场的逐步完善，大量农村剩余劳动力流入城市谋业，同时城镇籍劳动者的跨地区就业现象也日渐普遍。为及时掌握流动人口的发展态势，国家卫生健康委员会从 2009 年起开展了一年一度的全国流动人口抽样调查（CMDS）。该项目的调查内容涉及流动人口及其家庭的基本信息、就业、社会保障等，抽样范围覆盖了全国 31 个省份，每年样本量近 20 万户，因此，该数据具有很好的代表性。本章使用 2018 年度的流动人口调查数据，并将该调查数据与地级市层面的宏观统计数据进行匹配，以此分析社会保险缴费对流动人口就业的影响效应。根据研究需要，本章对数据作了以下处理：①剔除生病、上学、不想工作等因个人因素而未就业的样本。②考虑到法定退休年龄对就业的影响，本章限定样本年龄为男性16~59岁、女性16~49岁[①]。

以往研究表明，流动人口的就业决策受到诸多因素的影响，如照料儿童对流动人口就业有显著的负面影响（李勇辉等，2020）；教育对就业有促进作用（肖小勇等，2019）；不同流动类型农民工就业存在显著差异（姚俊，2010）。为控制其他因素对流动人口就业的影响，本章在个体层面选取了户口性质（农村户口=0；农村户口=1）、性别（男性=0；女性=1）、年龄、受教育年限、婚姻（未婚离丧=0；已婚有配偶=1）、同住的学龄子女数（0~6岁）、流动类型（市内跨县=0；省内跨市=1；跨省=2）作为控制变量。根据样本统计结果可知，2018年筛选的农民工样本平均就业率为87%，其中非正规就业占比为51%。样本的平均年龄为34岁，平均受教育年限为10年，在全样本中，男性占比为54%，已婚者占比为80%，跨省流动农民工占比为54%。

除了个体因素的影响，流动人口的就业还受劳动力市场环境的影响，如城市规模、城市劳动力供需状态等（赵建国和王净净，2022；杨东亮和郑鸽，2021）。鉴于此，在城市层面选取了城市人口规模（年末城市人口对数）、城市经济增长速度（城市年度GDP增长率）、城市工业企业数（城市工业企业数量对数）作为控制变量。其中，人口规模反映当地的劳动力供给情况，工业企业数反映当地的劳动力需求情况，这些数据来自历年《中国城市统计年鉴》。

第三节 缴费与就业挤出

一、就业挤出的基准回归结果

在我国高费率的制度环境下，社会保险缴费对企业劳动力需求的挤出效应已得到既往研究的证实，但劳动力需求的挤出是否意味着劳动者将面临失业问题。本章利用2018年流动人口监测调查数据，检验社会保险缴费是否对流动人口就业产生的挤出作用。如表4-1所示，对全体流动人口而言，社会保险缴费显著降低了其就业概率，平均而言，社会保险缴费率每增加1个百分点，流动人口就业的概率下降约4.59%（$1-e^{-0.047}$），这意味着社会保险缴费确实对流动人口产生了就业挤出效应。此外，不同户籍流动人口的就业状态存在显著的差异，相比于农

[①] 我国男性法定退休年龄为60周岁，女职工为50周岁，女干部为55周岁，由于女性农民工拥有干部身份的比例很低，故本章以50周岁作为女性农民工的法定退休年龄。

村户籍流动人口,城镇籍流动人口的就业率要高2.31%($e^{0.208}-1$),这既与其在劳动力市场中的相对优势有关,也与市场中的户籍歧视有关。

表4-1 社会保险缴费对流动人口就业的挤出效应

变量名	(1)全样本	(2)城镇户口	(3)农村户口	(4)交互效应
缴费率	-0.047*** (0.002)	-0.031*** (0.002)	-0.062*** (0.005)	-0.049*** (0.005)
户口(农村=0)	0.208*** (0.024)	—	—	—
户口#缴费率	—	—	—	0.017*** (0.004)
性别(男=0)	-1.670*** (0.018)	-1.484*** (0.017)	-0.985*** (0.025)	-1.633*** (0.021)
年龄	0.035*** (0.001)	0.036*** (0.001)	0.001 (0.002)	0.007*** (0.002)
婚姻	-0.502*** (0.028)	-0.124*** (0.027)	-0.035 (0.082)	-0.306*** (0.032)
教育年限	0.054*** (0.003)	0.051*** (0.003)	0.048*** (0.004)	0.058*** (0.003)
学龄子女数	-0.415*** (0.021)	-0.444*** (0.020)	-0.528*** (0.122)	-0.713*** (0.022)
跨市流动	0.213*** (0.022)	0.139*** (0.022)	-0.038 (0.036)	0.102*** (0.025)
跨省流动	0.404*** (0.021)	0.288*** (0.021)	-0.009 (0.034)	0.221*** (0.024)
城市规模	0.086*** (0.018)	0.142*** (0.017)	0.146*** (0.034)	0.053** (0.022)
经济增速	0.032*** (0.002)	0.027*** (0.003)	0.050*** (0.005)	0.095*** (0.005)
工业企业	0.161*** (0.011)	0.172*** (0.010)	0.202*** (0.019)	0.215*** (0.013)
样本量	126276	22600	103676	126276
R^2	0.126	0.110	0.080	0.115

注:显著性水平***表示$p<0.01$,**表示$p<0.05$,*表示$p<0.1$;括号内为回归标准误。

随后检验社会保险缴费对流动人口就业挤出作用的户籍差异,根据表4-1中

(2)列和(3)列展示的结果可知,两类流动人口的就业状态均受到了社会保险缴费的负面冲击,从回归系数来看,社会保险缴费对农村籍流动人口就业的挤出作用更大。为验证这一结果的准确性,在(4)列中使用交互项回归的方式,检验户口性质对缴费影响就业的调节作用,结果显示,户口与缴费率的交互项系数显著为正,这意味着拥有城镇户口可以缓解社会保险缴费对就业的挤出作用。综合上述结论可知,社会保险缴费确实挤出了流动人口就业,且对农村籍流动人口的挤出作用更大,因此,本章的研究假说1成立。

在控制变量方面,流动人口的就业与其年龄、教育水平、家庭环境以及流动类型有关。随着年龄的增长,流动人口处于就业状态的概率显著上升,相比于处于非婚姻状态的流动人口,在婚者的就业概率更高。教育提升了流动人口的就业能力和劳动力市场地位,从而对流动人口就业有显著的提升作用。学龄子女数对流动人口就业有显著的负向作用,家庭中学龄子女数越多意味着家庭照料需求越高,从而抑制了个体在劳动力市场中就业。在流动类型方面,流动距离越远的流动人口获得就业的概率越大,其可能的原因在于远距离流动的人口具有更强的能力禀赋和资本要素,从而更容易获得就业机会。此外,城市规模、城市经济增长速度以及城市工业企业数对流动人口就业均有显著的促进作用,流动人口在大城市更容易获得就业岗位,城市经济发展增加了就业岗位,而城市工业企业数直接反映了城市的劳动力需求。

二、就业挤出的稳健性检验

本章使用城市层面的政策费率作为核心解释变量,相比于实际缴费水平具有更好的外生性,前文回归结果也证明社会保险政策费率对流动人口就业产生了显著的负向影响。但是,仍可能存在遗漏变量同时影响被访样本所在地区的社会保险缴费率以及被访者的就业情况,进而导致模型存在内生性问题。因此,为进一步克服遗漏变量造成的干扰,本节采用同省内其他城市缴费率的均值作为工具变量(IV)[①],使用二阶段最小二乘估计法再次检验社会保险缴费的影响作用。一方面,由于不同地区政府之间存在学习和竞争行为(杨红燕等,2020),同省其他城市缴费率与流动人口所在地的缴费率相关,满足工具变量的相关性;另一方面,其他城市社会保险缴费率不直接影响流动人口的就业状况,因而满足工具变

[①] 工具变量的选择须满足相关性和外生性条件,为检验工具变量的合理性,本节进行了弱工具变量检验和内生性检验,结果表明,工具变量第一阶段回归中,省内其他城市社会保险费率的均值与农民工就业所在城市社会保险费率具有很强的正向关系,回归结果中F统计量的值大于10,即不存在弱工具变量问题,且内生性检验在1%水平上拒绝了"所有变量均为外生变量"这一原假设。

量的外生性。

表 4-2 中（1）列至（3）列展示了不同样本流动人口工具变量回归的第二阶段结果①。在控制内生性以及其他因素的影响后，社会保险缴费对就业的挤出作用依然显著存在，且缴费对农村户籍流动人口就业的挤出作用同样大于城镇户籍，所得结论与前文一致。

表 4-2 就业挤出效应的稳健性检验

变量名	（1）全样本	（2）农村户籍	（3）城镇户籍	（4）教育的调节作用
	工具变量回归			
缴费率	-0.032*** (0.004)	-0.021*** (0.005)	-0.018*** (0.002)	-0.035*** (0.002)
学历（低=0）	—	—	—	0.105*** (0.031)
缴费率#学历	—	—	—	0.019*** (0.001)
控制变量	是	是	是	是
样本量	126132	103576	22546	126132
R^2	0.126	0.173	0.096	0.217

注：显著性水平 *** 表示 $p<0.01$，** 表示 $p<0.05$，* 表示 $p<0.1$；表中未展示工具变量第一阶段的回归结果。

考虑到不同人力资本水平流动人口的议价能力存在差异，其就业状态受社会保险缴费的影响程度可能存在区别。本节根据流动人口的受教育水平，将高中及以下学历者归为低学历，大专及以上学历者归为高学历，在基准回归模型中加入缴费率与学历层次的交互项，检验受教育水平对社会保险缴费就业挤出效应的调节作用。检验结果表明，高学历流动人口的就业概率更大，且学历层次能够缓解社会保险缴费对就业的挤出作用，平均而言，缴费率每增加 1 个百分点，高中及以下学历流动人口就业概率下降 3.5%，大专及以上学历流动人口就业概率下降 1.6%。由此可见，社会保险缴费对流动人口就业的影响具有选择性，低人力资本群体的就业更容易受到社会保险缴费的负面影响。因此，本章的研究假说 3 成立。

---

① 在第一阶段的回归中，同省其他城市的费率均值与城市缴费率显著正相关，且 F 值大于 10，不存在弱工具变量问题。

第四节 缴费与就业非正规化

对流动人口而言，社会保险缴费对其总体就业水平具有挤出效应，不仅如此，本节的实证分析还发现，社会保险缴费还导致了其就业非正规化。以处于就业状态的流动人口为分析对象，将其就业类型分为正规就业和非正规就业，并以正规就业为参照组（正规就业=1；非正规就业=0），检验社会保险缴费对其就业类型变化的影响，如表4-3所示。

表4-3 社会保险缴费对流动人口就业类型的影响

Panel A 基准回归	全样本	城镇户籍	农村户籍	低学历	高学历
缴费率	0.019***	0.021	0.024***	0.037***	0.032
	(0.004)	(0.019)	(0.003)	(0.013)	(0.029)
控制变量	是	是	是	是	是
样本量	126132	22546	103576	67324	36252
R^2	0.126	0.096	0.173	0.235	0.123
Panel B 工具变量	全样本	城镇户籍	农村户籍	低学历	高学历
缴费率	0.012***	0.043	0.029***	0.042***	0.022
	(0.003)	(0.037)	(0.007)	(0.011)	(0.026)
控制变量	是	是	是	是	是
样本量	126132	22546	103576	67324	36252
R^2	0.162	0.106	0.182	0.285	0.191

注：显著性水平 * 表示 $p<0.1$，** 表示 $p<0.05$，*** 表示 $p<0.01$；表中未展示工具变量第一阶段回归结果。

表4-3中Panel A的基准回归结果表明，控制其他因素后，社会保险缴费使得流动人口由正规就业转向了非正规就业，平均而言，缴费率每增加1个百分点，将有1.9%的流动人口从正规就业转变为非正规就业。按户籍分样本的检验发现，社会保险缴费对流动人口就业的非正规化效应仅存在于农村户籍样本。

为进一步验证上述结果的可靠性，使用同省其他城市社会保险费率均值作为缴费率的工具变量，重新检验缴费对流动人口就业类型的影响。表4-3中Panel

B的结果再次验证了缴费对农村户籍流动人口就业的非正规化效应,平均而言,缴费率每增加1个百分点,将有2.9%的农村籍流动人口从正规就业转向非正规就业。社会保险缴费导致企业等用人单位缩减了劳动力需求,流动人口尤其是农民工等低端劳动力人口的就业难度增加,迫于生计这类群体将更多地选择非正规就业。由此,本章的研究假说2成立。

前文的分析指出,社会保险缴费对不同人力资本水平流动人口就业的影响效应存在差异,为检验缴费对其就业类型的影响是否同样存在异质性,本节将农村户籍流动人口划分为低学历(高中及以下)和高学历(大专及以上)两个子样本。检验结果显示,无论是使用基准回归还是使用工具变量回归,所得结论均表明,社会保险缴费使得低学历农村籍流动人口从正规就业转向非正规就业,但对高学历群体无显著影响。

第五节 本章小结

流动人口是我国城市劳动力的重要构成,为我国的经济发展和城市建设作出了巨大贡献。本章从是否就业和就业类型两个维度检验了我国职工社会保险缴费对流动人口就业的影响效应,在以往研究的基础上,本章在以下两个方面有所创新:第一,在研究视角方面,不同于以往研究的劳动力需求视角,本章从劳动供给角度考察社会保险缴费的就业效应。第二,在研究内容方面,以往研究多限于讨论社会保险与就业水平的关系,本章以流动人口为对象,将研究内容拓展到了就业类型维度。总体而言,社会保险缴费对流动人口就业不仅存在"挤出效应",还存在"非正规化效应",这是本章对既往研究的重要补充。

依据实证分析,本章的主要结论如下:

第一,社会保险缴费对流动人口就业有显著的挤出作用,且农村户籍流动人口受到的负面影响更大。相比于农村户籍流动人口,城镇籍流动人口在就业方面存在一定的优势,且城镇户籍身份缓解了缴费对就业的负面冲击。第二,社会保险缴费提高了流动人口选择非正规就业的概率,且这一效应主要存在于农村户籍流动人口。社会保险缴费率的上升加大了流动人口从事正规就业的难度,迫于生计,流动人口从正规就业转向了非正规就业。第三,社会保险缴费对流动人口就业的影响效应存在异质性,不同人力资本水平流动人口受到的影响程度不同。相比于高学历流动人口,低学历流动人口就业受到的挤出作用更大,且低学历流动人口有更大的概率从正规就业转向非正规就业。

我国社会保险制度的扩面对流动人口尤其是农民工的覆盖作用有限，但社会保险缴费造成的负面影响却波及了流动人口，尤其是对较为弱势的流动人口产生了更大的影响效应。对此，我国社会保险制度改革应当重视对流动人口尤其是农民工等的关照，增强制度的亲和性，针对这类特殊群体降低参保门槛和参保要求。

第五章　提前退休效应：社会保险与中老年就业

社会保险对劳动者就业的挤出效应存在群体差异，对中老年人产生了明显的提前退休激励效应。本章借鉴隐含税收理论构建职工养老保险退休激励精算模型，同时利用中国家庭追踪调查数据（CFPS）建立退休决策计量模型，分析结果表明：代表性"中人"的最优退休年龄早于53岁，"视同缴费"是促发提前退休激励的重要制度原因；"缴费挤出效应"和"待遇拉动效应"是养老保险诱导劳动者提前退休的两个核心机制；男性、低收入、低受教育水平、非党员劳动者面临更强的提前退休激励；降低缴费率、规范养老金增长机制、提高个人账户投资收益率是缓解养老保险制度提前退休激励的有效举措。

第一节　制度背景与问题提出

一、提前退休的基本事实

老龄化与少子化已成为我国人口发展的基本趋势，第七次全国普查数据显示，我国60岁及以上人口比重上升至18.7%，而2017年至今新生人口连续下跌，2020年新生人口数量下降到1003.5万[①]。在此趋势下，劳动力规模的缩减将不可避免，2019年我国16~59岁劳动年龄人口为89640万，自2012年以来已连续多年下降。在经济高质量发展的目标诉求下，劳动力总量的下降提高了对劳动力资源利用效率的要求，然而，自20世纪80年代以来，我国劳动参与率却下

---

① 根据国家统计局数据，2016年全年出生人口为1786万，2017年为1723万，2018年为1523万，2019年全年出生人口为1465万。

降了。研究表明，1990~2010年，我国城市人口预期寿命延长了约5.5岁，但55~65岁处于就业状态的人口比重却下降了（张川川和赵耀辉，2014）。更有调查指出，45.7%的劳动者选择了提前退休（阳义南和肖建华，2018）。

在我国人口老龄化以及受教育水平延长的现实背景下，提前退休意味着劳动者工作年限的缩短和退休年限的延长。根据邵国栋等（2007）的测算，1982~2008年我国劳动者的工作年限已从42.7年下降到38.8年，退休年限则从14.1年增加至22.5年。这一变化给经济建设以及养老保障事业发展带来了严峻挑战。劳动者提前退休一方面会导致养老保险制度赡养率急剧上升，进而造成养老保险基金面临沉重的支付与平衡压力；另一方面也意味着劳动力资源的浪费，同时加大了政府推行延迟退休改革的难度。

利用2010年中国家庭追踪调查数据（CFPS）分析职工的退休情况，计算结果表明，在2510位办理了退休手续的退休人员中提前退休人数占比达44%。从分性别来看，男性的实际退休年龄主要集中在55~64岁，女性的实际退休年龄主要集中在45~54岁，在男性退休职工中，提前退休人数占比达57.8%，在女性退休职工中，提前退休人数占比达31.5%。结合我国的制度改革与上述退休年龄分布可知，"老人"在1997年之前已退休，故不存在退休激励问题，而最大的"新人"在2010年的年龄仅为32岁，其已退休的概率很小，从当前实际发生提前退休行为的劳动者年龄来看，其主要为制度改革中的"中人"[①]，故本章对养老保险退休激励效应的分析主要针对"中人"。

二、提前退休的制度背景

我国的职工养老保险制度始于计划经济时期的劳动保险，彼时职工个人无须承担缴费责任，随后为配合国有企业进行合同制改革，我国职工养老保险制度也开启了改革历程。自20世纪80年代以来，在地区试点的基础上，我国养老保险制度经历了重大调整。1997年发布的《国务院关于建立统一的企业职工基本养老保险制度的决定》规定，我国采取统账结合的改革思路，统筹账户坚持现收现付并由企业缴纳保险费用，缴费比例不超过工资总额的20%，个人账户实行积累制并由个人缴费，缴费比例由4%逐步提升至8%，并要求劳动者需缴费满15年方可领取养老金。

1997年的制度改革将职工分成了三类群体[②]，改革之前已经退休的人员被称

[①] 2010年"中人"的年龄区间为男性33~72岁，女性33~62岁。
[②] 假设劳动者20岁参加工作，则1997年"老人"的年龄在60岁以上（男）或50岁以上（女），"中人"的年龄区间为20~59岁（男）或20~49岁（女），"新人"的年龄在20岁以下。

为"老人",改革时已参加工作但尚未退休的为"中人",改革之后才参加工作的被称为"新人"。三类人员的养老金计发办法存在区别,"老人"仍按改革之前的政策领取养老金;"新人"的养老金包括基础养老金和个人账户养老金,其中,基础养老金由统筹账户发放,待遇标准为职工退休前当地平均工资的20%,个人账户养老金按账户总额除以139个月发放;"中人"除了基础养老金和个人账户养老金外,还有过渡性养老金,这是对"中人"的补偿性养老金,因为其在养老保险制度改革之前已参加工作,但由于彼时没有建立个人账户,导致"中人"的个人账户实际缴费年限低于实际工作年限。

随后,为强化养老保险制度的激励作用,2005年的养老保险制度改革调整了养老金领取办法,规定基础养老金以职工个人指数化缴费工资和退休前一年社会平均工资的均值为发放基数,以职工缴费年限为发放比例,个人账户养老金发放年限根据退休年龄进行调整①。至此,我国职工养老保险制度基本定型,但企业承担的缴费比例历经几次下调,至2019年国务院将企业养老保险缴费比例下调至16%,而职工个人的缴费比例一直维持在8%。

结合我国的养老保险制度改革与劳动者退休年龄可知,"老人"在1997年之前已退休,故不存在退休激励问题,而年龄最大的"新人"在2020年仅为42岁,其已退休的概率很小,从当前实际发生提前退休行为的劳动者年龄来看,其主要为制度改革中的"中人",故本章对养老保险退休激励效应的精算分析主要针对"中人"。

养老保险引发劳动者提前退休行为可能通过两个途径发生:第一,养老保险待遇吸引就业人员提前退休享受养老金,当劳动者继续就业获得的工资收入低于退休领取的养老金水平时,便有了提前退休的动机。第二,养老保险缴费挤出就业,我国养老保险费率偏高,若考虑其他险种的缴费,则劳动者每多就业一年就要多缴纳一年的社会保险费用,从而降低了有效工资,对用人单位而言,也加重了人工成本,此时单位和个人均有提前退休的激励。

三、研究梳理与核心问题

退休是劳动者一生中的重要决策之一,自20世纪70年代以来,在国际范围内出现了普遍的提前退休现象,从而引发了学界的关注与探究。经济学家主要从不完善年金市场、收入效应、家庭生产、社会保障制度等角度尝试解释提前退休现象。其中,不完善年金市场理论认为,如果缺乏年金市场,高死亡率会导致个

---

① 参见《国务院关于完善企业职工基本养老保险制度的决定》(国发〔2005〕38号),此次改革加强了基础养老金与职工个人缴费的关联性,40~69岁退休对应的个人账户养老金计发月数为23~65个月。

体降低储蓄而选择一直工作至死亡，而当死亡率下降时，个体储蓄动机恢复，并在生命后期留出退休时间，也即提前退休（Kalemli，2002）。收入效应理论认为，预期寿命的延长增加了个体的时间禀赋和终生收入，从而提高了对"退休（闲暇）"的消费（Chang，1991）。家庭生产理论认为，随着年龄的增长，个体从事家庭生产的价值要大于从事社会生产的价值，因此，个体提前退休实际上是从社会生产转向家庭生产（Rogerson 和 Wallenius，2009）。

从历史脉络来看，提前退休现象与世界各国社会保障制度尤其是养老保险制度的蓬勃发展相伴而生，因此，从社会保障制度角度解释提前退休现象成了这一领域的重要文献。围绕"养老保险是否激励了员工提前退休？"这一核心问题，学术界形成了三种不同的分析范式。第一种分析范式是以 Feldstein（1974）为代表的"引致退休"观点，认为"退休（闲暇）"是一种正常商品，养老保险制度承诺在职工退休后给付养老金，这相当于提高了劳动者的终生收入水平，导致劳动者增加对"退休（闲暇）"的消费，从而诱使职工提前退休。但在随后的实证研究中，引致退休效应并未完全得到经验数据的证实。第二种分析范式是 Stock 和 Wise（1990）提出的期权价值模型，其构建了包含工资、养老金和闲暇等要素的养老金财富函数，以此检验养老保险对退休行为的激励作用。第三种分析范式则强调"隐含税收"的作用，通过比较劳动者在不同年龄退休的边际隐含税率来判断其退休激励效应，当劳动者继续工作产生的负效用大于正效用时即会做出退休决策，若对应的决策年龄早于法定退休年龄则为提前退休，反之则为延迟退休（Gruber 和 Wise，1998）。

根据以上三种分析范式，学者基于各国的制度实践和经验数据从实证角度检验了养老保险与员工劳动决策的关系。其中，部分研究表明，养老金收入会降低老年人的劳动参与率（Kaushal，2014），而降低养老金水平有助于增加劳动时间、延迟退休年龄（Vere，2011）。更进一步的研究则指出，养老保险制度的退休激励效应与具体的制度设计有关，待遇确定模式（DB）存在提前退休激励，而缴费确定模式（DC）则存在延迟退休激励，如一项基于美国养老保险制度改革的研究表明，在现收现付模式中引入财务激励机制后，养老保险制度由鼓励劳动者提前退休转变为激励劳动者延迟退休（Coile，2018）。与上述研究不同，宋帅和秦子洋（2020）利用 OECD 跨国数据，从缴费维度检验了社会保障制度供款对劳动者退休年龄的影响，指出社保缴费负担是导致劳动者提前退休的重要原因。

随着我国劳动者提前退休现象的出现，针对我国养老保险制度与劳动者退休决策关系问题的研究也在逐步展开。由于我国养老保险制度存在"因人而异"的特点，相关研究也因具体对象的不同而形成了两个研究路径。第一是针对城乡居民养老保险制度的研究，这类研究以新农保试点为政策实验，检验养老保险对中老年劳动参与的影响（吴海青等，2020；孙泽人等，2020）。但由于在居民养老保险制度中，养老金领取年龄具有刚性，因此这一路径的研究无法反映养老保险制度的退休激励效应。第二是针对城镇职工养老保险制度的研究，这类研究与本章的主题更加贴近，且现有文献主要朝着两个方向推进：一是通过微观调查数据，试图验证养老保险与劳动者提前退休之间的因果关系；二是探讨养老保险制度设计的内在退休激励。

在前一种研究路径上，研究人员主要采取计量分析，但由于采用的数据、方法存在差异，因此得出的结论也不一致。有的研究以"是否参加养老保险"为核心解释变量，发现参加养老保险的职工更早退休（李昂和申曙光，2017；林熙和林义，2017），也有的研究以"养老金水平"为解释变量，发现养老金水平越高，男性职工的退休年龄越早（阳义南，2011）。总之，这类研究认为我国职工养老保险制度存在提前退休激励，且其激励效应存在性别差异（申曙光和孟醒，2014）。但结论相反的研究同样存在，如廖少宏（2012）基于中国综合社会调查数据的研究表明，养老保险会降低男性职工提前退休的概率，并指出随着我国养老保险制度覆盖面的不断扩大，男性提前退休的意愿可能会有所削弱。李琴和彭浩然（2015）的研究则指出，养老保险对劳动者退休意愿无显著影响。李锐和官小容（2020）利用久期模型比较了中美两国养老保险制度的退休激励效应，发现中国养老保险制度具有更强的提前退休激励。

受到诸多现实因素的干扰，上述路径的研究难以得出一致的结论，且论证因果关系也难以克服内生性问题，故而第二种路径上的研究侧重从养老保险制度设计本身出发，借助精算等政策模拟分析手段，在屏蔽外部因素的前提下探究其激励效应。然而这一路径的研究成果尚不多见，且由于学者立足的具体制度情境不同，得出的结论也有差异。杨俊和宋媛（2008）指出养老保险并没有激励提前退休，而是降低了提前退休的概率，平均而言，劳动者提前退休的概率降低了7.6%，且男性早退的概率下降的幅度大于女性。与此不同的是，彭浩然（2012）认为养老保险制度对低收入者具有普遍的提前退休激励，而陈鹏军（2015）认为提前退休激励主要存在于"中人"，对于"新人"而言，养老保险的退休激励效应并不明显。以上研究侧重从养老保险现行的制度设计出发，杨俊（2021）则从养老保险制度调整的角度着手，其在养老保险模型中引入对退休的奖惩机制，发现奖惩机制延迟了女性劳动者的平均退休年龄，降低了其提前退休的概率。

由于劳动者提前退休现象与发达国家的养老保险制度发展、改革相伴发生，两者间的关系问题引起了学术界的关注与探究，学者试图从理论和实证角度检验养老保险制度的退休激励效应。这类研究为探讨我国养老保险制度与员工退休决策的关系提供了理论与方法上的借鉴，但鉴于制度环境的差异，其研究结论并不完全适用于解释我国的社会现象。目前，针对我国养老保险制度退休激励的研究成果逐渐增多，但研究的关注点分散于职工养老保险、新农保等不同制度，且由于在方法和经验数据选择上存在差异，难以形成一致的观点与认识。

本章立足于我国劳动者存在普遍的提前退休行为这一基本事实，结合精算和计量两种分析方法，以城镇职工养老保险制度为分析对象，首先借鉴国际惯用的隐含税收理论，建立退休激励精算模型，考察理想状态下养老保险制度的退休激励效应，然后基于微观调查数据，建立退休决策的计量模型，分析在外界干扰状态下劳动者的提前退休决策。相比于已有研究，本章的主要创新与贡献在于：第一，在制度层面，通过精算模拟，指出我国职工养老保险制度中针对"中人"的"视同缴费年限"规定是引发提前退休的制度原因。第二，在微观机制方面，通过计量检验，验证了"缴费挤出效应"和"待遇拉动效应"是我国职工养老保险制度诱使劳动者选择提前退休的两个作用路径。第三，在政策层面，为治理提前退休现象提供了可行思路，即可采取降低缴费率、规范养老金增长机制、提高个人账户投资收益率等方式缓解职工养老保险制度的提前退休激励。

第二节 研究设计

一、退休激励效应的精算模型

依据前文的制度背景，本章借鉴养老金隐含税收理论探讨养老保险制度对"中人"的退休激励效应。借鉴Börsch-Supan（2000）的做法，将员工从r岁退休延迟到（r+1）岁退休的边际隐含税率Mtax定义为养老金财富变化值的相反数与员工r岁当年工资w（r）的比值，如式（5-1）所示：

$$\text{Mtax} = \frac{\text{SSE}(r+1) - \text{SSE}(r)}{W(r)} \tag{5-1}$$

其中，养老金财富SSE（r）指r岁退休的劳动者终生领取的养老金精算现值与终生缴费精算现值之差，养老金财富越大劳动者在养老保险制度中的获益越大。

事实上，劳动者延迟退休一方面会造成养老金财富的变化，另一方面也会带来额外的工资收入，两者的相对大小决定了劳动者是选择延迟还是提前退休。当延迟1年退休带来的养老金财富变化值SSE（r+1）-SSE（r）为负时，劳动者多工作一年获得的实际收入将低于这一年的工资收入W（r），这相当于对劳动者的工资收入征收了一笔隐含税收。相反，如果延迟1年退休的养老金财富变化值为正，这表明推迟1年退休能够获得更多的养老金财富且还能获得一笔额外的工资收入，此时养老保险制度存在工作激励效应。从上述定义可知，隐含税率越高表明劳动者继续工作的实际收益越小，进而退出劳动力市场的激励越大。根据各国的经验数据，养老保险制度的隐含税率越大，劳动者的实际退休年龄越早，高龄劳动者退出市场的比例越高（Gruber和Wise，1998）。

本章假设"中人"劳动者参加工作的平均初始年龄为20岁，1997年制度改革时的年龄为x岁，实际退休年龄为r岁，则劳动者养老保险缴费年限为（r-x）年，视同缴费年限为（x-20）年。在岗职工社会平均工资为W，劳动者个人工资为w，对应的工资增长率分别为g1、g2，养老保险个人账户的投资收益率为i，个人账户计发月数为n，养老金增长率为g3。根据我国的制度规定，"中人"的养老金由基础养老金Pen1、个人账户养老金Pen2和过渡性养老金Pen3三部分组成。

劳动者r岁退休当年的基础养老金如式（5-2）所示：

$$Pen1_r = \frac{W(r-1) \times (1+I)}{2} \times (r-x) \times 1\% \tag{5-2}$$

其中，W（r-1）表示劳动者退休前一年的社会平均工资，I表示个人平均缴费工资指数。

$$I = \sum_{x=u}^{r-1} \frac{W(x)}{W(x-1)} / (r-u) = \sum_{x=u}^{r-1} \frac{W(u) \times (1+g1)^{x-u}}{W(u-1) \times (1+g2)^{x-u}} / (r-u) \tag{5-3}$$

退休当年的个人账户养老金如式（5-4）所示：

$$Pen2_r = \frac{c1 \times W(u) \times \sum_{x=u}^{r-1}(1+g1)^{x-u}(1+i)^{r-x}}{N} \times 12 \tag{5-4}$$

其中，c1表示养老保险个人账户缴费率，N表示r岁退休对应的个人账户养老金计发月数。

"中人"退休当年的过渡性养老金如式（5-5）所示：

$$Pen3_r = W(r-1) \times I \times f \times n\% \tag{5-5}$$

其中，f表示过渡性养老金的计发系数，n=（x-20）表示个人账户建立之前劳动者的工作年数，也即视同缴费年数。

为方便表述，用Pen_r表示r岁退休职工在退休当年的养老金。则养老金财富SSW（r）可表示为：

$$SSE(r) = \sum_{x=r}^{m-1} Pen_r(1+g3)^{x-r}\delta^{x-u} - c \times W_u \sum_{x=u}^{r-1}(1+g1)^{x-u}\delta^{x-u} \tag{5-6}$$

其中，m表示预期寿命，c表示养老保险总缴费率，将式（5-6）代入式

(5-1) 即可计算出不同年龄"中人"在各年龄退休的边际隐含税率。

本章以1997年和2005年的养老保险改革为制度基础，构建养老保险的退休激励效应模型，假设劳动者平均预期寿命为75岁，其中男性预期寿命为72岁，女性为77岁[①]。职工通过比较继续工作和退休的收益来选择退休年龄，除死亡外不存在其他退保因素。为便于分析，本章假设劳动者的工资水平与职工社会平均工资保持同步增长，且劳动者的工资为社会平均工资的a倍，根据养老保险缴费基数规定，个人缴费基数为在岗职工平均工资的60%~300%，故a的取值为0.6~3.0。由此可得职工个人平均缴费工资指数I的取值为0.6~3.0。

在工资增长率方面，参考世界银行对我国劳动者实际工资增长率的估计，2016~2020年为7.1%，2021~2025年为6.2%，2026~2031年为5.5%（World Bank 和 DRC，2013）。参考 Feng 等（2011）和封进等（2017）的做法，本章将养老保险个人账户缴费的投资收益率定为4.0%，养老金增长率定为5.5%，并对其进行敏感性分析。

1997年制度改革之后的很长一段时间里，我国养老保险统筹账户的缴费率为20%，个人账户缴费率为8%，直到2015年开始统筹账户缴费率有所下降，本章在精算分析中将统筹账户缴费率定为20%，个人账户缴费率定为8%，并针对缴费率进行敏感性分析。在发放"中人"的过渡性养老金时，不同省份对计发系数的设定有所不同，其取值在1.0%~1.4%，本章赋值为1.2%。

二、提前退休的计量模型

利用中国家庭追踪调查数据（CFPS）匹配各省的宏观统计数据，本章针对退休人员是否属于提前退休建立如下计量模型：

$$Eaely\_retirement_{ik} = \beta_0 + \beta_1 pension_k + \beta_i X_i + \beta_k X_k + \xi_{ik} \quad (5-7)$$

其中，$Eaely\_retirement_{ik}$表示k省i个体是否提前退休，$pension_k$表示反映k省养老保险制度设计的变量，主要包括养老保险名义缴费率和平均养老金水平，本章从缴费和待遇两个维度检验养老保险制度的提前退休激励，X_i为个体层面的控制变量，X_k为省层面的控制变量。

本章使用CFPS 2012年度的调查数据，该调查项目由北京大学中国社会科学调查中心实施，2010年正式开展访问，每两年进行一次追踪调查[②]。依据问卷调

[①] 根据第六次人口普查，我国人口平均预期寿命为74.83岁，男性72.38岁，女性77.34岁。
[②] CFPS自2010年以来已开展了5次追踪调查，每次追踪调查既会丢失一部分原样本，也会补充一些新样本，本章使用2012年度数据的原因在于该年度调查中关于劳动者退休情况的信息最为完整，有效样本量最大。

查中涉及的被访者是否退休、退休年份等关键信息，本章计算出劳动者退休时的年龄，再与法定退休年龄进行比较，将实际退休年龄早于法定退休年龄的视为提前退休。

我国退休政策规定，男性退休年龄为 60 周岁，女工人为 50 周岁，女干部为 55 周岁，由于调查数据中无法识别个体退休前的身份，本章在实证分析中首先将男性实际退休年龄小于 60 周岁、女性小于 50 周岁的个体定义为提前退休，然后将男性实际退休年龄小于 60 周岁、女性实际退休年龄小于 55 周岁的定义为提前退休，通过调整变量赋值方式对模型结果进行稳健性检验。对 2012 年 CFPS 调查数据进行处理，共得到 1615 个有效退休样本，若按第一种方式定义提前退休，则样本提前退休的比例为 39.06%，若按第二种方式定义提前退休，则样本提前退休的比例为 65.55%。

本章在个体层面加入的控制变量包括性别（男性 = 1；女性 = 0）、受教育年限、健康状态（健康 = 1；不健康 = 0）、党员身份（党员 = 1；非党员 = 0）和被访者退休前的月工资水平。根据样本统计可知，退休老人中男性占比为 46.4%，党员占比为 23.1%，退休前的月均工资为 718 元，健康样本占比为 43.8%。

本章还使用了省级层面的宏观统计数据，其中，名义缴费率数据来自各省份政府门户网站，由作者手工收集得到，其他数据来自历年《中国统计年鉴》。平均养老金反映各省份职工养老保险制度的待遇水平，由各省份城镇职工养老保险基金支出除以退休职工人数得到；在省级控制变量方面，本章重点关注各省市国有经济比重，利用各省份国有及国有控股企业产值除以各省市规模以上工业企业总产值得到。

第三节 退休激励效应的精算结果分析

一、代表性"中人"的激励效应

假设代表性"中人" 20 岁参加工作，在 1997 年养老保险制度改革时的年龄为 30 岁，则其视同缴费时间为 10 年，个人工资与职工社会平均工资保持同步增长。在不考虑性别生存概率差异的情况下，测算出代表性个体在不同年龄退休的终生缴费精算现值与终生养老金精算现值，并以 60 岁作为法定退休年龄，得到其在各年龄退休的边际隐含税率如图 5-1 所示。

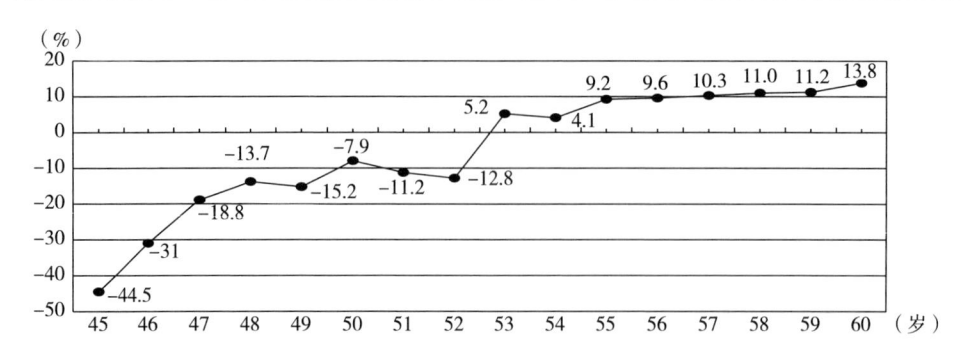

图 5-1 代表性"中人"在各年龄退休的边际隐含税率

从图 5-1 中可以看出，代表性"中人"在 45~52 岁退休的边际税率为负值，这意味着养老保险对职工存在工作激励，在这一年龄段里劳动者推迟退休能够获得正向收益，而从 53 岁开始各年龄的边际税率为正值，且随着年龄的增加边际税率越大，这意味着从 53 岁开始，劳动者每延迟一年退休都将面临实际收益的损失。举例而言，该劳动者从 52 岁延迟到 53 岁退休面临的边际隐含税率为 37.7%，即劳动者晚退休一年损失的养老金财富占该年工作收入的 37.7%。根据上述分析可知，我国的养老保险制度对"中人"确实存在提前退休激励效应，激励"中人"在法定退休年龄之前退出劳动力市场。

为考察养老保险制度对不同收入水平"中人"的退休激励效应，本章以在岗职工社会平均工资的 60% 作为最低收入"中人"，以在岗职工社会平均工资的 300% 作为最高收入的"中人"，测算两者在不同年龄退休的边际隐含税率，结果如图 5-2 所示。

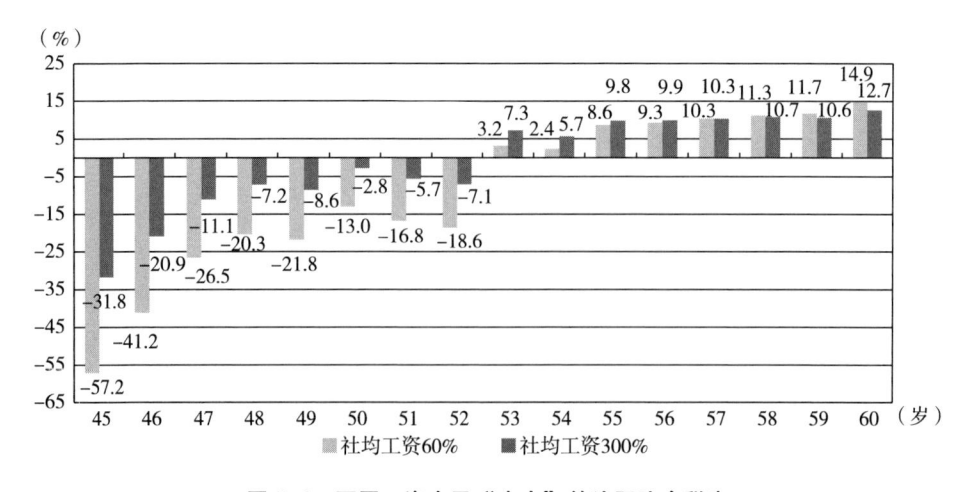

图 5-2 不同工资水平"中人"的边际隐含税率

对于1997年参加养老保险制度的30岁"中人",无论收入高低,在52岁以前均存在继续工作的激励,而在53岁以后均存在退休激励,两者的最优退休年龄均早于法定退休年龄。具体而言,在52岁以前,低收入者每推迟一年退休获得的经济补偿高于高收入者,而在53岁以后,低收入者每推迟一年退休的边际隐含税率均高于高收入者,也即在各年龄上,低收入受到的退休激励效应强于高收入者。

二、激励效应的分群体检验

(一)激励效应随性别的变化

我国劳动者的法定退休年龄存在性别差异,对不同性别的职工而言,其提前退休的具体年龄是不同的,且女性预期寿命以及在各年龄上的生存概率均高于男性,这可能会导致养老保险制度的退休激励效应存在性别差异。对此,本节测算了社会平均工资水平职工男性(50~60岁)和女性(45~55岁)在各年龄退休的边际隐含税率,结果如图5-3所示。

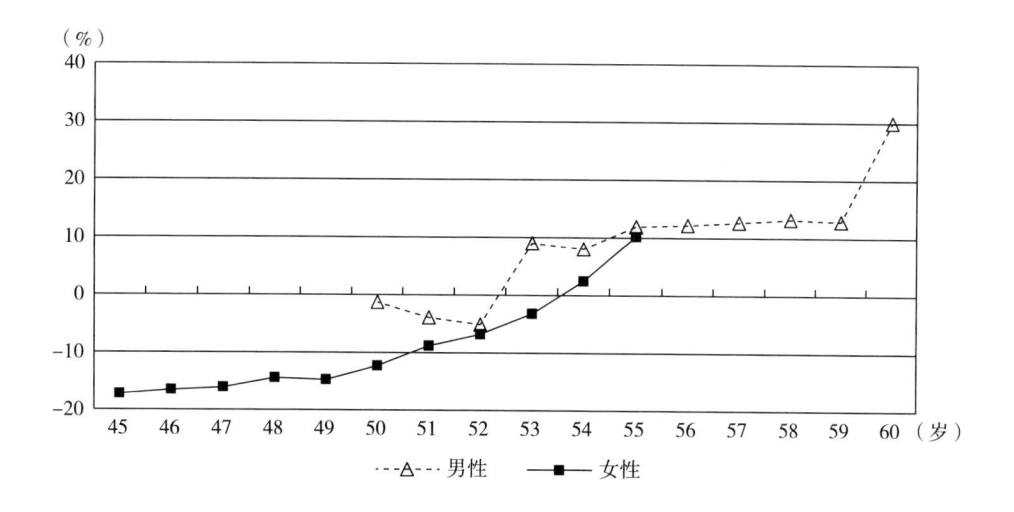

图5-3 不同性别代表性"中人"在各年龄退休的边际隐含税率

根据测算结果可知,养老保险制度对男性职工存在明显的提前退休激励,男性从52岁推迟到53岁退休的边际隐含税率为32.4%,且退休年龄越晚边际税率越高。对女性职工而言,养老保险制度并不存在提前退休激励,在法定退休年龄(50岁)之前,女性在各年龄退休的边际隐含税率为负值,这意味着养老保险激励女职工继续工作而非提前退休,但当年龄达到53岁之后,养老保险的退休激励效应逐渐显现出来。由此可见,在相同工资水平下,养老保险制度对男性职工的退休激励要大于女性职工。

(二)激励效应随"视同缴费"时长的变化

一方面,"中人"在1997年之前的工作年限被认为"视同缴费"时间,并以此获得过渡性养老金,理论上年龄越大的"中人"在1997年之前的工作时间越长,其"视同缴费"年限越长,对应的过渡性养老金规模越大;另一方面,其在1997年之后的个人账户积累越少,统筹账户养老金计发比例也就越低,这对其总养老金规模的影响具有不确定性。此外,不同年龄"中人"的终生缴费规模也有差异,其缴费与养老金的相对大小会影响退休激励效应的测算结果。

前文的分析假设职工在1997年的年龄为30岁,从而视同缴费时间为10年,为考察退休激励效应随视同缴费年限的变化关系,本节以1997年时25~35岁的代表性"中人"为对象,其"视同缴费"年限为5~15年,进一步测算该群体在60岁退休的边际隐含税率。所得结果如图5-4所示,各年龄"中人"在60岁退休的边际隐含税率均为正值,且随"视同缴费"年限的增加边际税率呈一定的上升趋势。这进一步证实了养老保险制度对"中人"的提前退休激励效应,且在养老保险制度改革时年龄越大的"中人"受到的提前退休激励越大。举例而言,1997年改革时25岁的职工(视同缴费期为5年)若从59岁推迟至60岁退休,则其损失的养老金财富占59岁工资收入的11.4%,而改革时35岁的职工(视同缴费期为15年)若从59岁推迟至60岁退休,则其损失的养老金财富占59岁工资收入的14.7%。

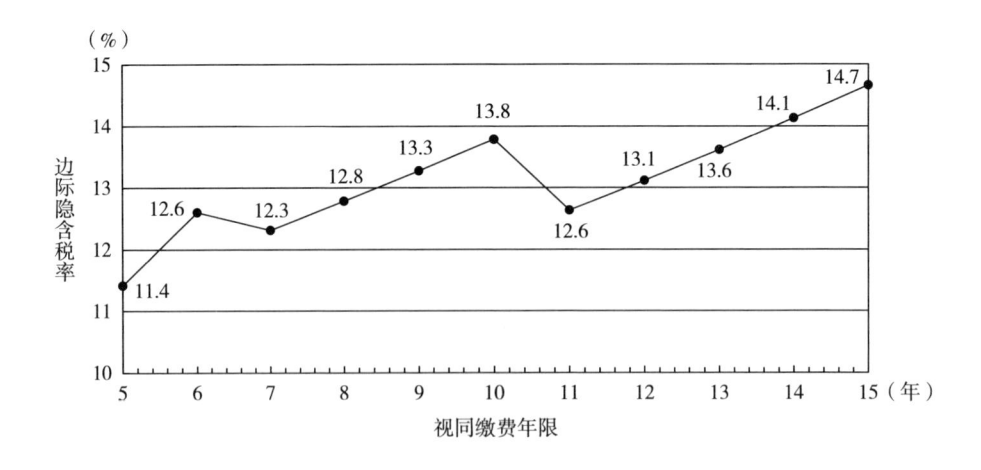

图5-4 不同年龄"中人"在60岁退休的边际隐含税率

三、参数敏感性分析

前文的测算对模型中主要参数的取值做了严格的假定,为考察参数变动对测算结果的影响,本节从缴费率、养老金增长率、个人账户收益率三个方面进行参数敏感性分析,检验在参数不同取值情况下养老保险制度的退休激励效应。在测算时以代表性"中人"为例,即职工 20 岁参加工作,30 岁参与养老保险制度,预期寿命为 75 岁。

(一)缴费率

我国职工养老保险制度的缴费包括企业缴费和个人缴费,其中个人缴费率长期维持在 8%,企业缴费率自 2015 年以来逐步降低至 16%,而在此前一直保持在 20%。结合我国当下的养老保险费率调整思路,本节假设个人缴费率保持 8% 不变,而企业缴费率在 8%~22%,故总缴费率为 16%~30%。测算在此费率区间内,代表性"中人"在 60 岁退休的边际隐含税率,所得结果如表 5-1 所示。

表 5-1　代表性"中人"的参数敏感性分析　　　　　　　单位:%

缴费率	16	17	18	19	20	21	22	23
边际税率	9.9	19.2	10.5	10.9	11.2	11.5	11.8	12.2
缴费率	24.0	25.0	26.0	27.0	28.0	29.0	30.0	
边际税率	12.5	12.8	13.1	13.5	13.8	14.1	14.4	
养老金增长率	5.0	6.0	7.0	8.0	9.0	10.0		
边际税率	12.9	14.8	17.1	19.8	23.0	26.7		
个人账户收益率	5.0	6.0	7.0	8.0	9.0	10.0		
边际税率	13.2	12.6	11.7	10.7	9.4	7.8		

随着养老保险缴费率的上升,代表性"中人"在 60 岁退休的边际隐含税率表现出上升趋势。当缴费率为 16% 时,边际税率为 9.9%,意味着该"中人"由 59 岁推迟至 60 岁退休损失的养老金财富占 59 岁工资收入的 9.9%,而当缴费率上升至 30% 时,代表性"中人"损失的养老金财富占 59 岁工资收入的比重达 14.4%。由此可知,过高的缴费率会加剧养老保险制度的退休激励效应,而我国的职工养老保险长期处于高费率状态,这是导致劳动者提前退休的一个重要原因。

(二)养老金增长率

养老金增长率是养老保险制度的一个重要参数,在其他条件不变时,提高养老金增长率能够增加劳动者任一退休年龄对应的终生养老金财富值，但相邻两岁间养老金财富的变化情况具有不确定性。早在2005年，为提高退休职工的养老金水平，国务院公布了《关于完善企业职工基本养老保险制度的决定》，要求建立养老金正常调整机制，但这一调整机制至今仍未建立。此后的多年里养老金增长率达10%，而近年来养老金增长率逐步下调，至2019年为5%。故本节在测算不同养老金增长率对应的边际隐含税率时，对养老金增长率的取值范围为5%~10%。

根据表5-1展示的测算结果可知，养老金增长率越高，对应的边际隐含税率越大，这意味着养老金增长率的提高会加大制度的提前退休激励，劳动者提前退休显得更加"划算"。具体而言，当养老金增长率为5%时，代表性"中人"由59岁推迟至60岁退休损失的养老金财富占59岁当年工资收入的12.9%，而当养老金增长率上升至10%时，同样的退休决策将面临26.7%的隐含税率。从2005年至今，我国退休职工养老金已实现15连调，尤其是在2015年之前养老金增长率达10%，这也是加剧劳动者提前退休的一个制度性原因。

（三）个人账户收益率

个人账户收益率是影响个人账户养老金水平的重要参数，相同条件下，收益率越高，对应的个人账户养老金越高，进而终生养老金现值越高，对应的养老金财富上升，但相邻两岁间养老金财富的变化情况是未知的。本节将个人账户收益率的取值定为5%~10%，测算不同取值下代表性"中人"在60岁退休的边际隐含税率。

测算结果如表5-1所示，个账收益率与边际税率具有明显的负相关性，提高个人账户收益率有助于降低养老保险制度的退休激励效应。具体而言，当个人账户收益率为5%时，代表性"中人"由59岁推迟至60岁退休损失的养老金财富占退休前一年工资收入的13.2%，而当个人账户收益率提高至10%时，对应的养老金财富损失下降至7.8%。这表明强化养老保险制度的缴费激励、提高待遇与缴费的关联度能够降低制度的提前退休激励。

第四节 劳动者提前退休的计量检验

前文立足于个人养老保险的终身缴费与终身收益，通过精算模型构建了边际隐含税率指标，揭示了我国职工养老保险制度内在的提前退休激励，本部分从缴费和待遇两个维度将养老保险制度的退休激励拆解为"缴费挤出效应"和"待遇拉动效应",并通过计量模型进行实证检验。

一、缴费挤出效应

本节搜集了我国各省份社会保险名义费率,将其与 CFPS 数据匹配后,分析缴费对劳动者提前退休决策的影响,该费率由地方政府部门制定,具有足够的外生性,能够避免以往研究使用"个人是否参保"等变量而产生的内生性问题。根据表 5-2 展示的回归结果可知,在控制其他因素后,名义缴费率越高,劳动者提前退休的概率越大。模型 1 的结果表明,名义缴费率每提高 1 个百分点,劳动者提前退休的概率比提升约 5.1%(1-e^0.051);若以男性 60 周岁、女性 55 周岁重新定义提前退休变量,则根据模型 2 的结果,名义缴费率每提高 1 个百分点,劳动者提前退休的概率比提升约 2.9%(1-e^0.029)。

表 5-2 提前退休决策的回归结果

变量名	模型 1	模型 2	模型 3	模型 4
名义费率	0.051*** (0.017)	0.029* (0.017)	—	—
平均养老金	0.001*** (0.0003)	0.001** (0.0003)	0.001** (0.0003)	0.001** (0.0003)
实际费率	—	—	0.030** (0.013)	0.028** (0.014)
性别(女=0)	1.152*** (0.119)	1.050*** (0.120)	1.151*** (0.118)	1.054*** (0.120)
退休前工资	-0.003*** (0.001)	-0.003*** (0.001)	-0.003*** (0.001)	-0.003*** (0.001)
受教育年限	-0.020* (0.012)	-0.045*** (0.012)	-0.017 (0.012)	-0.044*** (0.012)
健康	-0.266** (0.113)	-0.045 (0.116)	-0.266** (0.112)	-0.048 (0.116)
党员	-0.271* (0.139)	-0.587*** (0.135)	-0.278** (0.139)	-0.589*** (0.135)
国有经济	0.034*** (0.006)	0.025*** (0.006)	0.027*** (0.006)	0.020*** (0.006)
常数项	-5.758*** (1.061)	-1.790* (1.056)	-3.782*** (0.787)	-0.634 (0.812)
观测值	1558	1558	1558	1558

续表

变量名	模型1	模型2	模型3	模型4
R^2	0.080	0.102	0.079	0.103

注：显著性水平＊＊＊表示$p<0.01$，＊＊表示$p<0.05$，＊表示$p<0.1$；模型1和模型3按第一种方式定义提前退休；模型2和模型4按第二种方式定义提前退休；控制变量包括性别、退休前工资、受教育年限、健康、党员、所在地国有经济比重。

考虑到我国职工社会保险制度在征收保费的过程中存在"逃费、漏缴"等问题，名义缴费率无法体现企业与职工的实际缴费负担，故本节使用各省份社会保险实际征缴收入除以缴费基数，得到各地区的实际缴费率。以实际缴费率替代模型中的名义缴费率，得到回归结果如表5-2中模型3和模型4所示，实际缴费率对劳动者提前退休具有显著的正向作用。以上回归结果验证了社会保险缴费对个体退休决策的影响，缴费负担越高的地区，劳动者提前退休的概率越大。以往的研究已证实，社会保险缴费对就业具有挤出效应（吕学静和何子冕，2019），而本节的研究进一步表明，在退休决策方面，社会保险缴费同样存在挤出效应。事实上，在社会保险缴费率较高的制度环境下，企业为降低劳动力成本，也更容易解雇生产率偏低的高龄劳动者，在就业无望的情况下，提前退休成了这部分劳动者的自然选择。

二、待遇拉动效应

在养老保险的制度设计中，除了缴费会迫使劳动者提前退休，养老金待遇也会诱导劳动者作出提前退休决策。根据表5-2展示的回归结果，在模型1中，控制其他因素后，劳动者所在省份的月平均养老金每增加1元，提前退休的概率比上升约0.08%（1-e^0.0008），这意味着养老金水平越高的地区，劳动者越容易出现提前退休行为，表现为养老金待遇对劳动者提前退休的拉动效应。

同样，在表5-2模型2中调整对提前退休的定义，得到新的回归结果可知，养老金水平对劳动者提前退休依然存在显著的正向作用；在表5-2模型3和模型4中控制社会保险实际缴费率后，养老金待遇对劳动者提前退休的拉动效应依然成立。以上结果表明，对劳动力市场而言，养老金水平的提高会诱导劳动者提前退休，因此，在建立养老金增长机制时，要综合考虑老年人的生活水平以及劳动就业。

除了前文强调的"缴费挤出效应"和"待遇拉动效应"，本节的控制变量也有一些有益的发现。劳动者的退休决策与自身条件有关，男性提前退休的概率大于女性，退休前工资越高的劳动者选择提前退休的概率越低，这些结论与本节的精算分析结果一致。此外，教育和健康对提前退休具有抑制作用，教育水平越高、健康状况越高的劳动者提前退休的概率越低，这与以往研究结论一致（李昂和申曙光，2017）。劳动者的党员身份对其提前退休也存在抑制作用，可能的原因在于两个方面：一是党员劳动者的就业回报率更高，因而提前退休的成本相对更高；二是党员身份对劳动者行为存在约束作用，在各行各业中各组织部门对党员都具有较高的行为要求，党员更应积极投身事业而非提前享受退休待遇。此外，在地区环境因素方面，国有经济占比较高的地区，劳动者提前退休的概率更大，其原因可能在于国有经济比重高的地方，国有、集体企业劳动者规模更大，提前退休也曾是处理下岗职工的一种方式（郭席四，2005）。

第五节 本章小结

提前退休现象具有普遍性，我国众多劳动者在达到法定退休年龄之前就已办理了退休手续，这与我国职工养老保险制度内在的退休激励有关。本章综合使用精算和计量两种分析方法，检验了养老保险制度对劳动者提前退休的激励效应，并将其分解为"缴费挤出效应"和"待遇拉动效应"。

主要研究结论如下：第一，我国职工养老保险制度在很大程度上激励了"中人"提前退休，代表性"中人"的最优退休年龄在52～53岁，在52岁之前养老保险制度的边际隐含税率为负，也即激励就业，而在53岁之后，养老保险制度的边际隐含税率为正，也即激励退休。第二，视同缴费安排是养老保险产生退休激励的重要原因，"中人"的视同缴费期限越长，相应的过渡性养老金规模越大，对劳动者的提前退休激励越明显。第三，养老保险制度的参数设计对其退休激励效应存在影响，养老保险的缴费率和养老金增长率的上升都会加强养老保险制度对代表性"中人"的提前退休激励，而提高个人账户投资收益率有助于减轻制度对"中人"的提前退休激励。第四，养老保险制度的提前退休激励包括"缴费挤出效应"和"待遇拉动效应"，一方面，制度的缴费率越高，劳动者提前退休的概率越大；另一方面，制度的待遇水平越高，劳动者提前退休的概率也越高。除上述主要研究发现外，养老保险制度对男性、低收入者的提前退休激励更强，教育、健康、党员身份对劳动者提前退休具有抑制作用。

本章的研究结论对我国的养老保险制度改革具有良好的启示价值。在老龄化与少子化的人口背景下，开发现有劳动力资源是促进经济高质量发展的必然要求，这就需要积极治理当下严峻的提前退休问题。根据本节的研究，治理提前退休可以遵循以下思路：第一，优化养老保险制度设计，降低养老保险缴费率、合理调整养老金增长率、提高个人账户收益率都是避免养老保险制度产生提前退休激励的有效举措，而且这也正是我国养老保险制度改革的主要方向。第二，加强人力资本投资，提高劳动者就业竞争力。我国正处于快速的技术进步期，代际间的教育水平差距逐渐拉大，高龄劳动者的市场竞争力相对较弱，提前退休既可能是其在养老金财富诱导下的主动选择，也可能是迫使市场竞争而做出的被动选择。通过人力资本投资，提高就业竞争力有助于劳动者延长职业生命。

第六章 就业质量的弱化：宏微观双重视角的检验

我国过高的社会保险缴费率对劳动者的就业回报产生了负面影响，以往研究指出，社会保险制度的高缴费率降低了企业员工的工资水平。然而，工资仅是就业质量的一个维度，本章从多维视角出发，利用宏微观数据分别合成综合就业质量指数，在此基础上检验社会保险缴费对就业质量的影响效应。从区域层面来看，社会保险缴费率越高对应的就业质量得分越低，且在劳动报酬、劳动保护、劳动关系和就业服务维度上的负面作用越明显。从劳动者个体层面来看，社会保险缴费对农民工就业质量产生了弱化效应，高费率降低了农民工的小时工资、就业稳定性、签订劳动合同的概率以及参加社会保险的概率。

第一节 就业质量：概念与测量

一、就业质量的演变与发展

20世纪初源于泰勒实验的科学管理理论认为，就业质量是劳动者与生产资料的最优组合，其目的是实现产出的最大化，由此就业质量主要表现为工作效率、职业匹配和激励性报酬（Aldrich，2010）。这种理解倾向于将员工视为生产工具，随着参与式管理活动的兴起，管理者及有关研究者开始重视员工在工作中的健康、安全以及工作满意度问题，继而对就业质量的理解也逐步扩展到工作环境、工作时间、工作氛围以及心理需要等维度。到20世纪70年代，基于社会技术系统理念，Yves等（1984）提出了"工作生活质量"概念，此时对就业质量的理解也发展到了劳动报酬的公平性、职业生涯发展、组织关系等更高维度（Bocialetti，1987）。需要指出的是，在这一发展阶段中，就业质量服从于生产活动,其最终目的仍在于提高工作效率。

自20世纪90年代以来,就业质量逐渐成了员工权益的表征。为更好地保护劳动者的权益,国际劳工组织于1999年倡导使用"体面劳动"来衡量就业质量,并将其定义为"男女在自由、平等、安全和人类尊严的条件下获得体面的和生产性工作的机会"(ILO,1990)。欧洲基金会直接采用"就业质量"概念,认为就业质量指劳动者在劳动过程以及工作之外的各种权利和身心健康状况,并强调就业质量的多元性,主张从社会、单位、个体三个层面建立多维度的评价指标体系(ILO,2008)。

随着就业质量受到越来越广泛的关注,不同组织和学者出于研究需要纷纷建立了各自的测量指标,此时,如何进行跨地区比较成了一个亟待解决的问题。对此,联合国欧洲经济委员会对当时主要的测量指标进行了整合,发布了《测量就业质量:国家试点报告》(以下简称《报告》),根据该《报告》,就业质量包括就业安全和伦理、就业收入和待遇等七个维度14个测量指标(UNECE,2007)。由于该《报告》主要适用于欧洲国家,国际劳工组织根据亚太国家的特点,组建了一套包含23个指标的体面劳动指标体系(ILO,2008)。

根据以上文献可知,在国际社会上,对就业质量的理解经历了由"资本偏向"到"劳动偏向"的转变,就业质量越高往往表明一个国家或地区劳动者的市场地位越高、受到的劳动保护越强。尽管跨国组织尝试建立统一的就业质量测量指标,但鉴于这类指标的复杂性和地区间的差异性,学者在实际研究中所采用的测量指标并不一致,如一项针对OECD成员国就业者的调查主要从工资水平、工作时间、工作前途、工作难易程度、工作满意度、团队协作六个维度测量就业质量。

二、我国区域就业质量的量化分析

就业是民生之本,从以"三条保障线"为主要内容的消极就业政策①,到以"充分就业"为核心目标的积极就业政策②,我国政府对就业问题给予了极大的重视。在新经济形势下,我国的积极就业政策开始把提升就业质量作为重要内容,党的十八大和党的十九大纷纷提出要实现"更高质量就业"。

然而,在当前环境与形势下,实现高质量就业面临着诸多挑战。受体制性因素的影响,我国劳动力市场长期存在城乡分割、地区分割等问题,这造成了制度安排与政策执行的地区差异,如我国各省份在劳动保护方面就存在较大差距(詹

---

① 为应对就业问题,1998年国家出台了以"下岗职工基本生活保障、失业保险制度和城镇居民最低生活保障制度"为主要内容的"三条保障线",这被称为消极就业政策。

② 2002年,国家出台了《关于进一步做好下岗失业工人再就业的通知》,开始实行积极就业政策。

宇波等，2020）。这些现象，既不利于劳动者整体就业质量的提高，也在客观上导致了地区间就业质量的差异与分化。提升就业质量，首先需要对就业质量进行科学的测量。有效掌握就业质量的发展变化情况是探讨与制定就业质量提升策略的基本前提。在市场分割与地区分化的现实背景下，如何评价我国的就业质量？这是学界共同关心的话题。

进入21世纪后，国内学者开始关注就业质量问题，尝试对我国地区间的就业质量进行比较。如苏丽锋（2015）从就业环境、就业能力、就业状况、劳动报酬、社会保护、劳动关系六个维度，评估了2000~2010年我国各省份的就业质量情况。朱火云等（2014）从就业水平、就业能力、就业保护、就业服务四个维度考察了2005~2011年各省份就业质量的地区差异。孔微巍等（2017）从就业能力、劳动报酬、就业状态、就业与社会保障、劳动关系、就业公共服务水平六个维度评估了2005~2014年各省份的就业质量情况。这类研究均指出，我国就业质量水平不高，且各地差异较大，但对地区就业质量差异的基本趋势并没有一致的判断，孔微巍等的研究认为我国各地的就业质量差距在缩小，但朱火云等的研究认为地区差距并没有随着转型期的经济增长而缩小。

借鉴已有学者的测量指标，本章利用2005~2018年省级面板数，从劳动报酬、劳动保护、劳动关系、就业环境、就业服务五个维度设计就业质量测量指标。就业质量各维度的指标设计如下：①劳动报酬指劳动者在就业市场中获得的回报情况，包括平均工资、平均工资增长率以及工资占GDP的比重（劳动收入份额）三项指标。②劳动保护包括社会保险覆盖率（养老与医疗平均参保率）、社会保险水平（养老金替代率）和工伤事故发生率三项指标。③劳动关系包括人均劳动争议发生率和工会参与率两项指标。④就业环境包括长期失业率和就业稳定性（单位就业占总就业人数比重）两项指标。⑤就业服务包括人均就业培训经费投入和人均职业介绍机构数两项指标。各指标数据来自历年《中国统计年鉴》《中国劳动统计年鉴》以及各省份的统计年鉴。

在根据指标测算就业质量得分时，需要客观、有效地确定各指标的权重。本章采用熵权法对各指标进行赋权，分别计算出各指标在五个维度以及总就业质量中的权重，在此基础上得到五个维度的得分和综合就业质量得分。熵权法根据各指标传递的信息量大小来确定指标权重，可以避免主观因素的干扰，具有较高的精确度。由于在就业质量指标中既有正向指标也有负向指标，为消除指标符号和单位的影响，在进行赋权之前，需要对各指标的取值进行调整。对此，首先采取线性函数对各指标进行处理，用q_{it}表示第i个指标在第t年的原始统计数据（i=1, 2, …, m; t=1, 2, …, n），处理后的值为p_{it}，则有：

正向指标的处理公式为：

$$P_{it} = \frac{q_{it} - \min(q_{it})}{\max(q_{it}) - \min(q_{it})} \times 100 \tag{6-1}$$

负向指标的处理公式为：

$$P_{it} = \frac{\max(q_{it}) - q_{it}}{\max(q_{it}) - \min(q_{it})} \times 100 \tag{6-2}$$

其次，计算各指标的熵值，假设 f_{it} 表示第 i 个指标在第 t 年的特征比重，e_i 表示第 i 个评价指标的熵值，w_i 表示第 i 个指标的熵权，则有：

$$f_{it} = \frac{p_{it}}{\sum_{i=1}^{n} p_{it}} \tag{6-3}$$

$$e_i = -\frac{1}{\ln n} \sum_{i=1}^{n} f_{it} \ln f_{it} \tag{6-4}$$

$$w_i = \frac{1 - e_i}{\sum_{i=1}^{m}(1 - e_i)} \tag{6-5}$$

最后，计算 t 年就业质量的综合得分即为就业质量指数：

$$S_t = \sum_{i=1}^{m} w_i p_{it} \tag{6-6}$$

根据以上方法，可计算出各地区的历年就业质量指数 S_t 以及各地就业质量不同维度的得分情况，测量结果的取值范围为 0~100，分值越高表明就业质量越高。

使用基尼系数反映省际就业质量差距，由表 6-1 可知，中国省际就业质量发展水平差距整体呈"缩小—扩大—缩小"交替变动趋势，有相对明显的波动性。从演进过程来看，"十三五"规划之前，省际就业质量差异基本呈现下降趋势，2015 年就业质量基尼系数跃升至 0.114，随后又开始下降。分解就业质量在各维度的省际差异，其中，就业服务的地区差距最大，其基尼系数在 2005~2018 年均大于 0.3 且呈现出一定的上升趋势，其他几个维度的地区差距相对较小；劳动报酬和就业环境的地区差距在逐渐缩小；劳动保护与劳动关系的地区差距具有波动性。以上结果说明，省际的就业服务差异是就业质量差异最主要的来源，其次是劳动保护和劳动关系差异。

表 6-1 就业质量及其各维度的省际差异情况

年份	总体基尼系数	分维度基尼系数				
		劳动报酬	劳动保护	劳动关系	就业环境	就业服务
2005	0.128	0.207	0.180	0.136	0.125	0.316
2007	0.110	0.211	0.142	0.224	0.133	0.345

续表

年份	总体基尼系数	分维度基尼系数				
		劳动报酬	劳动保护	劳动关系	就业环境	就业服务
2009	0.112	0.181	0.136	0.123	0.115	0.509
2011	0.111	0.176	0.129	0.123	0.135	0.529
2013	0.110	0.167	0.115	0.166	0.08	0.607
2015	0.114	0.179	0.123	0.166	0.053	0.482
2017	0.309	0.167	0.362	0.195	0.063	0.532
2018	0.128	0.152	0.142	0.194	0.073	0.521

注：以上结果由笔者测算得到，表中只展示了部分年份的基尼系数。

三、个体就业质量的量化分析

高质量就业是高质量发展的现实逻辑（苏丽锋和赖德胜，2018），促进充分就业、提高就业质量是新时期我国就业工作的基本方向，而农民工的就业质量是我国就业工作应该关注的重心。一方面，随着市场化进程的推进，农民工群体规模不断扩大，根据国家统计局公布的数据，2020年我国农民工总量达2.86亿人，占总就业人口的比重已超过1/3；另一方面，在我国劳动者群体中，农民工的就业质量长期处于"短板"地位，其在收入水平、就业环境、劳动保护等就业质量的重要维度上均弱于其他劳动者。因此，探讨农民工的就业质量问题，寻求农民工就业质量的提升路径，既有助于改善农民工群体的市场地位，缩小劳动者间的差距，也有益于实现我国的高质量就业目标，为经济增长提供就业保障。

本部分使用2017年度的中国流动人口监测调查数据（CMDS）测算我国农民工的就业质量。测量就业质量须排除非就业群体，因此对农民工的定义为"农村户籍、以就业为外出目的且当前处于就业状态的外出流动人口"。同时考虑到法定退休年龄的影响，进一步将农民工样本限定在16~59岁的男性和16~49岁的女性。农民工的就业类型包括受雇就业和自雇就业（包括灵活就业），而本章就业质量指标中的劳动合同、社会保险更适合于受雇就业群体，自雇就业者不存在劳动合同问题且参加职工社会保险也是自愿性的，对此，本章根据农民工的就业身份剔除雇主、个体工商户等自我雇佣者。

近年来，学者对就业质量的研究逐渐由单一的就业满意度转向了更加复杂的多维指标（Burchell等，2014）。通过文献梳理可知，现有研究多从四个或五个维度测量农民工的就业质量。如肖小勇等（2019）主要采纳了工资收入、工作时间、社会保险、劳动合同四项指标；周春芳和苏群（2018）从工作报酬、职业地位、工作强度、社会保障、工作稳定性五个维度合成就业质量指数。其中，工作强度和工作时间的测量方式一致，均以周工作小时数表示；社会保障和社会保险的内容也相同，均为是否参加职工社会保险；工作稳定性也常用是否签订劳动合同来表示，由此可见，当前研究在测量农民工就业质量时所用的指标均大同小异。为更加全面地考察农民工群体的就业质量，本章在借鉴已有研究的基础上结合数据可得性，从六个维度测量农民工的就业质量。确定测量指标后，本章使用熵权法确定各指标的权重，进而合成就业质量指数①。

现有文献指出农民工的收入水平与劳动时间高度相关，其往往通过延长工作时间的方式来提高收入水平。然而，工作时间过长往往导致工作与生活失衡，进而降低了职工的就业质量评价（苏丽锋和陈建伟，2015），且农民工劳动时间过长对其社会交往与社会融入皆有显著的负向影响（潘泽泉和林婷婷，2015）。对此，本章结合收入和工作时间，使用小时工资指标来衡量农民工的就业质量。样本中农民工的月平均工资为3867.72元，远低于2017年度我国在岗职工社会平均工资（6343元），对应的小时工资均值为20.08元。

劳动合同、社会保险、工会参与、就业稳定性分别表示农民工是否与用人单位签订劳动合同、是否参加城镇职工社会保险、是否参与工会活动、是否有固定的雇主，经统计可知，样本中有半数以上农民工签订了劳动合同，但参加社会保险和工会活动的比例仍然偏低，这四项指标的标准化得分分别为56.57、33.04、12.58、34.09。职业阶层根据农民工当前的职业性质进行划分，依据1988年国际标准职业分类（ISCO88），将问卷数据中职业为建筑工人、生产或加工工人、其他生产运输工人（如司机、搬运工、维修工等）的农民工归类于蓝领，将职业为企事业单位负责人、专业技术人员、办事人员等归类为白领。基于上述指标，经熵权法测算后得到农民工就业质量的平均得分约为27分，可见农民工整体就业质量较低。

第二节　社会保险缴费与区域就业质量

一、模型与变量选择

中国社会保险制度的高费率被证实在微观层面上降低了员工的工资水平（马

---

① 测算过程与前文对区域就业质量的测算一致。

双等，2014），但其对地区整体就业质量的影响尚未证实。为检验社会保险缴费对就业质量的影响，本部分使用 2005~2018 年省级统计数据匹配各省市的社会保险缴费率数据，建立如下计量模型：

$$\text{job\_quality}_{pt} = \beta_0 + \beta_1 \text{insur}_{pt} + \beta_i X_{pi} + \sigma \tag{6-7}$$

其中，job_quality$_{pt}$ 表示 p 省 t 年的就业质量指数，insur$_{pt}$ 表示 p 省 t 年的社会保险缴费率，X_{pi} 表示影响就业质量的其他控制变量。

一般而言，一个地区的就业质量既与市场性因素有关，也与政策性因素有关。在市场性因素方面，以往研究表明，就业质量与地区的经济水平、经济结构存在较高的关联度（刘婧等，2016）。鉴于就业结构对产业结构的依赖性（宋锦和李曦晨，2019），产业结构也可能对就业质量造成影响。在政策性因素方面，地区的招商与投资力度对其就业质量存在一定的影响，如黄亚捷等（2018）研究发现，外商直接投资对就业有积极作用；刘玉和孙文远（2014）发现 FDI 显著提高了劳动者的就业质量，但其效果存在地区差异。与此不同的是 Salisu（2002）则认为，外商直接投资也可能对国内投资产生"挤出"效应，从而对就业产生负面影响。

基于以上分析，本章在模型中引入的控制变量有：①人均 GDP 表示经济发展水平，通常而言，经济发展水平越高就业质量越高，但也可能出现地方政府为追求经济发展而牺牲就业质量的情况。②人均财政收入表示地方政府的财政能力，一般而言，财政能力越强越有实力改善劳动者就业质量，但这取决于地方政府决策。③非农产业产值在总产值中的占比表示产业结构。④人均 FDI 表示外商投资水平。⑤人均教育财政支出表示地区人力资本投资水平。

二、回归结果分析

使用 2005~2018 年省级统计数据，检验社会保险缴费对地区就业质量的影响效应。首先，采用混合 OLS 回归方法，结果如表 6-2 所示，控制其他可能影响就业质量的因素后，缴费率越高的地区对应的就业质量得分越低。其次，为进一步控制不随时间变化的个体差异以及个体间相同但随时间变化的遗漏变量对上述回归结果造成的干扰，本节采用面板双向固定效应模型，排除遗漏变量造成的影响。结果表明，社会保险缴费对地区就业质量有显著的负面效应，平均而言，社会保险缴费率每提高 1 个百分点，所在地区的就业质量得分下降约 2.8 分。这意味着社会保险缴费作为制度性劳动力成本降低了劳动者的就业质量。

考虑到地方政府为了争夺劳动力资源而可能存在的竞争性，本节在模型中引入"同年度其他省份就业质量均值"变量，该变量表示历年各省除本省份外其他省份就业质量的平均值，用以检验各省就业质量受其他省份的影响情况。根据

表6-2的回归结果，地区间的就业质量存在显著的正相关性，即我国各省份间的就业质量确实存在依赖性，其他省份就业质量的提升对本省就业质量有正向促进作用。在控制这种地区间的相关性后，社会保险缴费对就业质量的负面影响依然显著，平均而言，缴费率每提高1个百分点，就业质量下降约1.1分。

表6-2 就业质量的回归结果

变量名	（1）混合OLS	（2）固定效应	（3）区域竞争	（4）动态效应
缴费率	-0.823*** (0.146)	-2.813*** (0.313)	-1.095*** (0.410)	-2.676** (1.074)
他省均值	—	—	0.698*** (0.114)	—
上期质量	—	—	—	0.163** (0.084)
人均GDP	1.943 (2.102)	3.303 (4.582)	2.192 (1.939)	3.303 (4.582)
财政收入	6.103** (2.016)	8.905** (3.514)	6.715** (3.012)	6.402** (3.142)
产业结构	-0.201** (0.104)	-0.277** (0.131)	-0.312** (0.146)	-0.205* (0.194)
外商投资	0.601* (0.309)	0.677* (0.392)	0.664* (0.312)	0.703* (0.412)
教育投入	1.294 (1.662)	2.242 (2.658)	1.504 (1.912)	1.256 (1.784)
控制变量	是	是	是	是
观测值	434	434	433	370
R^2	0.584	0.719	0.701	0.674

注：显著性水平***表示$p<0.01$，**表示$p<0.05$，*表示$p<0.1$；双向固定效应包括个体、时间固定效应。

此外，考虑到区域就业质量可能存在延续性，本节在模型中加入就业质量的滞后一期，以控制就业质量的动态效应，结果显示，同一地区上年度的就业质量对本期就业质量有显著的正向影响，地区的就业质量存在正向传递性。控制这种动态效应后，社会保险缴费对就业质量的回归系数依然为负，且在5%水平上通过了显著性检验。以上结果表明，社会保险缴费对就业质量确实存在显著的负向影响，我国社会保险制度的高费率降低了区域就业质量。

在控制变量方面，地方政府的财政能力对就业质量有显著的提升作用，平均而言，人均财政收入每提高1个百分点，就业质量提高约8.9分。产业结构的升级在一定程度上造成了就业质量的恶化，非农产业占比每增加1个百分点，就业质量得分下降约0.28分。此外，外商投资对就业质量存在促进作用，人均外商投资每增加1个百分点，就业质量平均提高约0.68分。

三、分维度检验

在以上实证模型中，就业质量是五个维度内容的综合得分，但根据前文的描述可知，就业质量五个维度的得分各异且我国各地区在五个维度上的得分差异也不同，社会保险缴费对这五个方面的影响也可能有差异。对此，本节采用双向固定效应模型，针对就业质量的五个维度分别进行实证检验，以判断社会保险缴费对就业质量不同维度的影响。结果如表6-3所示。

表6-3 分维度检验结果

变量名	劳动报酬	劳动保护	劳动关系	就业环境	就业服务
缴费率	-2.605*** (0.238)	-3.166*** (0.383)	-2.911*** (0.656)	0.200 (0.516)	-9.375*** (3.195)
双向固定效应	是	是	是	是	是
控制变量	是	是	是	是	是
观测值	433	433	433	433	433
R^2	0.748	0.631	0.153	0.031	0.136

注：显著性水平***表示$p<0.01$，**表示$p<0.05$，*表示$p<0.1$；表中未展示控制变量的回归结果。

除就业环境维度外，社会保险缴费对其他几个维度均有显著的负面效应。具体而言：

第一，在劳动报酬维度。社会保险缴费具有显著的负向影响，平均而言，社会保险缴费率每提高1个百分点，劳动报酬得分下降约2.6分，这意味着社会保险对劳动者的收入具有挤出作用，缴费降低了劳动者的就业回报率。在控制变量方面，地方政府财政收入的增长有益于提高劳动报酬得分，但其他变量的影响未通过显著性检验。

第二，在劳动保护维度。社会保险缴费也存在显著的负向影响，缴费率越高，对应地区的劳动保护得分越低，平均而言，缴费率每上升1个百分点，劳动保护得分下降约3.2分。这表明我国社会保险制度的高缴费率提高了劳动保护的成本，如有研究指出高费率降低了参保人受社会保险制度的保护程度（赵静等，2016）。此外，地方政府的财政能力、产业结构升级以及外商投资能够显著改善地区的劳动保护水平。

第三，在劳动关系维度。社会保险缴费降低了区域劳动关系得分，平均而言，缴费率每提高1个百分点，劳动关系得分下降约2.9分。此外，产业结构对劳动关系的影响效应为负，随着本地二三产业产值占比的增加，劳动关系得分下降，这意味着我国的产业结构升级导致了劳动关系紧张。产业转型升级是经济创新发展的必由之路，在此过程中劳资关系变得更加复杂化，在短期内会对劳动关系造成冲击，在服务业甚至出现劳资关系的两极分化（宁本荣，2018）。相反，教育投入的增加能够显著提高劳动关系得分，随着人力资本水平的提升，就业人员的劳动关系更加和谐。

第四，在就业服务维度。随着社会保险缴费率的上升，就业服务得分下降，平均而言，缴费率每上升1个百分点，就业服务得分下降约9.4分。在其他变量方面，经济发展水平和地方政府的财政能力对就业服务得分有显著的正向作用，依据本章的测量指标，就业服务包括人均就业培训经费和职业介绍机构数量，财政收入越高的省份在这两个方面的投入越高。

综上所述，社会保险缴费对就业质量产生了显著的弱化作用，且主要表现在劳动报酬、劳动保护、劳动关系和就业服务四个维度。随着缴费率的上升，地区的劳动报酬水平下降、劳动保护力度弱化、劳动关系恶化，同时就业服务水平下滑。

第三节 缴费影响个体就业质量的实证分析

一、数据、变量与模型选择

前文从小时工资等六个维度测量了农民工群体的就业质量，本节通过实证模型，检验社会保险缴费对农民工就业质量的影响效应，以反映缴费在微观个体层面对就业质量造成的影响。与前文在测算农民工个体就业质量时的操作一致，在进行实证分析之前，本节对2017年度的流动人口动态监测调查数据（CMDS）做了如下处理：①剔除户口性质为非农的样本。②剔除非就业状态的样本。③考虑法定退休年龄的影响，限定样本年龄为男性16~59岁、女性16~49岁。④根据农民工的就业身份剔除雇主、个体工商户等自我雇佣者[①]。⑤为避免离异值造成

[①] 农民工的就业类型包括受雇就业和自雇就业（包括灵活就业），而本章就业质量指标中的劳动合同、社会保险更适用于受雇就业群体，自雇就业者不存在劳动合同问题且参加职工社会保险也是自愿性的。

干扰,对工资、工作时间变量作1%截尾处理。⑥剔除在主要变量上存在缺失值的样本。经上述处理后,共获得农民工有效样本量为43357人。

社会保险缴费率是本节的核心解释变量,用农民工就业所在城市的社会保险政策缴费率表示①,根据统计结果,2017年各城市社会保险缴费率(养老和医疗)的均值约为25.6%,最低值为15.0%,最高值为30.0%,可见地区间的费率标准差距较大。农民工就业质量的影响因素一般包括受教育情况、工作经验、健康状态等。本节根据问卷中农民工的最高学历折算出其受教育年限,作为连续变量纳入模型。工作经验指当前这份工作的就业年数。健康状态采用虚拟变量表示,对健康状态良好的赋值为1,一般或较差的赋值为0。

此外,本节还在模型中加入了农民工的性别(男性=0;女性=1)、代际(1980年后出生=1)、健康、婚姻(已婚=1;未婚=0)、党员身份、社会资本(同乡会等的参与情况)、就业部门(公共部门=1;私人部门=0)、行业类型等作为控制变量。样本统计结果表明,样本总量中女性农民工占比为42.5%,已婚农民工样本占比达98%,拥有党员身份的农民工样本比例不足4%,在公共部门就业的农民工占比为10%左右。

农民工的就业质量除受自身因素的影响外,还与其所在的就业城市相关。近年来的研究表明,农民工在大城市就业的回报率往往高于小城市(王建国和李实,2015)。此外,中国地区间的经济发展与制度安排均存在较大的差异性,城市的工资水平、劳动力成本等因素均会影响劳动者个体的就业质量,因此,农民工就业质量的差异有可能是由所在城市的差异导致的。鉴于此,本节在城市层面加入的控制变量包括城市规模(人口规模)、城市工资水平(社均工资)。

就业质量得分为连续变量,取值范围为0~100,得分越高表明农民工就业质量越高。为检验社会保险缴费对就业质量的影响效应,本节建立如下多元线性回归模型:

$$\text{job\_quality}_i = \beta_0 + \beta_1 \text{contribution}_i + \beta_i X_i + \xi_i \tag{6-8}$$

其中,job_quality_i表示农民工i的就业质量,contribution_i表示农民工i就业所在城市的社会保险缴费率,X_i表示影响农民工就业质量的其他控制变量,β_1表示待估参数。立足于我国社会保险政策缴费率②存在较大的地区差异这一基本事实,本节采用最小二乘估计法(OLS)比较社会保险政策费率不同的城市其农

---

① 在职工社会保险制度中养老保险和医疗保险的缴费率较高,工伤、失业、生育保险的费率较低,本章使用养老和医疗保险政策费率之和作为社会保险缴费率的代理变量。

② 政策缴费率是指各地方政府与社会保险经办机构核定的社会保险缴费率,由于我国的职工社会保险尚未实现全国统筹,具体事务仍由地方政府负责,各地执行的费率标准不一。

民工就业质量的差异，以此初步估计社会保险缴费对农民工就业质量的影响效应。OLS回归模型是最常用的因果关系识别的方法，但需满足"解释变量是外生的"这一假设条件，若不符合这一条件则会因内生性问题导致最终估计结果有偏。

一般而言，内生性问题有三个方面的来源：双向因果、样本选择性偏差、遗漏变量。在本节的实证分析中，城市的社会保险政策缴费率由政府部门制定，不会受农民工个体因素的影响，因此可以排除双向因果问题。但农民工在就业时可能存在城市选择问题，若就业能力低的农民工更多地聚集在高费率的城市，那么会导致高估甚至错估了社会保险缴费对就业质量的影响，因为低就业能力者的就业质量往往偏低。对此，在模型分析中需要加以检验，以排除农民工对城市的选择性造成的干扰。最后，一些无法观测的因素可能既会影响农民工就业质量也会影响地方政府的社会保险费率决策，如地区间在经济发展、就业以及社会保险制度运行方面可能存在竞争性（彭浩然等，2018），对此，本节采用工具变量法，选择同一省份内除自身城市外其他城市社会保险政策费率的均值作为核心解释变量社会保险费率的工具变量，以克服干扰得到社会保险缴费对就业质量的净效应。

二、检验结果分析

在进行回归分析之前，先检验农民工在各城市的分布情况，以受教育年限代表农民工的就业能力，计算了各城市农民工的平均受教育年限，检验其与各城市社会保险缴费率间的相关性，结果表明，高费率城市农民工的平均受教育年限较长，故可排除就业能力弱的农民工集中于高费率城市这一"选择性问题"。排除城市选择问题后，在基准回归模型中，控制了农民工个体以及所在城市层面的因素后，社会保险缴费对农民工就业质量有显著的弱化作用。如表6-4所示，平均而言，社会保险缴费率每增加1个百分点，农民工就业质量得分下降约0.1分，这表明，我国职工社会保险制度设计中的高费率降低了农民工的就业质量。

为增强上述结论的可靠性，本节构造了社会保险政策费率的工具变量，并采用二阶最小二乘（2SLS）估计法，重新检验社会保险缴费率对农民工就业质量的影响效应，以进一步克服遗漏变量造成的内生性问题。工具变量的选择须满足相关性和外生性条件，为检验工具变量的合理性，本节进行了弱工具变量检验和内生性检验，结果表明，工具变量第一阶段回归中，省内其他城市社会保险费率的均值与农民工就业所在城市社会保险费率具有很强的正向关系，回归结果中F

统计量的值大于10，即不存在弱工具变量问题①，且内生性检验在1%水平上拒绝了"所有变量均为外生变量"这一原假设②。以上检验结果表明本节所选取的工具变量具有合理性。工具变量的回归结果同样表明，社会保险缴费对农民工的就业质量存在显著的负面效应，第二阶段的回归结果显示，社会保险缴费率每提高1个百分点，农民工就业质量得分平均下降约0.07分。

在控制变量方面，教育、健康、工作经验和社会资本均能改善农民工的就业质量，这与已有研究的结论基本一致。党员农民工的就业质量要显著高于非党员农民工；工会成员的就业质量显著高于非工会成员；女性农民工的就业质量低于男性农民工；已婚农民工的就业质量高于未婚者；新生代农民工的就业质量高于老一代农民工；在公共部门就业的农民工就业质量相对较高；就业城市的人口规模与工资水平对农民工的就业质量均有溢出作用。

表 6-4 社会保险费率对就业质量的回归结果

变量名	OLS回归结果	工具变量回归结果 第一阶段	工具变量回归结果 第二阶段	X 为实际费率	小时工资 参保	小时工资 未参保
缴费率	-0.100*** (0.006)	—	-0.074*** (0.007)	-0.118*** (0.006)	-0.345*** (0.038)	-0.191*** (0.025)
费率均值	—	1.001*** (0.003)	—	—	—	—
控制变量	是	是	是	是	是	是
城市效应	是	是	是	是	是	是
F 值	—	121252	—	—	—	—
样本量	42606	42606	42606	40787	14360	28246
R^2	0.896	0.814		0.398	0.245	0.139

注：显著性水平***表示 $p<0.01$，**表示 $p<0.05$，*表示 $p<0.1$；括号内为回归标准误。

为增强结果的可靠性，本节从以下两个方面进行稳健性检验：

第一，考虑社会保险制度的实际缴费水平。已有文献多次指出我国社会保险制度的实际缴费水平要低于政策费率（汪润泉等，2017），且各地的实际缴费率、对政策费率的执行程度也存在较大差异（杨翠迎等，2018b）。本节采用各地的政策缴费率作为核心解释变量可能无法真实反映各地企业的实际缴费压力，对

---

① 根据经验规则（Rule of Thumb），在只有一个内生变量的情况下，第一阶段回归的 F 统计量若大于10，则可拒绝"存在弱工具变量"的原假设，不必担心弱工具变量的问题。
② 根据豪斯曼检验，原假设为 H_0：所有解释变量均为外生变量，若拒绝原假设，则表明确实存在内生性问题，需要采用工具变量回归。

此，本节利用2017年A股上市企业的报表数据，测算出各城市企业的平均实际缴费水平，以此表示各地区的实际社会保险缴费情况。使用前文的工具变量回归模型，以本省其他地级市企业实际缴费社会保险率的均值为工具变量，检验实际缴费率对农民工就业质量的影响，结果如表6-4所示。社会保险实际缴费显著降低了农民工的就业质量，在控制其他因素后，实际缴费率越高的地区农民工的就业质量总得分越低，且实际缴费对就业质量的负向作用大于政策缴费率的负向效应。

第二，考虑农民工的现实参保情况。根据本节的分析，社会保险缴费降低农民工就业质量的本质原因在于雇主的成本转嫁。但我国劳动力市场中存在一个不可忽视的事实，即农民工参加职工社会保险的比例很低，2017年度的流动人口追踪调查数据表明，雇佣就业农民工参加职工社会保险的比例仅在30%左右。不为农民工参加职工社会保险，这本身就是企业的一种成本规避行为，对于未参保的农民工群体，其就业质量能否免于社会保险缴费的影响呢？对此，本节以小时工资为考察对象，分别对参加职工社会保险和没有参加职工社会保险农民工进行分样本检验。结果表明，在控制其他因素后，社会保险缴费对两个子样本农民工的小时工资均有显著的负向影响。比较不同参保状态子样本的回归系数可知，社会保险对参保农民工小时工资的负面影响更大，但未参保并不能让农民工免于影响。以上结果表明，无论农民工有没有参加职工社会保险，当市场中劳动力的制度成本较高时，农民工的就业质量都会受到负面影响。参保群体会因为企业的成本转嫁而降低就业质量，且这一效应会传递到未参保群体。

三、缴费降低就业质量的作用路径分析

在本节的分析中，农民工的就业质量包括小时工资、劳动合同、社会保险等六个维度。为检验社会保险缴费降低农民工就业质量的具体路径，本节将前文回归模型中的因变量替换为就业质量的各个指标，采用工具变量回归方法得到社会保险缴费对就业质量各维度的影响效应，如图6-1所示。

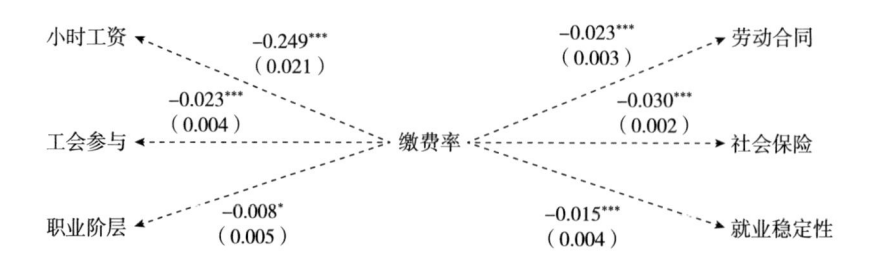

图6-1 缴费影响就业质量的分路径检验

注：显著性水平＊＊＊表示p<0.01，＊＊表示p<0.05，＊表示p<0.1。

在控制其他因素后,社会保险缴费在六项指标上均对农民工的就业质量造成了显著的负面影响。第一,社会保险缴费降低了农民工的就业回报率,缴费率越高,农民工的小时工资越低。第二,社会保险缴费降低了企业与农民工签订劳动合同的概率,缴费率每提高1个百分点,农民工签订劳动合同的概率发生比平均下降2.3%。第三,社会保险缴费降低了农民工参加职工社会保险的概率,缴费率每提高1个百分点,农民工获得职工社会保险的概率发生比下降3.0%。第四,社会保险缴费降低了农民工的就业稳定性,缴费率越高农民工获得固定雇主工作的概率越低。第五,社会保险缴费降低了农民工参与工会的概率。第六,社会保险缴费加大了农民工职业晋升的概率,缴费率越高农民工成为白领阶层的概率越低。

根据以上结论可知,我国职工社会保险制度的费率设计降低了农民工的就业质量,其本质原因在于社会保险缴费率偏高,导致劳动力成本上涨,雇主为降低运营成本存在转嫁行为。一方面,企业会通过降低员工工资的方式直接转嫁社会保险缴费成本;另一方面,企业还会通过不与职工签订劳动合同、不为职工参加社会保险等方式规避缴费支出(Nyland,2011)。此外,社会保险缴费还会加大农民工正规就业的难度(汪润泉和金昊,2020),其与雇主建立稳定长久雇佣关系的概率随之下降。

户籍差异现象在我国劳动力市场中相当普遍,也是导致农民工只能在市场中获取低回报的重要原因。社会保险缴费对农民工就业质量的负面影响,是完全由市场主体的成本规避行为导致的,还是存在户籍差异?为回答这一问题,本节将研究对象扩展至城乡户籍的流动人口,检验相比于城镇户籍流动人口,农民工的就业质量是否更容易受到社会保险缴费的负面影响?

对此,本节采用相同的指标与方法测算了2017年流动人口监测调查数据中城镇户籍流动就业人员的就业质量,平均而言,城镇户籍就业人员的就业质量得分高于农民工。在前文工具变量回归模型的基础上加入身份变量(农民工=0;城镇职工=1)以及身份变量和缴费率的交互项,结果如表6-5所示,同等条件下城镇籍流动人口的就业质量显著高于农民工,且缴费率与身份变量的交互项系数显著为正,这意味着拥有城镇户口身份能减小社会保险缴费对就业质量的负面影响,也即农民工更容易因社会保险缴费而被降低就业质量。对就业质量的各个维度分别进行检验,发现在小时工资、劳动合同、社会保险、职业阶层、就业稳定性五个维度上,农民工均比城镇籍流动人口更容易受到社会保险缴费的负面影响。这意味着户籍差异确实存在,社会保险缴费对农民工就业质量的弱化作用因其农民工身份而被放大了。

表 6-5 缴费弱化就业质量中户籍差异的作用

变量名	就业质量	小时工资	劳动合同	社会保险
缴费率	-0.125*** (0.006)	-0.392*** (0.023)	-0.026*** (0.002)	-0.032*** (0.002)
身份（农民工=0）	10.871*** (0.344)	14.311*** (1.164)	0.364*** (0.136)	0.142 (0.118)
缴费率#身份	0.128*** (0.013)	0.677*** (0.044)	0.019*** (0.005)	0.182*** (0.004)
控制变量	是	是	是	是
R^2	0.639	0.293	0.384	0.284
变量名	工会参与	职业阶层	就业稳定性	
缴费率	-0.007** (0.003)	0.003 (0.003)	-0.017*** (0.004)	
身份（农民工=0）	4.809*** (0.126)	0.229* (0.136)	0.701*** (0.220)	
缴费率#身份	-0.007 (0.004)	0.182*** (0.005)	0.032*** (0.004)	
控制变量	是	是	是	
R^2	0.319	0.198	0.201	

注：显著性水平＊＊＊表示 p<0.01，＊＊表示 p<0.05，＊表示 p<0.1。

第四节 本章小结

我国职工社会保险制度的缴费标准偏高，从而对就业质量产生了负向作用，本章从宏观层面和微观层面检验了社会保险缴费降低就业质量的效果和路径。利用省级层面的宏观统计数据，从劳动报酬、劳动保护、劳动关系、就业环境、就业服务五个维度建立了就业质量的指标体系，量化分析了我国各省份的就业质量情况，并建立计量模型。主要研究发现如下：

第一，地区间的就业质量存在差距且在各维度上的表现不同。2005~2018年，地区间就业质量差距在波动中上升，尤其是 2016 年开始就业质量差距有所扩大。从分维度来看，地区间就业服务得分差距最大、就业环境得分差距最小，地区间就业质量差距主要来源于就业服务差距，而就业质量差距的波动性主要来源于劳动关系差距和劳动保护差距。

第二，社会保险缴费对地区就业质量有显著的弱化作用，且这一效应主要表现在劳动报酬、劳动保护、劳动关系和就业服务四个维度。在当前经济下行、就业难度增加的环境下，地方政府可能存在"以降低质量换取数量"的决策行为。

本章使用农民工微观调查数据，检验了社会保险缴费对农民工群体就业质量的影响。农民工的低质量就业问题已然引起了学界的广泛关注，不同于以往研究的"能力缺陷"和"市场歧视"两种解释路径，本节从社会保险缴费这一制度性劳动力成本出发，提出了新的解释。基于全国流动人口监测调查数据，本节发现农民工的低质量就业主要表现为就业回报率低、就业稳定性差、职业地位低、签订劳动合同、参加社会保险以及参与工会的概率低。针对社会保险缴费与农民工就业质量的关系，本章的主要实证结论和研究发现如下：

第一，我国职工社会保险缴费对农民工就业质量存在显著的弱化作用。在控制个体因素以及城市因素后，社会保险缴费率的上升显著降低了农民工的就业质量指数。通过分维度分析发现，社会保险缴费对农民工就业质量的弱化作用主要表现为"六个降低"，即社会保险缴费降低了农民工的小时工资水平、企业与农民工签订劳动合同的概率、参加职工社会保险的概率、就业稳定性、职业地位和工会参与。

第二，社会保险缴费对农民工就业质量的弱化作用存在"传递"效应，并不因农民工是否真正参加职工社会保险而发生变化。基于小时工资维度的实证结果表明，无论农民工在现实中是否参加了职工社会保险制度，缴费对其小时工资的挤出效应都存在，且对参保群体的负面效应更大。这意味着当市场中劳动力的制度性成本较高时，社会保险缴费对参保农民工的工资转嫁效应会传递到未参群体。

第三，对农民工与城镇职工的比较分析表明，社会保险缴费对城镇籍流动人口的就业质量同样存在显著的负向影响，但户口性质具有显著的调节作用，拥有城镇户口能够有效缓解社会保险缴费对就业质量的不利影响，且这一调节效应在小时工资、劳动合同、社会保险、职业阶层、就业稳定性五个维度上均成立。这意味着社会保险缴费对劳动者就业质量的弱化作用同样存在户籍歧视，农民工会因其农业户口身份而更多地受到社会保险缴费的负面影响。

综合本章的实证研究发现，提出建议：第一，进一步加大减税降费力度，降低制度性劳动力成本，为企业发展提供更大的空间，以此落实劳动者权益，提升微观主体的就业质量。第二，激励地方政府处理好经济发展与就业发展的关系，开发就业友好型经济发展策略，既要实现经济发展带动就业增长，也要实现经济发展带动就业质量提升。第三，增强就业结构与产业结构的协调性，在产业转型升级的过程中注重对就业质量的提升。第四，加大在公共就业服务、教育等方面的投入，为提升就业质量奠定人才基础。

针对农民工这一微观主体，本章结论的一个重要政策启示是，当社会保险制度本身不够完善时，强调对农民工群体的扩大面，会导致与政策意图相反的效果。社会保险制度的本意在于为劳动者抵抗社会风险提供帮助与保护，是一种改善就业质量的手段，但其本身也增加了劳动力成本，当缴费标准较高时，社会保险反而对劳动者就业质量产生了负面影响。这意味着社会保险制度若想真正起到改善劳动者就业质量的作用，必须对自身的参数设计进行优化。对此，本章建议在当前经济下行趋势下，加大减税降费力度，进一步扩大社会保险降费的幅度与范围，降低企业面临的制度性成本，激发企业活力。另外，加强职能部门对劳动保护法规的执行力度，切实保障劳动者尤其是弱势劳动者的基本权益。最后针对农民工等就业群体积极开展公共就业服务与技能培训，增强其自身就业能力。

第三部分

社会保险降费改革的就业效应

2015年3月至2019年5月，为降低企业劳动力成本、营造良好的运营环境，国家连续五次下调了社会保险缴费率，至此，我国职工社会保险总缴费率由41.00%下降至28.25%。在新经济形势下，社会保险降费除了减轻企业成本外，还兼顾着"稳就业"的目标诉求，降费改革是国家实施就业优先战略的重要决策之一。本部分立足于2016年的降费政策，利用地区间的降费实践差异进行准实验研究，评估降费改革的多维就业效应。

本部分的内容安排如下：第一，从需求端出发，评估社会保险降费改革对企业雇佣以及薪酬决策的影响，分析降费能否提高企业用工规模、改善员工就业质量。第二，以劳动供给主体为研究对象，检验不同类型劳动者在降费情境下的就业决策，评估降费对个体就业概率、就业类型和就业回报的影响效应。通过上述内容，厘清企业、个人等主要市场主体在降费改革中的行为逻辑。研究表明，我国的社会保险降费改革起到了一定的就业促进作用，但其作用效果有待深化。在微观层面，降费改革对国企等部分企业的用工需求有显著提升作用，对民企的工资水平有正向推进作用，对个体就业质量有正面促进作用，对农民工等次级劳动力市场主体的就业类型存在引导作用。

第七章 需求视角：企业的雇佣决策与薪酬安排

雇佣就业是我国劳动者的主要就业形态，企业的用工需求是影响雇佣就业规模的核心要素。过高的社会保险缴费挤出了企业的用工需求，同时也降低了员工的工资水平，在此背景下，降费改革是否会提高企业的用工需求和薪酬水平？本章利用 2008~2018 年上市企业数据，以 2016 年社会保险降费改革为政策实验，评估降费对上市企业雇佣决策和薪酬安排的影响效应，以考察社会保险降费改革在稳定就业水平、提升就业质量方面的作用。

第一节 企业雇佣与薪酬决策的组间比较

当前，我国职工社会保险制度已经历了五轮降费改革。在前两次降费改革中，全国统一调整社会保险缴费率，因此无法构造降费组和控制组，而在第五次降费改革中，缴费基数也进行了调整，无法分离出费率和费基的影响差异。对此，本章以 2016 年开展的第三轮降费改革（养老保险降费）为准实验，结合上市企业的注册地信息，将 19 个降低养老保险缴费率的省份所对应的企业视为实验组，未降费省份内的企业视为控制组[1]。

本章借助双重差分方法评估降费对企业雇佣与薪酬决策的影响效应，以检验降费改革的就业效应。该评估方法要求降费组和控制组企业的员工规模、薪酬安排在 2016 年降费改革之前具有相同的变化趋势。本章整理了 2008~2018 年上市

---

[1] 降费组省份包括上海、云南、北京、四川、天津、宁夏、安徽、山西、广西、新疆、江苏、江西、河南、海南、湖北、湖南、甘肃、贵州、重庆。控制组省份包括内蒙古、吉林、山东、广东、河北、浙江、福建、西藏、辽宁、陕西、青海、黑龙江。

企业的基本情况，计算出历年降费省份和非降费省份企业的平均员工人均、人均月工资水平和人均月福利支出（见表7-1）。

表7-1 不同组别上市企业的雇佣规模和薪酬比较　　单位：人，元/月

年份	员工规模 降费组	员工规模 控制组	员工工资 降费组	员工工资 控制组	员工福利 降费组	员工福利 控制组
2008	6712	4047	8733	5637	204	132
2009	7235	4063	6812	6055	163	123
2010	7319	4178	7406	6845	174	171
2011	7384	4434	7871	6071	174	133
2012	7748	4691	6368	6170	158	137
2013	7922	4870	6792	6706	170	155
2014	7944	5073	8301	7191	172	129
2015	7500	5074	8550	7421	156	128
2016	7206	5073	8690	7877	159	127
2017	6906	5033	9444	8346	164	126
2018	7058	5435	10678	9190	174	133

首先，比较降费组企业和非降费组企业的雇佣规模。在考察期内上市企业的平均雇佣人数呈先升后降之势，在2014年之前企业平均员工人数逐年增长从2008年的5565增加至2014年的6666，随后下降至2017年的6034，2018年企业平均员工人数略有上升。历年降费组企业平均员工人数大于控制组企业平均员工人数，且在2016年降费改革之前，两组企业的平均员工规模变化趋势一致，也即满足平均趋势假设，为后文的双重差分检验奠定了基础。

其次，根据企业薪酬保险报表中应付职工薪酬—工资和奖金的年度增加值以及企业员工总人数，计算得到企业员工月平均工资。2008年所有上市企业的员工平均工资为7407元/月，至2018年上升至9985元/月，十年间员工平均工资增长了34.8%。比较降费地区企业和非降费地区企业的平均工资水平，总体而言，在各年度降费地区企业的员工平均工资高于非降费地区企业。从两组企业工资水平的变化情况可以看出，在2016年降费之前，两组企业的工资水平变化趋

势基本一致。

最后，使用企业薪酬报表中的工会和教育培训经费表示企业员工福利。工会和教育培训经费作为员工福利具有间接性和发展性，这类福利不会直接提高员工的当期收入，但能够帮助员工积累人力资本、提高自身就业能力，从而带来未来收入的增长。2008~2018年，上市企业的人均工会和教育培训支出在每月160元左右波动，整体变化不大。比较降费地区和非降费地区的支出差异可知，降费组企业的人均支出水平高于非降费组，且在观测期内两组的变化趋势基本一致。

第二节　雇佣效应：降费改革与企业员工规模

一、识别策略与分析模型

（一）雇佣效应的识别策略与模型设计

2015~2019年，国家先后五次调整了社会保险缴费率，总体费率从41.00%下降到了28.25%，缴费率的下降客观上降低了企业的政策性劳动力成本，减轻了企业的资金约束，但社会保险制度的降费改革能否通过企业实现"稳就业"尚未可知。评估降费政策的就业效应需要区分出明确的"实验组"和"控制组"，而2015年以来的多次降费是在全国层面统一开展的，难以构造政策实验，本章借鉴任超然（2021）和程煜等（2021）的做法，以2016年部分省份下调养老保险缴费率这一政策事件为契机，检验降费改革对企业雇佣规模的影响。

本章通过国泰安数据库收集了2008~2018年A股上市企业相关报表数据，并根据企业注册地信息匹配省份相关信息。依据双重差分（DID）的实验设计，以2016年养老保险降费省份对应的企业为实验组，未降费省份对应的企业为控制组，2015年及以前年份为实验前，2016年及以后年份为实验后。并以此构造如下计量模型：

$$\text{Staff}_{cit} = \lambda_0 + \lambda_1 \text{Treat}_c \times \text{Post}_t + \lambda_2 \text{Control}_{ict} + \theta_i + \partial_t + \xi_{it} \tag{7-1}$$

其中，被解释变量Staff_{cit}表示省份c的企业i在t年的员工人数，在回归模型中取自然对数处理；变量Treat_c表示处理组的虚拟变量，取值为1时表示省份c的企业i处在养老保险降费这一政策改革的影响范围之内，取值为0时表示不受降费政策影响；Post_t表示时间虚拟变量，取值为1时表示t≥2016，取值为0时表示t<2016；交互项的估计系数λ_1为本章重点关注的政策实验结果；θ_i表示企业固定效应，即影响企业员工规模但不随时间变化的因素；∂_t表示年份固定效

应，即影响企业员工规模且随时间变化的因素；$Control_{ict}$ 表示企业和省份两个维度可能影响雇佣规模的其他控制变量。

（二）核心变量的描述性分析

企业的雇佣规模是本部分实证分析的核心被解释变量，根据"上市公司员工人数表"整理出历年企业员工人数数据，得到企业雇佣规模变量。为克服遗漏变量对模型估计结果的干扰，本章在双重差分模型中加入了可能会影响企业雇佣规模的企业特征和地区特征变量。在企业特征方面，本章加入了以下变量：①企业年龄，通过报表年度减去企业成立年份得到，通常而言，企业存续时间越长其薪酬制度越完善，企业发展良好，员工工资水平可能越高。②企业净利润，净利润能够很好地体现企业的获利能力，利润水平越高说明企业发展前景越好，其员工的工资水平越高，同时在社会保险缴费方面也可能越规范。③企业总资产，总资产越高意味着企业规模越大，一般来说，大规模企业更有能力为员工支付高薪酬，且其社会保险缴费受到的监督越多。④企业性质，不同性质企业具有不同的企业文化，其面临的政策环境也有所差异，这可能会导致其采取不同的薪酬策略，本章根据企业股东信息，将样本企业划分为国有企业、民营企业、外资企业、合资企业和其他。⑤企业税负，企业的税收负担是其运营成本的重要构成，过重的税负成本加重企业的现金约束，也可能会挤占员工的工资水平。

在地区特征方面，本节加入了以下变量：①经济水平，地区的经济发展水平是制约企业发展的外部环境，经济发达地区的企业拥有更完善的市场环境，其经营水平更高，从而可能会影响工资水平。②就业规模，地区的就业人口规模是影响企业劳动力供给的重要因素，所在地丰富的劳动力资源能够为企业发展提供良好条件。③平均工资，企业所在地的平均工资水平是企业制定自身薪酬水平的重要参照，另外，地区的平均工资也在一定程度上反映了企业的潜在劳动力成本。④缴费率，社会保险缴费是企业的重要劳动力成本构成，所在地的缴费率越高意味着企业需要承担的缴费成本越高，从而会影响到企业薪酬决策。

比较降费组企业和非降费组企业在上述两类特征变量上的差异可知，两组企业的平均成立时间均超过了15年，且T检验的结果表明，两组企业平均年龄存在显著的差异。同样比较两组企业的其他特征可知，除税收负担外，降费组和非降费组在其他因素方面均存在显著差异。在地区特征方面，两组企业所在地在经济发展水平、就业人口规模、平均工资、社会保险缴费率四个变量上均有显著差异，且降费组的社会保险平均缴费率高于非降费组，这也是降费组省份被划入降费改革范围的主要依据。

二、雇佣效应的检验结果分析

以企业员工人数的对数作为被解释变量,检验降费对企业雇佣规模的影响效应如表7-2所示。在(1)列中只控制了时间效应但没有加入任何控制变量,结果显示降费的平均处理效应为正且在1%水平上通过了显著性检验。在(2)列中加入了企业层面和地区层面的控制变量,此时降费的平均处理效应依然显著。在(3)列中继续控制企业所属的行业性质,结果表明降费对企业员工规模有显著的扩大作用,降费后企业员工人数平均增加4.6%。

表7-2 降费与企业雇佣规模的基准回归结果

变量名	(1)	(2)	(3)	(4)
DID	0.046*** (0.014)	0.043*** (0.013)	0.041*** (0.012)	0.112** (0.044)
企业年龄	—	-0.006 (0.010)	-0.028** (0.014)	-0.021 (0.014)
企业利润	—	0.004 (0.003)	0.004 (0.003)	-0.002 (0.003)
企业资产	—	0.616*** (0.006)	0.617*** (0.006)	0.658*** (0.007)
民营企业	—	-0.199*** (0.026)	-0.197*** (0.026)	-0.157*** (0.026)
外资企业	—	-0.022 (0.042)	-0.021 (0.042)	-0.027 (0.042)
合资企业	—	-0.119** (0.049)	-0.119** (0.049)	-0.112** (0.048)
其他	—	-0.316*** (0.050)	-0.313*** (0.050)	-0.261*** (0.049)
税收负担	—	-0.004* (0.001)	-0.002* (0.001)	-0.002* (0.001)
人均GDP	—	-0.043 (0.049)	-0.059 (0.044)	-0.154*** (0.048)
就业规模		0.037 (0.029)	0.029 (0.026)	0.087*** (0.028)
平均工资	—	-0.208*** (0.045)	-0.228*** (0.066)	-0.161** (0.072)
行业效应	否	否	是	是

续表

变量名	（1）	（2）	（3）	（4）
时间效应	是	是	是	是
观测值	27356	24140	24140	17151
R^2	0.116	0.453	0.454	0.114

注：显著性水平 *** 表示 p<0.01，** 表示 p<0.05，* 表示 p<0.1。

随着降费改革的推进，社会保险降费对企业劳动力需求的影响也受到了学者的关注。吕学静和何子冕（2019）同样使用 A 股上市企业数据评估过降费改革的就业效应，不同的是，其研究以 2011 年山东将养老保险单位缴费率下调至 18%这一政策事件作为双重差分检验的基础。本章借鉴其思路，以山东对应企业为处理组，其他地区企业为对照组，以 2011 年为政策冲击年份，重新构造差分模型。如表 7-2 中（4）列所示，山东的降费该对企业雇佣规模有显著的提升作用。以上分析表明，降低企业社会保险缴费率有助于提高企业劳动力需求，从而具有稳岗就业的作用。

在控制变量方面，企业资产的系数显著为正，说明企业资产规模越大，雇佣的员工数量越多，资产雄厚的企业往往具有更高的劳动力需求。不同所有制企业的员工规模存在显著差异，相比于国有企业，民营企业、合资企业以及其他类型企业的员工规模相对较小。企业的税收负担对员工规模具有挤出作用，提高税收负担会降低企业的员工规模。在地区特征方面，平均工资水平越高的地区，企业雇佣的员工人数越少，其原因在于工资水平越高的地区意味着劳动力成本越高，从而企业降低了劳动力需求。

三、雇佣效应的异质性分析

由于不同类型企业的成本约束和经营环境不同，其对社会保险缴费的敏感性存在差异，这可能会导致不同企业在降费时做出不同的决策安排。对此，本节从所有制性质和行业属性两个维度，分样本检验 2016 年降费改革对企业劳动力需求的影响效应。

根据企业的主要控股人信息，将样本企业分为国有企业、民营企业、外资企业和合资企业，针对各类型企业的双重差分检验结果如表 7-3 Panel A 所示。在国有企业和外资企业样本中，控制其他变量以及行业效应、时间效应后，降费改革的平均处理效应为正，且通过了显著性检验，在其他所有制企业中降费改革的处理效应未通过显著性检验。降费后，国企和外企的雇佣规模分别得到了 4.8%和 2.9%的增幅，这意味着在国有企业和外资企业内，降低社会保险缴费率有助于增加其劳动力需求,增加雇佣人数。

表 7-3 降费与企业雇佣规模:分样本检验

Panel A 分所有制	国有企业	民营企业	外资企业	合资企业
DID	0.048** (0.018)	0.009 (0.073)	0.029*** (0.011)	-0.082 (0.088)
控制变量	是	是	是	是
行业效应	是	是	是	是
时间效应	是	是	是	是
样本量	9306	1281	795	402
R^2	0.391	0.501	0.531	0.598
Panel B 分行业	资本密集	劳动密集	农林牧渔业	采矿业	制造业
DID	0.019 (0.028)	0.021* (0.012)	0.309** (0.157)	0.067* (0.035)	0.030** (0.014)
控制变量	是	是	是	是	是
行业效应	是	是	是	是	是
时间效应	是	是	是	是	是
观测值	4077	19549	361	1273	13758
R^2	0.512	0.536	0.214	0.464	0.478

注:显著性水平 *** 表示 $p<0.01$,** 表示 $p<0.05$,* 表示 $p<0.1$。

计算历年企业的人均资本水平,将人均资本水平高于平均值的企业划分为资本密集型企业,低于平均值的企业归为劳动密集型企业。针对两种类型企业分别进行双重差分检验,如表 7-3 Panel B 所示的结果表明,对于劳动密集型企业而言,2016 年的社会保险降费改革显著增加了企业员工规模,但对资本密集型企业不存在此效应。其可能的原因在于,劳动密集型企业对社会保险费率变动引起的劳动力成本变化更加敏感,当缴费率降低时,企业会使用更多的劳动力要素。

为进一步验证上述结论,本节选择农林牧渔业、采矿业、制造业三个传统劳动密集型行业样本为分析样本,再次评估降费改革的影响效应。结果表明,对这三个行业,社会保险降费改革均起到了显著的就业效应,降费后企业员工规模增长了 3.1%~6.8%。综合上述结果可知,降低企业社会保险缴费率能够显著增加企业雇佣员工人数,降费改革提高了企业劳动力需求,且这种提升作用在国有企业、劳动密集型企业中更为明显。

第三节 工资效应：降费改革与企业工资水平

一、识别策略与分析模型

过高的社会保险缴费率会导致企业降低员工工资水平，社会保险降费改革减少了企业的劳动力成本、缓解了其资金约束，此时企业是否会提高员工的工资水平？针对这一核心问题，本节利用上市企业薪酬数据，建立双重差分模型，该方法通过两次差分消除个体不随时间变化的异质性和由时间趋势引起的变动量，得到政策实施的净效应，是一种有效识别因果效应的计量方法。通过双重差分模型，可以比较同一个地区的企业在降费改革前后员工工资水平的异同，还可以通过比较降费地区企业和非降费地区企业在降费政策实施前后的工资水平变化，剥离出外部经济条件和宏观政策变化等因素的影响，得到一个更加干净的政策效应：

$$\text{Salary}_{cit} = \lambda_0 + \lambda_1 \text{Treat}_c \times \text{Post}_t + \lambda_i \text{Control}_{ct} + \theta_i + \partial_t + \xi_{it} \tag{7-2}$$

其中，被解释变量 Salary_{cit} 表示省份 c 的企业 i 在 t 年的员工平均工资，在回归模型中取自然对数处理，其他变量的含义与前文的一致。

二、工资效应的检验结果分析

同样采用双重差分模型评估降费改革对企业工资水平的影响效应，以企业员工平均工资的对数为被解释变量，评估结果如表7-4所示。在Panel A（1）列中仅控制时间趋势，不加入企业特征、地区特征以及行业效应，此时降费的平均处理效应为0.038，且在1%水平上通过了显著性检验。随后，在（2）列和（3）列中逐步加入企业和地区特征变量、行业效应，所得结果依然显著。社会保险降费改革后，企业工资水平显著上升，平均工资能够获得约2.4个百分点的增幅。

从所有制性质和行业性质两个维度，分样本检验降费改革对企业工资水平的影响效应，结果如表7-4 Panel B所示。降费改革的工资效应在不同所有制企业中表现出显著的差异。降费对工资的平均处理效应在国有企业通过了显著性检验，而在民营企业、外资企业不显著，说明降费改革显著提高了国有企业的工资水平，其工资增幅在2.6%左右，这一结果与吕学静和何子冕（2019）的研究发现一致。然后，根据企业的人均资本情况进行分组，检验降费改革对不同类型企业的工资效应，结果显示，资本密集型企业的平均工资水平在降费后提高了

3.3%，但降费改革对劳动密集型企业的工资水平无显著影响。可能的原因在于，资本密集型企业的成本负担较低，社会保险降费释放了其流动性约束，企业通过研发投入等提高了回报率，进而提升了员工工资水平。

表7-4 降费与企业工资水平的回归结果

Panel A 基准回归	（1）企业平均工资	（2）企业平均工资	（3）企业平均工资
DID	0.038*** (0.009)	0.033*** (0.009)	0.024** (0.010)
控制变量	否	是	是
行业、时间效应	否	否	是
样本量	26929	23776	23776
R^2	0.350	0.372	0.374

Panel B 分样本	国有企业	民营企业	外资企业	资本密集型	劳动密集型
DID	0.026* (0.015)	0.009 (0.011)	-0.009 (0.064)	0.033*** (0.009)	0.015 (0.026)
控制变量	是	是	是	是	是
行业、时间效应	是	是	是	是	是
观测值	9124	12672	773	4012	19264
R^2	0.377	0.436	0.291	0.202	0.513

注：显著性水平 *** 表示 $p<0.01$，** 表示 $p<0.05$，* 表示 $p<0.1$。

在控制变量方面，本节的实证分析发现，企业的特征变量对其薪酬决策有着显著的影响。平均而言，企业年龄越大其平均工资越高，成立时间越久的企业往往具有更完善的薪酬制度，其市场运营能力更强，从而给员工支付的工资越高。企业的盈利状态对薪酬水平有显著的正向作用，企业净利润越高的企业支付的员工工资越高，平均而言，企业净利润每提高1个百分点，员工的工资水平会相应增长3.4%~4.1%。资产越雄厚的企业其员工工资水平越高，企业总资产每增加1个百分点，相应的员工工资增长3.5%~4.5%。不同所有制企业的薪酬水平也存在显著的差异，相比于国有企业，民营企业、合资企业的员工工资更高。在地区差异方面，经济越发达地区的企业工资水平越高，地区经济的发展越能够带动企业的发展，从而提高员工的工资水平；地区的就业人口规模对企业工资水平具有负向影响，其原因在于地区的就业人口规模越大意味着劳动力供给越多，劳动者之间的就业竞争越激烈，此时企业支付的薪酬越低；地区的平均工资水平对企业工资具有推动作用，企业所在地的平均工资越高，企业支付的员工工资水越高。

三、工资效应的稳健性检验

为验证实证结果的可靠性，本节从以下几个方面进行稳健性检验：

首先，剔除金融行业等部分样本企业。由于金融行业的会计准则相对特殊，本节在全样本中剔除金融企业，同时按照已有文献的常规做法，剔除被ST、*ST等特殊处理的上市公司样本。根据整理后的新样本重新进行双重差分检验，从表7-5中可以看出，重新筛选样本后降费的处理效应为2.1%且在1%统计水平上通过了显著性检验。

表7-5 降费工资效应的稳健性检验结果

变量名	剔除金融行业	平衡面板	剔除2012年以前样本	安慰剂检验
DID	0.021*** (0.010)	0.028*** (0.012)	0.017* (0.009)	0.050 (0.110)
控制变量	是	是	是	是
时间效应	是	是	是	是
行业效应	是	是	是	是
观测值	22925	13621	15132	23276
R^2	0.351	0.365	0.350	0.351

注：显著性水平***表示$p<0.01$，**表示$p<0.05$，*表示$p<0.1$。

其次，利用平衡面板检验。前文使用的上市企业样本在部分年份存在数据缺失，为排除缺失企业对模型估计结果造成的干扰，本节选择2008~2018年均存在的企业，以此构成平衡面板数据。实证检验结果表明，在平衡面板模型中降费的处理效应显著存在，降费改革提高了企业的平均工资水平。

再次，排除《社会保险法》的影响。我国在2012年实施了《社会保险法》，根据该法强化了企业的社会保险缴费责任，事实上加强了对企业的缴费约束，从而可能会造成在2012年前后企业的社会保险缴费遵从度存在差异，其实际劳动力成本出现波动。对此，本节只选用2012年及以后的样本企业为分析对象，检验结果表明，降费改革对工资的提升作用依然显著。

最后，采用安慰剂检验。社会保险降费改革发生在2016年，在安慰剂检验中，假设降费发生在2015年，以此进行差分检验。倘若员工工资的提高确实是由2016年的降费导致的,那么在假设条件下进行的估计结果将不再显著。依据表7-5可知,安慰剂检验的结果与预期一致,在假想的降费时间下,降费改革的处理效应不显著。

第四节 福利效应:降费改革与企业员工福利

一、识别策略与分析模型

前文的实证分析表明,社会保险降费改革提高了部分企业的员工规模和工资水平,其中员工规模是就业数量的体现,而工资是反映就业质量的重要指标,本部分以企业福利为具体分析指标,进一步考察社会保险降费改革对员工就业质量的影响效应。遵循前文的实证分析策略,建立如下双重差分模型:

$$Welfare_{cit} = \lambda_0 + \lambda_1 Treat_c \times Post_t + \lambda_i Control_{ct} + \theta_i + \partial_t + \xi_{it} \quad (7-3)$$

其中,被解释变量 $Welfare_{cit}$ 表示省份 c 企业 i 在 t 年的员工福利支出总额,在回归模型中取自然对数处理,其他变量的含义与前文的一致。

劳动者获得的单位福利是衡量其就业回报或就业质量的有效维度,本节利用上市企业的工会及教育培训经费支出表示员工福利水平。其中,工会经费是工会组织开展各项活动所需要的费用,职工教育经费是指企业按工资总额的一定比例提取用于职工教育事业的一项费用,是企业为职工学习先进技术和提高文化水平而支付的费用。在多数企业的职工薪酬报表中,工会经费、教育培训经费是合并发布的,故本章对两者不再细分。

二、福利效应的检验结果分析

降低企业的社会保险缴费率后,企业是否提高了员工的福利水平?本章使用企业的工会和教育培训经费作为员工福利的代理变量,双重差分模型的估计结果如表7-6 Panel A(1)列和(2)列所示。在未控制其他因素时,降费对企业的人均工会和教育培训支出无显著影响,随后,在模型中加入企业层面的控制变量、地区层面的控制变量以及行业效应,所得结果显著为正,降费后企业的工会和教育培训经费支出增加了5.5%~6.9%。以上分析结果表明,2016年的社会保险降费改革对企业的员工福利支出有显著的提升作用。

表 7-6 降费与员工福利：工会教育培训经费支出

Panel A	（1）福利支出	（2）福利支出	（3）福利支出	（4）是否提供
DID	0.037 （0.125）	0.069*** （0.021）	0.055* （0.029）	0.068*** （0.009）
控制变量	否	是	是	是
行业效应	否	是	是	是
时间效应	是	是	是	是
观测值	19496	18754	13674	24777
R^2	0.008	0.050	0.030	0.283

Panel B	国企	民企	外企	资本密集	劳动密集	东部地区
DID	0.026*** （0.006）	0.024*** （0.004）	-0.137 （0.143）	0.081 （0.052）	0.094*** （0.029）	0.118*** （0.032）
控制变量	是	是	是	是	是	是
行业效应	是	是	是	是	是	是
时间效应	是	是	是	是	是	是
观测值	7683	10166	630	3409	15668	13172
R^2	0.122	0.044	0.120	0.076	0.060	0.047

注：显著性水平 *** 表示 $p<0.01$，** 表示 $p<0.05$，* 表示 $p<0.1$。

利用双重差分模型评估降费改革的福利效应，需要排除同期其他政策可能造成的影响。本章使用的企业数据时间跨度为 2008~2018 年，其间，2012 年《社会保险法》正式实施，企业的社会保险缴费责任被加强。为避免《社会保险法》实施前后企业的决策环境变化对实证估计结果的干扰，选择 2012 年以后的企业数据为新样本重新进行检验，表 7-6 中（3）列的结果显示，降费改革对企业人均工会和教育培训支出仍存在显著的提升作用。综合上述结果可知，社会保险降费改革对工会和教育培训支出确实存在正向影响，提高了企业的员工福利水平。

以上从人均支出的角度衡量企业的员工福利水平，但由于每年的企业样本数量不同，提供员工福利的企业数量也不同，以人均支出衡量企业福利存在一定的偏误。对此，本节根据企业的福利支出数额，对福利支出总额大于零的企业赋值为"1"，即企业提供了员工福利，福利支出数额缺失的企业视为没有提供，赋值为"0"。由此生成企业是否提供非工会及教育培训虚拟变量，利用双重差分模型检验降费对企业是否提供福利的影响效应。检验结果如表 7-6（4）列所示，在控制企业年龄等企业特征变量、地区经济水平等地区变量以及行业效应后，降费的平均处理效应通过了显著性检验。这意味着降费改革提高了企业提供工会和教育培训经费的概率，这一结果具有稳健性。

此外，员工的福利水平与企业特征因素显著相关，根据控制变量的估计系数可知，成立时间越久的企业提供的员工福利水平越高，这类企业具有丰富的运营经验、市场适应能力更强，通常而言其福利水平也相对较高。在地区层面，经济发达地区的企业福利水平较高，地区的经济发展对企业薪酬具有溢出效应，宏观经济的发展有助于提升所在地企业的员工福利。

三、福利效应的异质性分析

前文从平均意义上检验了降费对企业员工福利的影响，尚未考虑不同类型企业的福利水平变化差异，对此，本节从所有制性质、行业属性和地区三个维度进行分样本检验。

在所有制性质维度上，依据表7-6 Panel B 展示的结果可知，控制其他各变量以及行业效应等因素后，降费改革对企业工会和教育培训支出的提升作用存在于国有企业和民营企业，在外企样本中未发现降费的福利效应。在行业属性维度，资本密集型企业和劳动密集型企业在福利决策方面存在差异，控制其他因素后，对于资本密集型企业而言，降费改革对工会和教育培训支出均无显著的影响效应，但对劳动密集型企业而言，降费改革增加了人均工会和教育培训经费支出。

在地区维度上，不同地区企业的员工福利支出对降费的反映也存在差异。在东部地区，社会保险降费提高了企业的人均工会和教育培训经费支出，这与前文的基准回归结果一致。但对于中部地区和西部地区的企业而言，降费改革对企业工会和教育培训经费支出均无显著效应。

结合前文对降费雇佣效应和工资效应的检验结果可知，不同类型企业的决策逻辑存在差异，其对社会保险降费改革作出的反映不同。国有企业具有更好的经营环境和政策优势，同时也背负着更多的稳岗责任，当降低社会保险缴费率时，其能够更快地调整雇佣和薪酬安排，以吸纳更多的就业人员同时改善员工工资和福利水平。

第五节 本章小结

企业的劳动力需求和薪酬水平受社会保险缴费这一政策因素的影响，缴费率越高意味着企业必须承担更高的劳动力成本，而降低社会保险缴费率对企业的用工需求和薪资水平具有一定的提升作用。本章以上市企业为分析样本,通过国泰安数据库收集了 2008~2018 年上市企业报表数据,以员工人数衡量企业用工需求,以人均工资和奖金收入衡量企业工资水平,以人均工会与教育培训经费支出衡量企业员工福利水平,检验 2016 年降费对企业雇佣和薪酬决策的影响效应。本章实证分析的核心结论如下:

第一,社会保险降费对企业员工规模有显著的正向影响,但存在明显的异质性。实证结果表明,2016 年的降费对国有企业、外资企业的用工需求存在显著的提升作用,具有明显的雇佣效应。分行业的检验结果表明,降费的雇佣效应仅在劳动密集型企业中存在,如在农林牧渔业、采矿业、制造业三大传统行业中,降费改革均显著扩大了员工规模。第二,社会保险降费显著提高了企业员工的工资水平,且降费的工资效应主要存在于国有企业、资本密集型企业。第三,降费对企业员工福利支出有提升作用。降费改革提高了工会和教育培训经费支出。进一步的分析表明,降费对工会和教育培训经费的提升作用主要存在于国有企业、民营企业、劳动密集型企业和东部地区企业。

综上所述,社会保险降费减少了企业的人工成本,对其雇佣决策和薪酬安排都产生了显著的影响,但不同类型企业在降费后的反映不同,这说明分析社会保险降费的影响效应需要结合企业类型。企业雇佣规模的上升意味着有更多的劳动者可以进入企业就业,从而对总体就业规模起到了提升作用,这是降费改革"稳就业"效应的具体体现。此外,工资和员工福利是劳动者就业质量的核心指标,降费对工资、福利的提升意味着劳动者的就业质量得到了改善,降费改革成了新时期提升我国就业质量的有效途径。

第八章 供给视角：降费与城镇劳动者的就业决策

社会保险费率的调整会影响企业的劳动力成本，从而影响劳动力需求，然而，劳动者的就业形式具有多样性，受雇于企业仅是诸多就业方式中的一种。社会保险的降费改革对企业劳动需求的影响如何传递到劳动者个体，降费是否会影响劳动者的就业决策与就业回报？本章以 CFPS 追踪调查数据中的城镇劳动者为分析对象，利用社会保险降费改革为政策冲击，采用双重差分法检验降费对劳动者就业决策及其就业回报的影响效应。

第一节 思路与研究设计

一、降费改革影响个体就业的机理分析

对于个体而言，社会保险缴费相当于降低了实际工资水平从而也会影响劳动供给。根据经典劳动供给曲线可知，提高工资率会增加劳动供给，这意味着社会保险降费可能提高个体就业。通过文献检索可知，仅有一项研究考察了近年来社会保险降费改革对个体的就业效应，其结论认为降费并没有提高劳动者的就业水平，而是进一步降低了劳动供给（程煜等，2021）。虽然该研究尝试分析了降费对个体就业的影响，但其不足在于忽视了当前劳动者就业形式的变化。

自 2015 年以来，我国多次下调了社会保险缴费率，且费率的调整对象主要是企业，那么，针对企业的降费改革为何会影响到劳动者个体的就业决策？结合前人的研究，本章认为，社会保险降费减少了企业的劳动力成本，此时企业可能会雇用更多的员工，从而提高了个体的就业概率。从劳动者个体的角度而言，降费后企业用工需求增加，劳动者进入企业就业的概率上升，此时个体可能从自雇

等其他形式的就业转向企业就业，但其总体就业水平可能并未提高。由此可知，社会保险降费对个体就业的影响既可能体现在就业水平维度，也可能体现在就业形式维度。

以往针对我国社会保险缴费的研究较为一致地认为，社会保险制度的高费率对劳动者工资水平具有挤出效应，缴费降低了员工的工资水平。这是因为缴费加重了企业的成本负担，而社会保险降费一方面直接降低了企业成本，另一方面缓解了企业的流动性约束，对企业的生产率可能发挥正向作用，从而提高了企业效益。当企业效益提高时，其有可能会提高员工工资或者福利水平。而对于非企业就业的劳动者，当市场上企业就业人员的劳动回报上升时，其收入水平可能得到正向溢出效应。

理论上，社会保险降费对劳动者就业决策及其回报的影响还可能受到降费幅度等其他因素的影响，且不同类型的劳动者对降费的敏感度也可能存在差异。本章利用城镇劳动者个体层面的追踪调查数据，结合 2016 年的养老保险降费改革，实证检验降费对劳动者就业的实际影响效应。

二、实证思路与模型设计

针对企业进行的社会保险降费改革能否提高个人的就业概率？这是本部分要回答的第一个问题，对此，本章以被访者是否就业为因变量，在 Logit 回归模型的基础上引入双重差分，建立如下计量模型：

$$atjob = \beta_0 + \beta_1 D_i + \beta_2 T_i + \beta_3 D_i \times T_i + \beta_i C_i + \zeta_i \tag{8-1}$$

其中，D 表示处理变量，i=1 时表示降费组，i=0 时表示控制组；T 表示时间变量，i=1 时表示降费后，i=0 时表示降费前；处理变量 D 和时间变量 T 的交互项系数为降费的平均处理效应。在本章所使用的数据中，2012 年和 2014 年的调查数据为降费前，2016 年和 2018 年度的数据为降费后，2016 年养老保险降费省份对应的样本为处理组，其他省份样本为控制组。

对于正处于就业状态的劳动者，社会保险降费对其劳动时间有何影响，降费改革后劳动者的工作时间是延长了还是缩短了抑或没有变化？这是本部分要实证检验的第二个问题。针对此问题，建立如下计量模型：

$$working\_time = \beta_0 + \beta_1 D_i + \beta_2 T_i + \beta_3 D_i \times T_i + \beta_i C_i + \zeta_i \tag{8-2}$$

其中，working_time 表示被访者平均每周的工作小时数；β_3 表示本章关注的双重差分处理效应，也即降费改革对个体工作时间的影响效应。

在我国劳动力市场中，劳动者的就业形式出现了正规就业和非正规就业的分化，且两种类型就业人员参与社会保险的方式和程度不同，自然地，其受社会保险缴费的影响也不同。那么，降费改革对劳动者就业方式的选择有何影响？这是本章所要检验的第三个实证问题。对此，建立如下计量模型：

$$\text{jobtype} = \beta_0 + \beta_1 D_i + \beta_2 T_i + \beta_3 D_i \times T_i + \beta_i C_i + \zeta_i \tag{8-3}$$

其中，jobtype 表示劳动者的就业类型，赋值为 0 时表示自雇就业/非正规就业，赋值为 1 时表示受雇就业/正规就业；β_3 反映降费改革对个体就业类型决策的影响效应。

支持成本转嫁论的观点认为要求企业缴纳社会保险费会降低员工的工资水平，那么，当社会保险缴费率下降时企业是否会增加员工工资，从而提高劳动者的收入水平？使用 wage 表示个体的年收入，建立如下计量模型，β_3 为本章所要检验的处理效应，为进一步考察降费对劳动者就业回报的影响，在实证分析中还将使用单位发放的员工福利替换年收入。

$$\text{wage} = \beta_0 + \beta_1 D_i + \beta_2 T_i + \beta_3 D_i \times T_i + \beta_i C_i + \zeta_i \tag{8-4}$$

以上考察了降费改革对劳动者直接就业回报的影响，接下来检验降费对间接回报的影响效应。以往研究多指出，社会保险的高费率导致企业不为员工参保，从而降低了员工的劳动保护程度。本章以个体是否参加各项职工社会保险制度（insur）为被解释变量，检验降费改革是否会提升个体参加职工社会保险的概率。对此，建立如下计量模型：

$$\text{insur} = \beta_0 + \beta_1 D_i + \beta_2 T_i + \beta_3 D_i \times T_i + \beta_i C_i + \zeta_i \tag{8-5}$$

劳动者的就业及其回报情况与自身的个体条件有关，同时也受地区层面的就业环境、经济形势等因素的影响，对此，本章在上述模型中加入了被访者的个体特征和地区特征作为控制变量。其中，个体特征变量包括被访者年龄、婚姻状态（已婚=1；未婚=0）、受教育年限、政治面貌（党员=1；非党员=0）、健康状态。地区特征变量包括被访者就业所在省份的经济发展水平（人均GDP）、就业规模（城镇就业人数）、平均工资、城镇化水平（城镇人口占比）、外商投资、产业结构（二三产业产值占比）。

第二节 就业效应：降费与劳动者就业

一、就业概率的测量与比较分析

在日渐严峻的就业形势下，社会保险制度的降费改革能否成为"稳就业"的有效政策工具？本章使用 2012~2018 年四轮中国家庭追踪调查数据（CFPS），结合近年来的降费改革进行实证分析。首先，本章对"就业"的定义为"在法定年龄内从事有报酬的劳动,且不包括农业生产",根据这一定义,按照调查中问及的被访者当前的就业状态,对有工作的被访者赋值为"1",没有工作的被访者赋值为"0",同时删除了16岁以下和60岁及以上的样本。其次,考虑到目前我国社会保险制度的主要参保对象是城镇劳动者,农民工的总体参保率较低,本章剔除了农业户口样本。

经上述处理后,得到2012~2018年被访者的就业率,2012年被访样本的就业率较低,其余年份的就业率均在70%以上。依照2016年各省份养老保险是否降费,将所有样本进行分组,经计算可知,2012~2016年降费省份被访者的平均就业率略高于非降费省份,而2018年降费省份被访者的平均就业率略低于非降费省份。

比较两组样本在降费年度及以前的就业率可知,两者具有相同的变化趋势,这意味着本章所使用的数据在一定程度上满足平行趋势,适用于进行双重差分分析。仅以2014年和2016年数据为例,降费组的就业率上升了4个百分点,非降费组的就业率上升了5.3个百分点,降费组就业率的上升幅度比非降费组低了1.3个百分点,这意味着降费使降费组就业率的增长幅度减少了1.3%,也即降费使被访者就业的概率下降了1.3%。然而,劳动者是否就业还受到个人、家庭以及地区环境等诸多因素的影响,以上简化的分析并不能说明降费导致个体就业概率下降了。

以往研究指出,我国不同性别、学历层次人口的就业率存在显著的差异(李国正和王一旻,2017;张丽琼等,2017;姚先国等,2013)。根据CFPS调查数据可知,2018年女性就业率为70.8%,男性就业率为81.6%,小学学历被访者就业率为64.7%,而大学学历被访者就业率达92.4%。不同类型人员的就业能力不同,其就业决策受社会保险降费的影响也可能不同,根据个体的性别和学历层次比较不同类型被访者在降费前后的就业情况。

总体而言,各组的女性就业率均低于男性,且在多数年份降费组的平均就业率高于非降费组。以2014年和2016年为例,降费组女性在降费前后的平均就业率分别为64.5%和70.4%,非降费组在降费前后的平均就业率分别为61.1%和68.1%,两组在降费后的就业率分别上升了5.9个和7.0个百分点,可见非降费组的就业率上升幅度更大。同样以2014年和2016年为例,比较男性在降费前后的就业情况可知,降费后降费组的就业率增加了2.1个百分点,非降费组的就业率增加了3.8个百分点。由上可知,降费后无论是降费组还是非降费组,女性就业率的上升幅度均高于男性就业率的上升幅度。

以是否完成大专及以上学历教育为划分标准,将所有样本分为低学历和高学历两个子样本,比较不同子样本在降费前后的就业情况。以2014年和2016年为例,对于低学历群体而言,降费后降费组平均就业率增加了8.2个百分点,非降费组就业率增加了9.3个百分点。对于高学历群体而言,降费后降费组平均就业率增加了4.7个百分点，非降费组平均就业率增加了8.6个百分点。由此可知，无论是降费组还是非降费组，低学历群体就业率的上升幅度均大于高学历群体。

二、就业决策的初步检验结果

在检验社会保险降费冲击对个体就业的影响之前，先验证社会保险缴费与劳动者就业决策之间的关系。根据表8-1中（1）列展示的面板固定效应模型回归结果，在控制其他因素以及个体效应和时间效应后，社会保险缴费对个体就业有显著的负向影响，这与现有文献的结论一致，我国的社会保险缴费对劳动者就业有挤出作用（鄢伟波和安磊，2021）。然后，根据前述计量模型检验降费改革的就业效应，（1）列的结果表明，在未加入控制变量时，降费对个体是否就业的平均处理效应为0.577，且在1%统计水平上通过了显著性检验。控制其他因素后，降费的平均处理效应为0.389，同样在1%统计水平上通过了显著性检验。由此可知，2016年的养老保险降费提升了劳动者个体就业的概率，降费具有显著的稳就业效应。

表8-1 社会保险降费与个体就业

变量名	（1）缴费的挤出效应	（2）降费的就业效应
DID	0.577*** (0.189)	0.389*** (0.107)
缴费率	-0.245** (0.095)	-0.340*** (0.102)
年龄	0.042 (0.077)	0.042 (0.076)
已婚（未婚=0）	-0.045 (0.239)	-0.070 (0.239)
离丧	-0.4364 (0.515)	-0.477 (0.514)
受教育年限	0.212*** (0.027)	0.214*** (0.027)
党员	-0.214 (0.320)	-0.199 (0.321)
健康	0.053 (0.145)	0.056 (0.147)
经济水平	-0.495 (0.675)	0.777 (0.794)

续表

变量名	(1) 缴费的挤出效应		(2) 降费的就业效应
就业规模	−0.615 (0.445)		−0.972** (0.461)
平均工资	3.305*** (1.145)		2.893** (1.164)
城镇化	0.025 (0.034)		0.013 (0.035)
外商投资	0.469** (0.191)		0.374* (0.194)
产业结构	−0.109* (0.063)		−0.131** (0.065)
个体效应	是	是	是
时间效应	是	是	是
观测值	2407	6960	2407
R^2	0.273	0.317	0.315

注：显著性水平 *** 表示 p<0.01，** 表示 p<0.05，* 表示 p<0.1。

在控制变量方面，受教育程度越高的被访者拥有更高的就业能力，其实现就业的概率越高；平均工资水平越高的省份对应被访者的就业供给越高；而地区的就业人口规模对个体就业有挤出作用，其可能的原因在于就业人口规模的增加提高了市场上的就业竞争度，从而加大了个体就业难度；各地区的外商投资水平增加了就业需求，从而提高了就业供给；此外，我国的产业结构升级对个体就业起到了负面作用，二三产业产值占比越高的地区个体实现就业的概率越低。

三、稳健性与异质性分析

双重差分模型的一个基本前提是实验组与控制组满足平行趋势，也即降费组和非降费组个体在降费改革之前的就业趋势相同。前文对样本就业率的描述性分析表明，降费省份和非降费省份在2016年以前的就业率变化趋势基本一致，也即符合平行趋势假设，且在实证模型中还加入了个体特征、地区特征层面的控制变量。然而，前文的实证结果依然可能面临样本自身差异等因素造成的偏差，对此，本节采用倾向值得分匹配双重差分（PSM-DID）模型进行修正，该方法的好处在于即便实验组和控制组存在系统性差异，也能够有效估计出处理效应（Heckman 等，1998）。

依据 PSM-DID 的基本逻辑，首先考察劳动者个体是否受降费政策的影响，通过构建 Logit 回归模型计算每个样本受到降费政策影响的概率（即倾向值得分）；其次，将得分接近的样本进行匹配，剔除没有匹配对象的样本，由此得到在各方面更为接近的处理组和控制组样本。双重差分部分的估计结果如表 8-2 中 Panel A（1）列所示，降费政策的平均处理效应为 0.597，且在 5%统计水平上通过了显著性检验，这意味着降费改革确实提高了劳动者就业概率。

表 8-2　稳健性与分组检验结果

Panle A 稳健性检验	（1）PSM-DID	（2）虚拟政策冲击	（3）替换被解释变量
DID	0.597** (−0.287)	−0.125 (0.844)	0.005 (0.089)
控制变量	是	是	是
个体效应	是	是	是
时间效应	是	是	是
观测值	1680	2407	17743
R^2	0.414	0.291	0.031
Panel B 分样本	（1）女性	（2）男性	（3）低学历	（4）高学历
DID	0.259（0.372）	1.088** (0.491)	0.652* (0.363)	1.641* (0.932)
控制变量	是	是	是	是
个体效应	是	是	是	是
时间效应	是	是	是	是
观测值	928	752	1073	185
R^2	0.301	0.422	0.422	0.422

注：显著性水平＊＊＊表示 $p<0.01$，＊＊表示 $p<0.05$，＊表示 $p<0.1$。

为进一步验证结论的可靠性，现采取以下两种安慰剂检验的方式加以佐证。本章实证分析中的降费冲击发生在 2016 年，在安慰剂检验中，把政策冲击的时间往前调至 2014 年，将 2012 年认定为降费前年份、2014 年及以后认定为降费后年份，重新进行 DID 检验。如果前文所述的就业效应确实是由 2016 年的降费政策所带来的，那么在虚拟的政策冲击下就业效应将不复存在。根据表 8-2 中（2）列所示，在虚拟的政策冲击下，降费平均处理效应均未通过显著性检验，从而再次验证了结论的可靠性。

除了采取虚拟政策冲击年份的安慰剂检验，本节还进行了替换被解释变量的方式进行安慰剂检验。选择一个确定不受降费政策影响变量作为被解释变量，代入本节的 DID 模型，那么理论上所得处理效应不应通过显著性检验。对此，本节选取被访者的受教育年限作为因变量，在实证分析的样本中，个体的受教育程度是一个既定因素，不应受 2016 年社会保险降费的影响。从表 8-2 中（3）列展示的估计结果中可以看出，在控制个体效应和时间效应以及个体特征变量的回归结果中，降费冲击的处理效应均不显著，这与理论预判一致。

在就业市场中，劳动者个体间存在显著的差异，不同类型人员的就业偏好和就业能力均存在区别，在社会保险降费政策冲击下，不同个体的行为反应可能有所差异。对此，本节从性别和学历层次两个维度进行分样本检验，考察降费改革对不同群体就业的影响效应，所得结果如表 8-2 中 Panel B 所示。

首先，针对不同性别劳动者的检验结果表明，在控制个体特征、地区特征方面的因素以及个体效应和时间效应后，降费冲击对男性就业决策有显著的影响，但对女性的影响不显著。降费改革后，男性就业概率显著上升，这意味着在劳动力市场中，男性更容易获得政策红利，当降费政策释放就业岗位时，男性比女性更易获取就业机会。其次，根据被访者的已获取的最高学历，将大专及上学历人员划分为高学历劳动者，将高中及以下人员划分为低学历劳动者。针对两类人员进行双重差分检验，结果表明，社会保险的降费改革对这两类人员具有显著的影响，降费显著提高了两类人员的就业概率，且降费改革对高学历群体的就业提升作用更强。这意味着在劳动力市场中，高学历群体具有更强的就业优势，更容易把握降费改革带来的政策利好。

以上从是否参与就业维度评估了降费改革对城镇劳动者就业概率的影响，本节还评估了降费是否影响城镇劳动者的就业参与程度和参与形式。以周工作时间和就业类型（自雇 VS. 受雇）为被解释变量，估计结果表明，降费改革并未影响城镇劳动者的工作时间和就业类型[①]。

第三节 就业回报分析：降费能否让利于民

一、就业回报的测量与比较分析

收入是劳动者就业回报的直接体现，也是劳动者最主要的就业回报，此外，对于单位就业人员，由单位给予的现金和实物福利也是其就业回报的主要

---

① 书中未展示回归结果。

方面。本节从年收入、单位现金福利以及单位实物福利折现三个维度测量劳动者的就业回报，2012~2018年，劳动者的平均月收入水平呈递增趋势，相比于2012年，2018年的平均月收入增长了50.1%。在单位福利方面，劳动者获得的现金福利也大体呈递增趋势，与此不同的是，个体获得的实物福利水平有所下降，其折合现金价值从2012年的120.1元/月下降至2018年的92.3元/月（见表8-3）。

表8-3 历年被访者就业回报　　　　　　　　　　　　　　单位：元/月

	就业回报	2012年	2014年	2016年	2018年
全样本	月均收入	2425.1	2965.3	3305.6	3640.9
	现金福利	60.1	107.0	101.3	148.6
	实物福利	120.1	70.7	57.3	92.3
降费组	月均收入	2346.1	2881.4	3229.1	3871.6
	现金福利	71.9	97.4	129.1	172.5
	实物福利	140.3	73.7	82.4	93.1
控制组	月均收入	2481.1	2994.4	3345.8	3473.2
	现金福利	46.9	112.7	85.3	124.4
	实物福利	97.7	69.6	45.5	91.7

根据被访者所在地是否经历了降费改革，将样本分为降费组和控制组，分别测量两组样本的就业回报水平。结果显示，在2016年及以前控制组样本的月均收入水平均高于降费组，但在2018年降费组样本的月均收入超过了控制组。比较两组样本月均收入的增长情况可知，2012~2018年降费组样本月均收入的增长率为65%，而控制组样本的月均收入增长率为39.9%，由此可知，降费组样本具有更高的收入增长率。

比较降费组和控制组的单位福利情况可知，两组的现金福利水平大小具有波动性，2012~2018年，降费组的现金福利增长了139.9%，而控制组的现金福利增长了165.2%，涨幅大于降费组样本。在实物福利方面，考察期间降费组样本获得的平均实物福利水平高于控制组，但控制组的现金福利增长率（93.9%）高于降费组（66.4%）。

二、就业回报的实证检验

社会保险降费改革能否给城镇就业人员带来"好处"，本部分首先从收入维度进行检验。以被访者的月均工作收入为被解释变量，通过双重差分模型得到降费的平均处理效应,如表8-4所示。在(1)列中控制个体与地区特征变量,结果显示降费改革对城镇就业人员的月收入水平无显著影响。在(2)列中以月收入的对数为被解释变量,结果同样表明,降费并未提高劳动者的收入水平。以上结果表明,2016年的降费改革并未带来收入的增长,也即企业并未将通过降费改革获得的好处分配给员工。由于以上模型所使用的是全样本的就业人员,其中非正规就业者不存在雇佣单位,未直接享受降费带来的好处,故本节在表8-4(3)列中将样本限定为单位雇佣就业人员,重新进行实证检验,结果表明,对于单位就业人员,降费改革依然未带来显著的收入增长。

根据上述实证检验的结果,2016年的降费改革并未提高就业人员的收入水平,其可能的原因是多方面的:第一,此次降费的力度有限,养老保险费率从20%及以上下降至19%,部分地区的费率仅下调了1个百分点,降费后的养老保险费率依然偏高;第二,在总体经济形势下滑的大背景下,企业经营环境变差,而工资的增长往往具有刚性,一旦企业上调工资,将难以控制成本;第三,结合前文对就业水平的分析可知,降费后个体就业概率上升了,这意味着企业的员工规模有所扩大,企业将降费好处用于扩招员工而非增加员工工资。

表8-4 降费与劳动者收入水平

变量名	(1)月收入	(2)月收入对数	(3)雇佣就业
DID	-655.140 (631.837)	-7.042 (6.514)	-573.955 (1268.691)
控制变量	是	是	是
个体效应	是	是	是
时间效应	是	是	是
观测值	2780	2780	1831
R^2	0.184	0.199	0.293

注:显著性水平***表示$p<0.01$,**表示$p<0.05$,*表示$p<0.1$;固定效应包括个体固定效应和时间固定效应。

考虑到以上结论可能会受到样本异质性的影响,劳动力市场中不同群体的议价能力存在差异,用人单位也可能会区别对待不同的员工。对此,本节在前文的基础上,从以下三个维度进行分样本检验[①]:第一,考虑性别差异,针对不同性别的单位就业人员分别进行双重差分检验,结果表明无论是对女性就业人员还是男性就业人员,降费改革均未提升其收入水平,且平均处理效应的系数符号为负

---

① 书中未展示分样本回归的结果。

值。第二，从学历维度进行分样本检验，将高中及以下学历层次的个体分为低学历组，大专及以上学历层次的个体分为高学历组。双重差分的检验结果表明，对两组就业人员而言，降费均未提高收入水平。第三，考虑到已参加社会保险和未参加社会保险的就业人员在福利分配上存在差异，本节进一步从就业人员是否参加职工养老保险角度进行分组检验。结果表明，无论就业人员参保与否，均未能通过降费改革获得收入提升。以上结果再次验证了本节的实证结论，2016年进行的社会保险降费改革并未提高劳动者的收入水平。

在收入维度上，本节未发现降费改革能够给城镇就业人员带来显著的好处，那么，在其他福利维度上，降费改革是否让劳动者受益呢？对此，本节从就业人员获得的单位现金福利以及实物福利的折现价值两个方面进行实证检验。同样利用双重差分模型检验降费政策的平均处理效应，根据表8-5（1）列和（2）列展示的检验结果，降费改革对现金福利和实物福利均无显著的影响效应，也即降费并未提高就业人员的福利水平。在（3）列和（4）列中，将分析样本限定为单位雇佣就业人员，所得结论一致。在（5）列和（6）列中进一步对被解释变量作对数处理，所得结论依然未发现降费改革对单位福利有提升作用。综上可知，当前的社会保险降费改革虽然减少了企业的劳动力成本，但劳动者个体并未在降费改革中获得收入、福利等方面的好处。

表8-5 降费与劳动者单位福利

变量名	（1）现金福利	（2）实物福利	（3）受雇现金福利
DID	-217.742 (205.723)	-116.944 (150.070)	-317.868 (201.063)
控制变量	是	是	是
个体效应	是	是	是
时间效应	是	是	是
观测值	481	2879	475
R^2	0.520	0.060	0.580
变量名	（4）受雇实物福利	（5）受雇现金福利对数	（6）受雇实物福利对数
DID	-79.378 (155.666)	-3.360** (1.409)	-0.496 (0.672)
控制变量	是	是	是
个体效应	是	是	是
时间效应	是	是	是
观测值	2797	474	1030

续表

变量名	（4）受雇实物福利	（5）受雇现金福利对数	（6）受雇实物福利对数
R^2	0.046	0.635	0.238

注：显著性水平＊＊＊表示 $p<0.01$，＊＊表示 $p<0.05$，＊表示 $p<0.1$。

第四节　保险权益：降费与劳动者参保率

一、参保率的测量与比较分析

职工社会保险是针对劳动者建立的劳动保护和社会风险分散机制，根据我国《社会保险法》的规定，用人单位需为员工缴纳社会保险费用，而非单位就业人员可自行选择是否参加职工保险。本节根据调查问卷中问及的"当前工作是否为您提供各项社会保险"测量城镇就业人员的参保水平[①]。结果表明，就业人员的总体参保水平并不高，对全样本的测算可知，各险种的平均参保率均未超过50%，且不同年份的参保率存在波动性，比较2012年和2018年的参保情况可知，各险种的参保率均有不同程度的上升，这意味着劳动者的社会保险权益总体上呈递增趋势。

同样以被访者所在地是否经历降费改革为依据，将全样本分为降费组和控制组，比较两组的参保情况。总体而言，历年降费组各险种的平均参保率高于控制组。在养老保险方面，2012年降费组的参保率为48.3%，比控制组高出4.4个百分点，2018年降费组的养老保险参保率为51.0%，比控制组高0.4个百分点，两组间的参保率差距有所下降。在医疗保险方面，2012年降费组比控制组平均参保率高出2.7个百分点，随后两组间的差距逐渐减小，至2018年降费组医疗保险参保率比控制组高0.1个百分点。在失业保险方面，2012年降费组平均参保率为41.3%，比控制组高7个百分点，至2018年降费组失业保险平均参保率为41.8%，比控制组高2.4个百分点。在生育保险方面，2012年降费组平均参保率高出控制组0.3个百分点，至2018年降费组和控制组的参保率差距上升为1.7个百分点。在工伤保险方面，降费组2012年的参保率比控制组同期高1.6个百

[①] 由于问卷中提问的是当前工作是否提供社会保险，个体存在通过其他工作参加保险的可能性，由此算出的参保率低于实际参保率。

分点，2018年两组的参保率差距变化为1.7个百分点。根据上述分析可知，在养老、医疗和失业三项社会保险的参保水平上，降费组和控制组间的差距呈递减趋势，两者的参保水平逐步趋同，但在工伤和生育保险方面，降费组与控制组间的参保率差距有所扩大。

二、降费与参保的实证检验

过高的社会保险缴费率导致用人单位不愿意为员工缴纳社会保险费用，当社会保险缴费标准降低时，单位是否会为更多的员工参保？非单位就业人员是否会因缴费率的降低而更多地参与社会保险？对此，本节同样以2016年的养老保险降费改革为政策实验，评估降费对个体参保的影响效应。

表8-6中Panel A以全体就业人员为分析对象，双重差分的检验结果表明，在控制其他因素以及个体效应和时间效应后，降费对个体参与养老、医疗和工伤保险有显著的促进作用。平均而言，降费后城镇劳动者参加职工养老保险的概率提升了1.9%，参加职工医疗保险的概率提升了1.4%，参加工伤保险的概率提升了5.9%。但对城镇劳动者参加生育、失业保险的影响未通过显著性检验。此外，需要注意的是，扩大参保规模带来的成本上升会抵消企业通过降费获得的"减负"，因此企业在为职工参保时仍面临一定的约束。

根据我国《社会保险法》的规定，不同就业类型人员参加职工社会保险的路径不同，相应的缴费责任也不同，这可能会导致降费改革的参保效应出现群体差异。对此，本节根据被访者的就业类型，分为企业就业和非雇佣就业两个子样本，分别进行检验。表8-6中Panel B展示的结果表明，除生育保险外，降费改革对企业就业人员的养老、医疗、工伤和失业保险参保率均有显著的促进作用，降费改革后在企业就业的城镇劳动者参加社会保险的概率得到了普遍的提升。根据以上结果可知，尽管2016年的降费改革仅降低了养老保险制度的缴费率，但其对劳动者参保的提升效应扩展到了医疗保险和工伤保险，其可能的原因在于两个方面：第一，养老保险在企业总社会保险缴费支出中占据大头，养老保险费率的下降使企业更有能力为职工参加其他保险项目。第二，养老职工对这几个险种的需求度较高。

与上述结果不同的是，2016年的降费改革仅提高了非雇佣就业人员参加职工养老保险的概率，但对其他险种的参保率无提升作用，如表8-6中Panel C所示。本节认为产生这一结果的原因在于以下几个方面：第一，根据社会保险制度规定，非雇佣就业人员申报参加职工养老、医疗保险，并无其他险种的参保权利。第二，2016年的降费改革仅限于养老保险制度，这意味着降低了非雇佣就业人员购买职工养老保险的价格，但其参加医疗保险的价格并未变化。

表 8-6 降费改革的参保效应

变量名	养老保险	医疗保险	生育保险	工伤保险	失业保险
Panel A	0.019***	0.014***	0.107	0.059***	0.031
全样本 DID	(0.004)	(0.006)	(0.834)	(0.005)	(0.800)
Panel B	0.022***	0.016***	0.018	0.014***	0.017***
企业员工 DID	(0.008)	(0.004)	(0.017)	(0.003)	(0.003)
Panel C	0.009***	0.062	0.018	0.084	0.070
非雇佣就业 DID	(0.003)	(0.072)	(0.017)	(0.092)	(0.033)

注：显著性水平 *** 表示 $p<0.01$，** 表示 $p<0.05$，* 表示 $p<0.1$；表中模型控制了个体、时间效应以及其他因素的影响。

考虑到不同个体间的异质性可能会干扰模型的估计结果，本节从单位性质、性别以及学历三个维度进行分样本检验。模型估计结果表明，在单位性质方面，降费改革对国有企业员工的参保效应更显著；在性别方面，降费对男性职工的参保效应更大；在学历方面，降费的参保效应仅存在于大专及以上学历群体[①]。

综上所述，本节基于全样本以及各分样本实证模型均未发现社会保险降费改革提高个人参保率的证据，其可能的原因在于，当前经济增速下滑企业经营环境颇为严峻，而社会保险费率长期保持高水平，对企业运营造成了较大的负面影响，当前的降费改革幅度有限，企业尚未有能力和意愿扩大参保规模。

第五节 本章小结

本章从城镇劳动者角度考察社会保险降费的影响效应，评估针对企业进行的降费改革是否会让劳动者受益。实证分析结果表明，对于劳动者而言，降费改革的主要效用在于提升就业概率和社会保险参保率。

第一，降费改革显著提升了城镇劳动者的就业概率，但对工作时间、就业类型无显著影响。在经 PSM-DID 以及更换政策冲击时间和被解释变量等安慰剂检验后，所得结论依然稳健，且男性、高学历群体更容易在降费改革中获得就业岗位。这一结果表明，社会保险降费改革减少了企业的人工成本，从而释放了更多

---

① 书中未展示不同单位、性别、学历群体的回归结果。

的就业岗位，近年来我国的降费改革除了为企业减负外，也有着"稳就业"的意图，从本章的实证分析结果来看，这一政策目标得以实现。

第二，降费改革显著提高了劳动者参加职工社会保险的概率。对企业职工而言，2016年养老保险降费后，其参加职工养老保险、医疗保险、工伤保险和失业保险的概率均显著提升。这意味着降费改革起到了良好的外溢性，减轻单险种的企业缴费负担，能够释放企业活力，从而提高企业为员工参加多项保险的能力。对非雇佣就业人员而言，2016年养老保险降费的作用仅在于提高了其参加养老保险的概率，未产生外溢性。在个体异质性方面，降费对男性、国有企业从业者、高学历劳动者的参保效应更大。

同样值得关注的是，2016年的降费改革对劳动者的工资收入、现金福利以及实物福利没有提升作用。其可能的原因在于，当前的降费幅度有限，对城镇劳动者而言，国家通过降费释放的红利主要提高了其就业和参保概率。在今后的改革中，政府要逐步加大降费力度，为企业发展减负，通过降费让利引导企业扩大生产增强自身运营实力，随后也要渐进引导企业给员工让利。在降费改革的过程中逐步做实和完善社会保险制度，让降费改革成为提升劳动者就业质量的有效工具。

第九章　降费的溢出效应：基于次级劳动力市场的考察

户籍差异是我国劳动力市场的重要特征，农民工因自身以及制度性原因，长期处于次级劳动力市场，其就业表现以及就业回报异于城镇劳动者。已有研究指出，相比于城镇劳动者，农民工的就业更容易受到社会保险缴费的影响，而降费对城镇人口就业有显著的提升作用。本章以农民工为分析对象，检验社会保险降费改革是否惠及了农民工，以此判断降费对次级劳动力市场的溢出效应。分析结果表明，社会保险降费不仅提高了农民工的就业概率，还增强了其就业稳定性，降费改革能够成为国家稳定农民工就业、推进就业高质量发展的有效路径。

第一节　问题提出与分析框架

一、背景与核心问题

劳动力市场分割现象由来已久，Doeringer 和 Piore（1971）根据薪酬机制、晋升机会等的不同将劳动力市场划分为两大类："一级劳动力市场"和"次级劳动力市场"。在一级劳动力市场中，雇员的人力资本存量高，就业稳定性强、就业环境好、工资与福利待遇优厚，而在次级劳动力市场中，雇员的人力资本存量相对较低，就业环境差、工资福利待遇低。长期以来，受城乡发展水平差异以及户籍歧视等因素的影响，进城务工的农业转移人口（农民工）成了我国次级劳动力市场的核心组成，该群体在就业机会、就业回报以及福利待遇等诸多方面均与城镇就业人口存在较大差距。

其中，一个明显的表现是，相比于城镇就业人员，在城市务工的农民工面临着严重的社会保险权益缺失。对此，一种可能的解释是，我国的社会保险缴费率过高,企业选择性地为部分员工缴纳保险费用,而农民工群体因其劳动力市场地位相对较低,往往不在企业的参保范围内(汪润泉和金昊,2020)。甚至,社会保险的缴费还对农民工群体的就业及其工资收入产生了挤出效应。2015~2019年,国家连续5次降低了社会保险缴费率,从制度层面降低了企业的劳动力成本。当企业获得"减负"时,是否会"让利于民"?对农民工群体而言,社会保险降费对其就业有何影响?能否获得工资收入上的增进?

回答上述问题具有两个方面的意义:第一,有助于规范社会保险制度的参数设计,从费率的角度理解什么样的社会保险制度才能切实维护劳动者,尤其是农民工群体的社会保险权益。第二,通过分析社会保险降费对农民工就业及其回报的影响效应,有利于推进对社会保险与就业之间关系的理解。

二、模型与分析思路

社会保险降费改革能否惠及农民工群体?本章使用2013年、2014年、2017年、2018年的流动人口动态监测调查数据加以检验。借鉴程煜等(2021)的做法,以2016年的养老保险降费为准实验,将养老保险降费省份所包含的城市为实验组,未降费省份对应的城市为控制组,此时2013年和2014年为实验前,2017年和2018年为实验后。为验证社会保险降费改革对农民工就业的影响,本章使用Stata17最新研发的适用于重复截面数据的DID程序对上述实证结果进行验证。由于在重复截面数据中,每个样本只有一个观测值,故无法控制个体效应,但仍可以控制分组固定效应和时间效应,本章考虑城市固定效应,建立如下DID模型:

$$\text{Employment}_{ict} = \alpha + \beta_1 \text{treatment}_{ct} + \beta_1 \text{control}_{ict} + \gamma_c + \lambda_t + \xi_{ict} \tag{9-1}$$

其中,Employment_{ict}表示城市c中农民工i在t年的就业状态,包括是否就业、就业类型;处理变量treatment_{ct}表示城市c在t年是否进行了降费改革,其系数β为本章感兴趣的处理效应;γ_c表示城市固定效应;λ_t表示年度固定效应;ξ_{ict}表示随机扰动项。

在检验降费对农民工就业回报的影响时,将上述模型中的就业状态变量替换为就业回报变量,包括工资收入等,建立如下计量模型:

$$\text{Income}_{it} = \lambda_0 + \lambda_1 \text{Treat}_i \times \text{Post}_t + \lambda_i \text{Control}_{it} + \theta_i + \partial_t + \xi_{it} \tag{9-2}$$

其中,Income_{it}表示农民工i在t年的就业收入;Treat_i表示降费冲击,若农民工就业所在地实施了降费改革则赋值为1,未实施降费改革则赋值为0;Post_t是时间虚拟变量,降费前年份为0,降费后年份为1;Treat_i和Post_t交互项的系数反映降费改革对农民工收入水平的影响效果;Control_{it}表示模型中的控制变量。

三、样本与变量处理

（一）样本选择

本章所使用的农民工数据来自卫健委主持的全国流动人口动态监测调查项目（CMDS），2009~2018 年，该项目已开展了 7 期调查。CMDS 的调查内容涉及流动人口及其家庭的基本信息、就业、社会保障等，抽样范围覆盖了全国 31 个省份，每年样本量近 20 万户，因此，该数据具有很好的代表性。2010 年实施的《社会保险法》要求企业为雇佣的农民工缴纳养老和医疗保险费用，这一政策冲击可能会对农民工的收入水平产生影响，为避免其对本章模型分析结果的干扰，我们采用《社会保险法》正式实施后的年度调查数据。其中 2013 年和 2014 年的调查能够反映社会保险降费改革前的情况，2017 年和 2018 年的调查数据反映降费后的情况。

结合"农民工就业"这一研究主题，本章对数据作了以下处理：①剔除户口性质为非农的样本。②考虑到法定退休年龄对就业的影响，限定样本年龄为男性 16~59 岁、女性 16~49 岁[①]。在考察降费的就业回报效应时，还剔除了非就业状态的农民工样本。此外，本章还使用了农民工就业所在城市的统计数据，包括社会保险缴费率、城市就业规模、城市 GDP 增长率、城市工业企业数等，其中缴费率数据来源于各地级市政府门户网站以及劳动法宝网等，其他数据来自历年《中国城市统计年鉴》。

（二）变量处理

农民工的就业状态及其就业回报是本章关注的核心内容，就业状态主要包括"是否就业"和"就业类型"两个变量，其中就业类型包括雇佣就业、灵活就业和创业。在处理变量时，根据问卷中的问题"您今年五一前一周是否做过 1 小时以上有收入的工作？"若被访者回答"有"则表示处于就业状态，取值为"1"，否则为非就业状态，取值为"0"。根据样本统计可知，2013~2018 年，农民工群体的总体就业率较高，各年份均超过了 80%，其可能的原因在于，农民工主要是以就业为外出目的的，未就业的农民工往往都回到了农村。

此外，根据问题"您现在的就业身份"，将回答为"有固定雇主的雇员"的被访者划分为"雇佣就业"取值"0"；将回答为"无固定雇主的雇员"和"自营劳动者"的划分为"灵活就业"取值"1"；将回答为"雇主"的划分为"创业"并取值为"2"。从样本统计来看，雇佣就业的农民工占比在 50%~60%，且

---

① 我国男性法定退休年龄为 60 周岁，女职工为 50 周岁，女干部为 55 周岁，由于女性农民工拥有干部身份的比例很低，故本章以 50 周岁作为女性农民工的法定退休年龄。

在调查期呈先升后降再升的变化趋势，而灵活就业农民工占比在32%~45%，且呈现先降后升再降的变化趋势，农民工创业比例低于10%，且整体呈下降趋势。

就业回报主要从月工资收入和职工社会保险获得两个维度进行考察。月工资表示当前农民工每月获得的劳动性收入，职工社会保险表示农民工是否在就业城市参加了城镇职工社会保险，对参与者赋值为"1"、未参与者赋值为"0"。2013年农民工的平均工资为3037元，随后呈逐年递增趋势，至2018年上升至4620元。同期，农民工参加职工社会保险的比例也在逐年上升，但历年的参保率均未超过20%。

为控制其他因素对农民工就业的影响，在个体层面选取了性别（男性＝0；女性＝1）、年龄、婚姻状态（未婚＝0；在婚＝1）、受教育年限、流动范围（跨县＝0；跨市＝1；跨省＝2）、是否有学龄前儿童等作为控制变量。其中，受教育年限反映农民工的人力资本存量，样本调查期间，农民工的平均受教育年限在9.3~10年，且呈缓慢的上升趋势。通常认为，人力资本存量越高就业能力越强，获取就业机会的概率越高。流动范围反映农民工的择业距离，流动范围越大意味着就业空间越大，其找到工作的概率也越大。样本统计结果显示，跨省流动农民工占比最高，但呈递减趋势，2013年跨省流动就业农民工占比达81.8%，至2018年跨省流动农民工占比下降至51.4%。学龄前儿童反映家庭照料需求，一般而言家中有学龄前儿童的劳动者，其在择业时面临的约束越大。在样本中，有学龄儿童的农民工占比逐渐上升，从2013年的22%上升至2018年的35%，这与农民工群体的家庭化迁移趋势相关。

农民工的就业除受自身和家庭因素的影响外，还会受到城市环境的影响。对此，在城市层面选取了城市人口规模、城市经济增长率、城市工业企业数、城市产业结构（二三产业产值占比）、外商投资规模、城市平均工资六个变量作为控制变量。其中，城市人口规模变量反映城市大小，以往研究表明，农民工在大城市能够获得更好的就业机会；一般而言，城市经济增速越快对劳动力的需求越大；工业企业数直接反映城市的劳动力需求。

第二节 农民工就业及回报的组间比较

在进行双重差分检验之前，需要比较降费组和控制组农民工的就业趋势。本节计算降费组城市和控制组城市农民工的平均就业率，如表9-1所示，2013~2018年，两组农民工的就业率基本保持相同的变化趋势。在2017年及以前农民工的就业率呈上升趋势,而 2018 年则出现了下降。其中,降费组农民工的平均就业率从 2013 年的 88.3% 上升至 2017 年的 91.5%,随后在 2018 年下降为 86.2%;控制组农民工的平均就业率从 2013 年的 87.8% 上升至 2017 年的 91.2%,随后下降为 2018 年的 86.2%。

表 9-1 降费组与对照组农民工就业的比较分析　　单位:%,元/月

年份	就业率		受雇就业		灵活就业	
	降费组	控制组	降费组	控制组	降费组	控制组
2013	88.3	87.8	45.1	55.9	39.9	29.1
2014	88.6	88.8	47.5	56.8	37.6	29
2017	91.5	91.2	42.9	50.1	51.7	45.5
2018	86.2	86.2	43.1	48.9	42.8	37.2

年份	创业		收入		参保率	
	降费组	控制组	降费组	控制组	降费组	控制组
2013	15.1	10.8	3019.8	3060.6	11.7	11.6
2014	14.4	10.5	3631.6	3600.6	14.5	14.1
2017	11.3	8.1	4213.6	4214.7	18.7	18.7
2018	13.1	10.7	4643.4	4560.1	20.1	19.3

根据农民工当前的就业身份,区分不同的就业类型,比较不同就业类型农民工的组间差异。以雇佣就业为例,计算降费组和控制组农民工受雇就业人数占总就业人数比重。总体而言,控制组农民工的平均雇佣就业人数占比高于降费组,2013 年控制组农民工平均雇佣就业占比为 55.9%,比降费组高 10.8 个百分点,至 2018 年控制组农民工的平均雇佣就业比例为 48.9%,比降费组高 5.8 个百分点,两组间的差距有所缩小。

在灵活就业方面,两组农民工在考察期间呈现出相似的变化趋势。降费组农民工灵活就业的比重一直高于控制组,这与两组的受雇就业占比正好相反。2013 年降费组农民工灵活就业的平均比例为 39.9%,比控制组高 10.8 个百分点,至 2018 年降费组农民工灵活就业的比重上升至 42.8%,比控制组高 5.6 个百分点。

比较两组农民工的创业情况可知,降费组农民工创业的比例高于控制组,2013~2018 年,两组农民工创业比例的变化趋势基本一致。2013 年降费组城市平均有 15.1% 的农民工选择创业,随后一直下降至 2017 年的 11.3%,到 2018 年反弹至 13.1%,相比于 2013 年下降了 2 个百分点。控制组城市农民工选择创业

的比例则从 2013 年的 10.8%下降至 2017 年的 8.1%，随后在 2018 年反弹至 10.7%，与 2013 年基本持平。

除了考察农民工的就业状态，农民工的就业回报也是本章关注的核心内容。根据前文的分组依据，比较降费组和控制组农民工的月工资水平。历年两组农民工的工资水平差距较小，且基本保持了相同的变化趋势，2013 年降费组农民工的月均工资为 3019.8 元，随后逐年增长，至 2018 年上升至 4643.4 元，控制组农民工的月均工资则从 2013 年的 3060.6 元增加至 2018 年的 4560.1 元。

职工社会保险的参与情况也是农民工就业回报的一个重要方面，在降费改革前，两组农民工的参保率变化趋势基本相同。自 2013 年以来，无论是降费组还是控制组，农民工的平均参保率均呈上升趋势，其中降费组农民工的平均参保率从 2013 年的 11.7%上升至 2018 年的 20.1%，增加了 8.4 个百分点，控制组农民工的平均参保率从 2013 年的 11.6%上升至 2018 年的 19.3%，增加了 7.7 个百分点，增幅略小于降费组。

第三节　降费的就业促进作用

一、降费对农民工就业的促进作用

依据双重差分模型（9-1），检验 2016 年的降费改革对农民工就业的影响效应，如表 9-2 所示。第一，以农民工是否就业为被解释变量，（1）列的结果显示，在控制其他因素以及城市效应和年份效应后，2016 年的降费改革显著提高了农民工的就业概率，平均处理效应在 5%左右。第二，以农民工是否受雇就业为被解释变量，（2）列的处理效应评估结果显示，降费改革显著提高了农民工受雇就业的概率。以上分析结果表明，2016 年的社会保险降费改革对农民工就业有显著的促进作用，降低社会保险缴费率能够改善农民工这一市场弱势群体的就业状态。

表 9-2　降费对农民工就业的促进作用检验

变量名	2016 年降费		四轮降费	
	（1）是否就业	（2）受雇就业	（3）是否就业	（3）受雇就业
DID	0.053***	0.085***	0.087***	0.103***
	(0.022)	(0.034)	(0.031)	(0.029)

续表

变量名	2016年降费		四轮降费	
	(1) 是否就业	(2) 受雇就业	(3) 是否就业	(3) 受雇就业
性别（男=0）	-0.648***	-1.043***	-0.642***	-0.963***
	(0.012)	(0.036)	(0.011)	(0.024)
年龄	0.132***	-0.072***	0.131***	-0.067***
	(0.011)	(0.023)	(0.011)	(0.022)
婚姻	0.368***	-0.067***	0.362***	-0.069***
	(0.018)	(0.014)	(0.013)	(0.018)
教育	0.082***	0.182***	0.095***	0.142***
	(0.002)	(0.004)	(0.011)	(0.006)
学龄儿童	-0.606***	-0.921***	-0.631***	-0.842***
	(0.013)	(0.026)	(0.021)	(0.021)
跨市流动	0.103***	0.253***	0.106***	0.236***
	(0.016)	(0.019)	(0.015)	(0.021)
跨省流动	0.286***	0.316***	0.253***	0.352***
	(0.017)	(0.012)	(0.032)	(0.032)
地区变量	是	是	是	是
城市效应	是	是	是	是
年份效应	是	是	是	是
观测值	465309	417984	221335	207640
R^2	0.244	0.208	0.269	0.312

注：显著性水平***表示$p<0.01$，**表示$p<0.05$，*表示$p<0.1$；控制变量包括农民工个体特征和所在城市特征。

以上仅评估了2016年降费的作用效果，事实上，2013~2018年，我国社会保险制度共经历了四次费率调整。为更全面地评估降费改革的就业效应，本节比较2014年和2018年各城市的社会保险政策费率[①]，根据各城市费率的实际变化情况重新构造实验组和控制组。具体而言，利用各城市2018年的费率减2014年的费率，若差值小于零则将对应城市归为实验组，也即这些城市经历了降费改革，其他城市则为控制组。将2014年视为降费前、2018年视为降费后。在此基础上构造双重差分模型，所得结果如表9-2（3）列和（4）列所示。无论是以

---

① 不使用2019年的降费改革主要原因在于两个方面：一是2019年既调整了缴费率，也调整了缴费基数，难以准确区分费率、费基变化对就业的影响；二是目前尚未获取2019年度及以后年度的农民工微观调查数据。

"是否就业"为被解释变量,还是以"是否受雇就业"为被解释变量,四轮降费均起到了显著的就业促进作用,且相比于2016年的降费,四轮降费对农民工就业的提升作用更大,这意味着加大社会保险降费力度能够获得更高的就业促进效用。

在控制变量方面,女性农民工的总体就业率以及受雇就业概率均低于男性农民工;随着年龄的增长,农民工就业概率上升但受雇就业的概率下降;已婚农民工的就业率大于未婚农民工,但已婚农民工受雇就业的概率小于未婚农民工;家庭中有学龄儿童会降低农民工的就业率和受雇就业概率;相比于跨县流动的农民工,跨市、跨省流动农民工的就业率以及受雇就业概率均更大。

通常情况下,双重差分模型所使用的数据为面板数据,而本章使用的农民工数据为多期截面数据。为避免数据形式差异对估计结果造成干扰,本节对样本数据进行转换,计算出各城市就业农民工占样本总农民工人数的比例,各城市受雇就业、灵活就业等不同就业类型农民工占总就业农民工的比例等关键变量,从而将所使用的数据转为城市面板数据。在此基础上,重新使用双重差分模型检验降费改革的就业效应。依据以上构造的政策实验,计算出各城市农民工的平均就业率、平均年龄、平均受教育年限等变量,使用城市面板数据检验降费对农民工群体就业的影响。检验结果表明,若以2016年的降费改革为评估依据,则降费对城市中农民工群体平均就业率的提升作用为4.9%;若以四轮降费为评估依据,则降费的就业促进作用为7.2%[①]。

转换成城市面板数据后,控制变量的回归结果与前文基本一致。农民工的就业率随年龄的上升而下降,城市农民工的平均年龄越大,该城市农民工的平均就业率越低;家庭中的学龄前儿童对农民工就业有抑制作用,学龄儿童与农民工随迁比例越高的城市,农民工的平均就业率越低;教育对农民工就业有提升作用,城市农民工的平均受教育年限越长对应的就业率越高。在城市变量方面,随着城市规模的扩大,农民工的平均就业率逐渐上升;城市的经济增长速度越快,对应的农民工平均就业率越高;工业企业数量越多越有利于农民工就业;与此不同的是,城市的平均工资水平、外商投资和产业结构对农民工就业产生了负面影响。

二、就业促进作用的群体差异

前文验证了社会保险降费对农民工就业的促进作用,考虑到农民工群体存在着较大的内部差距,不同特征农民工在降费改革中的就业表现可能有所区别。对

---

① 书中未展示相应的回归结果。

此，本节以学历水平作为分类依据，将全样本划分为小学及以下、初中和高中、大专及以上三个子样本，以2016年降费改革作为政策冲击，评估社会保险降费对不同子样本农民工就业的影响。表9-3展示了降费对各子样本农民工就业的双重差分检验结果。

表9-3 降费促进农民工就业的分样本检验

Panel A Y=是否就业	(1) 小学及以下	(2) 初中和高中	(3) 大专及以上
DID	0.006 (0.054)	0.072*** (0.031)	0.217** (0.117)
控制变量	是	是	是
城市固定效应	是	是	是
年份固定效应	是	是	是
观测值	158720	264935	38546
R^2	0.137	0.169	0.177
Panel B Y=是否受雇就业	(1) 小学及以下	(2) 初中和高中	(3) 大专及以上
DID	0.004 (0.061)	0.087*** (0.029)	0.309** (0.125)
控制变量	是	是	是
城市固定效应	是	是	是
年份固定效应	是	是	是
观测值	157654	264653	38142
R^2	0.156	0.196	0.157

注：显著性水平***表示$p<0.01$，**表示$p<0.05$，*表示$p<0.1$。

降费改革后，农民工能否获得就业机会，与其自身的学历水平有关。如表9-3中Panel A所示，在控制其他因素后，降低社会保险缴费率对初中及以上学历群体的就业有显著的促进作用，且学历越高的农民工通过降费获得就业机会的概率越大。具体而言，初中和高中学历农民工通过降费获得的就业提升效应为7.2%，大专及以上学历农民工的就业促进效应达到21.7%。在表9-3 Panel B中将被解释变量替换为是否受雇就业，所得结论与前文一致，降费改革提高了初中及以上学历农民工受雇就业的概率，且高学历者获得雇佣就业机会的概率更大。

第四节 降费的就业引导作用

一、降费对农民工就业类型的影响

社会保险降费不仅提高了农民工的就业概率,在就业类型方面,降费也起到了显著的引导作用。本节以处于就业状态的农民工为分析对象,以就业类型为被解释变量(受雇就业=0;灵活就业=1;创业=2),采用双重差分模型评估降费改革对农民工就业类型选择的影响。

检验2016年社会保险降费的就业引导效应,如表9-4所示,在控制城市固定效应、年份固定效应以及其他变量后,降费改革对农民工就业类型有显著的影响,相比于受雇就业,农民工选择灵活就业的概率下降了约17.8%,选择创业的概率下降了约11.2%。然后,检验四轮降费改革的总效应,结果表明,降费对农民工就业类型的选择作用依然显著,降低社会保险缴费率会引导农民工从灵活就业、创业转向受雇就业,相比于受雇就业,四轮降费后农民工选择灵活就业的概率下降了约20.6%,选择创业的概率下降了约17.6%。以上分析结果表明,社会保险降费使得部分农民工从灵活就业、创业转向了相对稳定的受雇就业。

表9-4 降费改革的就业引导效应检验结果

变量名	2016年降费		四轮降费	
	灵活 VS. 受雇	创业 VS. 受雇	灵活 VS. 受雇	创业 VS. 受雇
DID	-0.178*** (0.014)	-0.112*** (0.031)	-0.206*** (0.029)	-0.176*** (0.042)
控制变量	是	是	是	是
城市固定效应	是	是	是	是
年份固定效应	是	是	是	是
观测值	425031	425031	183416	183416
R^2	0.103	0.071	0.115	0.101

注:显著性水平***表示$p<0.01$,**表示$p<0.05$,*表示$p<0.1$。

在控制变量方面,本节的实证模型发现,受教育程度较高的农民工更倾向于受雇就业;家庭中有学龄儿童的农民工更倾向于灵活就业;反映地区劳动力需求程度的工业企业数量越多,农民工选择受雇就业的概率越大。

与前文一致，本节再次将农民工个体数据转换成城市面板数据，重新检验降费改革对农民工就业类型选择的影响。利用 2013~2018 年流动人口调查数据计算出各城市受雇就业、灵活就业和创业农民工占总就业农民工的比重，分别检验 2016 年的社会保险降费以及 2015~2017 年四轮降费对农民工就业类型的影响。结果再次验证了降费改革对农民工就业类型的引导作用。双重差分的平均处理效应表明，2016 年的降费改革后，农民工选择雇佣就业的比例提高了约 2.2%，而选择灵活就业和创业的农民工比例分别下降了约 1.37% 和 1.05%。随后利用 2014 年和 2018 年各城市的费率差构造社会保险降费冲击，结果再次验证了降费对农民工就业类型的选择效应，且四轮降费改革对农民工就业的引导作用要大于 2016 年降费的作用，这意味着降费力度越大产生的就业引导作用越大[①]。

二、就业引导作用的异质性

前文针对降费与农民工就业关系的实证分析表明，不同学历层次的农民工在降费改革中获得就业机会的概率不同，本节在检验降费与农民工就业类型的关系时，同样根据农民工的学历层次进行分样本检验。

如表 9-5 所示，社会保险降费改革对不同学历层次农民工就业决策的影响效果不同。以 2016 年的降费改革为例，小学及以下学历农民工的就业类型未受降费改革的影响，而初中及以上学历农民工在降费改革后均由灵活就业、创业转向了受雇就业。从分组回归的系数大小来看，相比于大专及以上学历农民工，初中和高中学历农民工的就业类型受降费改革的影响更大，可能的原因在于初中和高中农民工的就业稳定性较弱，其更容易根据环境的变化调整自身就业类型，而高学历群体改变就业类型的机会成本相对较大。随后，通过比较 2014 年和 2018 年的费率变化重新构造差分模型，检验四轮降费改革对农民工就业类型的影响，所得结果再次验证了降费对农民工就业的引导作用及其学历差异。

表 9-5 降费与农民工就业类型选择的群体差异

变量名	2016 年降费		四轮降费	
	灵活 VS. 受雇	创业 VS. 受雇	灵活 VS. 受雇	创业 VS. 受雇
小学及以下	-0.078 (0.116)	-0.012 (0.031)	-0.006 (0.029)	-0.076 (0.062)
初中和高中	-0.173*** (0.016)	-0.105*** (0.024)	-0.185*** (0.024)	-0.135*** (0.037)

---

① 书中未展示相应的回归结果。

续表

变量名	2016年降费		四轮降费	
	灵活 VS. 受雇	创业 VS. 受雇	灵活 VS. 受雇	创业 VS. 受雇
大专及以上	-0.153*** (0.025)	-0.073** (0.031)	-0.173*** (0.038)	-0.091** (0.023)

注：显著性水平＊＊＊表示p<0.01，＊＊表示p<0.05，＊表示p<0.1。

第五节 降费与农民工就业回报

一、降费与农民工收入

前文已验证了降费对农民工就业的积极效用，本节进一步追问，当降低社会保险缴费率时，农民工的就业回报能否得到提升。工资收入是农民工就业回报的核心体现，本节以农民工月收入的对数为被解释变量，通过双重差分模型检验降费改革对农民工就业收入的影响效应。

检验结果表明，对全样本农民工而言，2016年的降费改革对就业收入并无提升作用。随后，根据农民工的就业类型进行分样本检验发现，降费改革对受雇就业农民工的收入水平有显著的提升作用，约有3.3%的工资溢价，但对灵活就业、创业农民工的收入水平无显著影响。造成这一结果可能的原因在于，降费改革主要针对企业进行，企业劳动力成本的下降会对员工工资有一定的溢出效应，因此正规受雇就业农民工在降费改革中获得工资溢价的概率更大。降费的工资效应可能与降费的程度有关，2016年的社会保险降费程度相对较小，其作用可能未完全体现出来。对此，本节遵循前文的思路，也检验了四轮降费改革对各类型就业农民工的工资效应，所得结论与表9-6中Panel A一致①。

表9-6 2016年降费对农民工收入的影响结果

Panel A Y=月收入	全样本	受雇就业	灵活就业	创业
DID	0.012 (0.013)	0.033*** (0.004)	-0.003 (0.019)	0.033 (0.025)

① 书中未展示四轮降费改革工资效应的评估结果。

续表

Panel A Y=月收入	全样本	受雇就业	灵活就业	创业
控制变量	是	是	是	是
行业效应	是	是	是	是
城市效应	是	是	是	是
时间效应	是	是	是	是
观测值	313702	178385	112035	23282
R^2	0.193	0.204	0.129	0.134
Panel B Y=小时工资	受雇就业	小学及以下	初中和高中	大专及以上
DID	0.036** (0.017)	0.021 (0.113)	0.006 (0.029)	0.056*** (0.014)
控制变量	是	是	是	是
行业效应	是	是	是	是
时间效应	是	是	是	是
观测值	121930	36579	60965	24386
R^2	0.261	0.261	0.261	0.261

注：显著性水平 *** 表示 $p<0.01$，** 表示 $p<0.05$，* 表示 $p<0.1$。

在控制变量的影响效应方面，本节的实证结果与以往研究基本一致。男性的工资水平显著高于女性；已婚群体的工资高于未婚群体；教育对农民工工资有显著的提升作用；流动范围越大的农民工收入水平越高。

既往研究指出，农民工群体的工作时间具有很强的不确定性，而月收入与工作时间紧密相关，降费对农民工收入的影响结果很可能会受到其工作时间的干扰。对此，本节以受雇就业农民工为分析样本，将农民工的月收入除以每月工作小时数得到小时工资，使用小时工资变量替换前文模型中的月收入变量。由于2014年调查数据中没有问及农民工的工作时间情况，故仅使用2013年、2017年和2018年的调查数据进行实证检验。同样以2016年的降费改革为政策冲击，把2013年作为实验前状态、2017年和2018年为实验后状态。

根据表9-6中Panel B的检验结果可知，对于受雇就业的农民工而言，社会保险降费提高了其小时收入，降费改革带来了约3.6%的小时工资溢价。[①] 随后，对受雇就业农民工进行分样本检验，发现降费对小时工资的溢价作用仅对大专及

[①] 本节同样检验了降费对灵活就业、创业农民工小时收入的影响，结果表明，降费改革对这两类农民工的小时工资无提升作用。

以上学历农民工有效，由此可见，农民工能否在降费改革中获得工资溢价与其自身的人力资本水平有关，只有较高人力资本水平的受雇就业农民工才能在降费改革中获得工资增长。结合前文的实证结果可知，社会保险降费改革的工资效应仅存在于较高学历的受雇就业群体，降费提高了高学历受雇就业农民工的收入水平以及单位时间的劳动回报率。

二、降费与农民工参保

社会保险权益可视为劳动者通过就业获得的延期报酬，是劳动者就业回报的重要组成。以往研究指出，我国社会保险缴费率偏高对农民工参保产生了显著的挤出作用，那么，社会保险降费能否提高农民工的参保程度？根据我国社会保险制度规定，劳动者的参保情况与其就业紧密关联，不同就业类型的劳动者参加职工社会保险的方式不同。其中，受雇就业劳动者由用人单位代为参保，并承担部分缴费责任，费受雇就业劳动者则由个人申报参加职工养老、医疗保险，并有个人承担全部缴费责任。

表9-7检验了2016年降费改革的参保效应以及四轮降费改革的总参保效应，根据估计结果可知，降费并未提升农民工参加职工社会保险的概率。不仅如此，降费反而降低了受雇就业农民工的参保率，且这一结果在两次降费评估中均通过了显著性检验。出现这一结果可能的原因在于，社会保险权益相比于工资而言更有刚性，一旦企业为农民工参加了社会保险，将长期承担额外的劳动力成本。且结合前文的分析可知，企业已经通过增加雇佣和提高工资的方式，将部分降费的"好处"分享给了农民工，若再提高参保率将丧失降费带来的成本优势。对于灵活就业和创业农民工而言，是否参保主要取决于个人，降低意味着降低了其购买职工社会保险的价格，但从检验结果来看，尽管参保价格下降了，但这两类农民工的参保率并未上升。

表9-7 2016年降费对农民工参保的影响结果

变量名	受雇就业	灵活就业	创业	跨县流动	跨市流动
2016年降费	-0.014*** (0.006)	-0.004 (0.005)	-0.001 (0.018)	0.025** (0.019)	-0.047*** (0.009)
观测值	179265	117428	24397	8240	171025
R^2	0.215	0.104	0.101	0.271	0.129
四轮降费	-0.018*** (0.006)	-0.002 (0.006)	-0.008 (0.018)	0.036** (0.021)	-0.051*** (0.017)

续表

变量名	受雇就业	灵活就业	创业	跨县流动	跨市流动
观测值	82532	51987	11879	3431	79101
R^2	0.157	0.110	0.061	0.271	0.129
控制变量	是	是	是	是	是
行业效应	是	是	是	是	是
城市效应	是	是	是	是	是
时间效应	是	是	是	是	是

注：显著性水平＊＊＊表示 $p<0.01$，＊＊表示 $p<0.05$，＊表示 $p<0.1$。

我国社会保险制度具有明显的地方统筹特点，这与农民工的就业流动性构成了冲突，农民工往往由于频繁地跨统筹地区流动而导致无法获取社会保险权益。对此，本节根据受雇就业农民工的流动范围进行分组，将跨县流动和跨市流动的农民工归于不同的组别，再次进行差分检验。结果表明，流动范围小的农民工更容易在降费改革中获益，对跨县流动的受雇就业农民工而言，降费显著提高了其参加职工社会保险的概率，但对跨市流动的农民工而言，降费降低了其参保概率。根据调查数据可知，市内跨县流动农民工总体占比较低，由此，降费对农民工参保的促进作用仅存在于少数群体，对于大多数农民工或从平均意义而言，降费改革对农民工参保具有负面影响。

根据前文的分析结果，尽管社会保险降费改革对农民工参加职工社会保险产生了一定的负面影响，但并不能因此否定降费的积极作用。本章认为，上述结果涉及企业在稳岗位、涨工资、加保险多方面的权衡，国家通过降费改革让利给企业，并希望企业在稳就业方面有积极的表现，企业基于长期成本的考虑，以降低农民工参保率为"条件"增加了就业岗位和工资报酬。

综合上述结论可知，针对企业进行的降费改革对农民工这一次级劳动力市场主体的就业产生了溢出效应，这对我国实现更充分就业、更高质量就业目标具有启示价值。农民工等重点群体的就业问题是我国就业工作面临的难点和痛点，改善农民工的就业状态对推进就业工作具有积极意义。根据本章的研究发现，尽管农民工参加职工社会保险的比例并不高，其社会保险权益往往被忽视，但降费改革却从就业概率、就业类型以及收入水平等维度对农民工就业发挥了正面效用，这意味着减税降费政策具有良好的就业效应，值得进一步深化和推广。

第六节 本章小结

在我国的城镇化与市场化进程中,农民工群体为经济建设和城市发展作出了卓越贡献,但也因其户籍身份地位而长期面临市场歧视。20世纪80年代,我国城镇职工社会保险制度经历多次改革,其覆盖面和保障对象持续推广。然而,直到21世纪,农民工的社会保险权益问题才逐渐得到重视,《中华人民共和国社会保险法》等法律的出台肯定了农民工等群体参加职工社会保险的法律地位。但是,在获得参保地位的同时,社会保险制度的高缴费要求也导致了农民工遭遇企业工资转嫁、就业挤出等负面影响。

自2015年以来,国家多次下调企业社会保险缴费率,以期减轻企业成本同时实现稳就业的政策目标。当企业获得减负利好时,其获得的"好处"往往难以惠及农民工群体。对此,本章以2015年以来的社会保险降费改革为政策实验,采用双重差分模型,实证检验了降费改革对农民工就业及其回报的影响效应。分析结果表明:

社会保险降费改革对次级劳动力市场具有明显的溢出效应,对农民工就业有显著的促进作用。无论是利用2016年的养老保险降费作为政策冲击还是利用2014年和2018年的缴费率之差作为政策冲击,社会保险降费都显著提高了农民工的就业率。此外,社会保险降费对农民工就业存在引导效应,降费改革导致农民工从灵活就业、创业等稳定性较弱的就业形式转向了相对稳定的雇佣就业。在就业回报方面,降费改革对受雇就业农民工收入、小时工资有显著的提升作用,但对其参加职工社会保险起到了一定的负面影响。

本章的研究结论还表明,农民工群体存在较大的异质性,能否在降费改革中获取"好处"与其自身的人力资本水平高度关联。较高学历农民工更容易在降费改革中获得就业机会,从非稳定就业转向稳定就业的概率更高,也有更高的概率在降费中获得工资增长。此外,农民工能否在降费改革中获益也与社会保险制度环境有关,在社会保险统筹范围内流动的农民工,有更大的概率在降费后获取社会保险权益,而跨统筹地区流动的农民工在降费后的参保概率反而下降了。

综合以上实证结论,我国的社会保险降费改革存在外溢性,在一定程度上惠及了次级劳动力市场中的劳动者。通过降费改革,农民工群体的就业状态得到了改善,朝着更高质量就业迈进了一步,但受限于降费力度等因素,降费改革在提升农民工收入水平、改善参保情况方面的作用仍然有限。在未来的制度改革中应当进一步加大降费力度,同时针对农民工等次级劳动力市场主体采取更具针对性和扶持性的政策安排。

第四部分

就业对社会保险制度运行的反馈

社会保险缴费率等参数设计对企业雇佣决策和劳动者就业决策产生了深远影响，而就业形势的变化也会影响社会保险制度的运行。近年来，我国总体就业稳定，但就业结构、就业形态发生了重大变化，新就业形式层出不穷，政府除了强调就业总量外，对就业质量也给予了高度重视，高质量就业成了我国政府就业工作的重心。本部分立足这些新变化，探讨就业如何反馈于社会保险制度，实证检验新时期的就业变化对我国职工社会保险制度运行造成的影响，剖析社会保险制度运行面临的新挑战。

本部分的内容安排如下：首先，阐明新时期我国就业形态的"去雇主化"转型，指出就业形态转变对社会保险基金运行效率可能产生的影响，并利用省级统计数据，以基金结余率和基金支付能力为分析指标，检验就业"去雇主化"对社会保险制度运行效率的影响效应。其次，从劳动者个体角度检验就业形态变化影响基金运行效率的传导机制——参保决策，并利用微观调查数据，分析就业的"去雇主化"对个体参保决策的挤出作用及其具体路径。最后，以改善就业质量作为促进社会保险制度良性运行的途径，并实证检验其作用效果。

第十章　就业形态的转变及其对基金平衡的弱化效应

就业形态的变化是近年来我国劳动力市场发展的典型特征，这一重要转变不仅影响了劳动者个人的就业生活，对与此关联的职工社会保险制度也产生了深远的影响。就业形态的转变弱化了劳动者与就业单位之间的雇佣关系，灵活就业等"个体化"就业群体规模不断扩大，导致社会保险制度的有效参保规模和基金收入下降，从而弱化了社会保险制度的基金平衡能力。本章结合我国就业市场的新进变化，阐明劳动就业的"去雇主化"特征，随后利用历年各省市层面的统计数据，以基金平衡为切入点，检验就业形态转变对社会保险制度运行的影响效应，由此揭示新就业形态下社会保险制度面临的挑战。

第一节　"去雇主化"：新形势下的就业转型

在数字化浪潮的推动下，平台经济、零工经济、共享经济等新经济模式蓬勃发展，随之新业态迅速兴起。这些新就业形态门槛低、容量大、灵活性强，是当前吸纳就业的重要渠道，在"就业优先"战略以及"稳就业"大局下迎来了政策利好，国家多措并举支持新业态发展，选择个体化、分散化、灵活化等"新"就业方式的劳动者规模与日俱增，加速推动了劳动力市场中整体就业形态的"去雇主化"。

就业形态是一定经济体制和就业体制下劳动者就业方式的具体体现。在计划经济体制下，受国家意志和政策引导的影响，劳动者更偏好稳定的雇佣就业，国企"铁饭碗"成了一个时代的烙印，而在市场经济体制下，劳动者的就业方式更加多元化，就业的"去雇主化"特征得以显现。由于缺乏非雇佣就业的统计数据，本章以个体就业人数占总就业人数比重的变化来表征我国劳动者就业形态的"去雇主化"趋势，如图10-1所示。

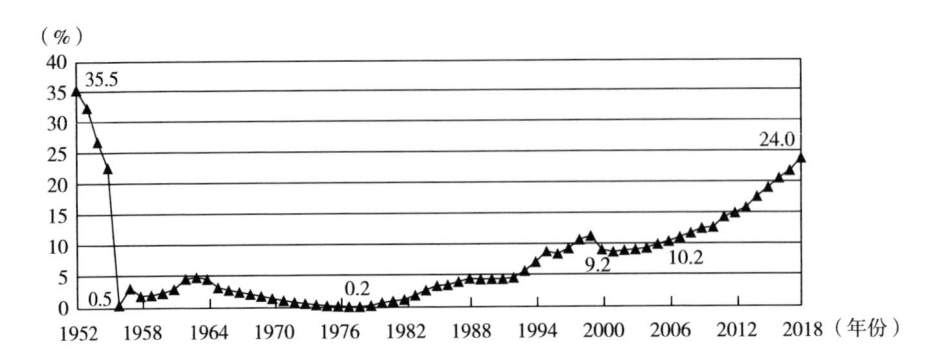

图10-1 我国劳动者个体就业人数占比变化趋势

中华人民共和国成立之初，为恢复国民经济，国家在"就业安置、统一介绍"的基础上，利用当时多种经济成分并存的条件，鼓励无业人员自行就业、自谋出路。此时，劳动就业呈现多样性，个体就业在解决失业问题上发挥了重要作用，到1952年底，个体就业人数占比达35.5%。随后，我国开始社会主义改造，对劳动力实行统一调配，并建立起了劳动保险制度。"一五"结束时，政府通过指令实现了对社会资源的全面控制，形成了内嵌于计划经济体制的就业政策体系，且绝大多数职工被纳入了统一的劳动保险制度。一直到20世纪70年代末，"统包统配"和"固定工制度"成了我国计划型就业体制的主要内容。在此阶段，个体就业逐渐退出历史舞台，就业形态趋于单一化，劳动者以牺牲灵活性为代价换取了稳定的雇佣关系和劳动保险权益。

20世纪80年代初，我国开始了由计划型就业体制向市场型就业体制的转变，实行"劳动部门介绍就业，自愿组织起来就业和自谋职业相结合"的"三结合"就业方针。在"广开门路，搞活经济"等思想的指导下，进一步调整了产业结构和所有制结构，将国有经济、集体经济、个体经济并列为吸纳就业的渠道。进入20世纪90年代以后，非公有制经济、中小企业以及非正规部门成了创造就业岗位的主力军，与此同时，职工社会保险制度也开始了改革，不同所有制、不同就业类型员工的参保差异渐趋明显。由图10-1可知，此时个体就业占比开始回升，劳动者就业形态的"去雇主化"趋势有所抬头。

迈入21世纪后，"去雇主化"受到两股力量的推动：一是经济下行对就业造成的冲击，在就业岗位短缺的紧张氛围下，劳动者为获得收入而投身零工经济、接受灵活性就业（Friedman，2014）。二是国家政策对新就业的引导作用。为应对劳动就业领域出现的新问题、新风险，积极就业政策成了这一时代的标签。从党的十八大到党的十九届五中全会，就业优先战略不断得以丰富和发展，"大众创业、万众创新"成了解决就业问题的新思路。此时，新业态应运而生，并迅速成为劳动就业的重要新增长点，对个体就业等灵活就业形式起到了强劲的推动作用，尤其是在2015年以后，个体就业占比加速增长，劳动者就业的"去雇主化"特征更趋明显。2019年，以新就业形态出现的平台企业员工达623万人，同比增长4.2%，平台带动的就业人数约7800万，同比增长4%[①]。在推动就业增长的同时，新业态也改变了传统的雇佣模式与劳动关系，从而引发了学术界对新业态人员劳动保护以及社会保险权益等一系列问题的讨论。

就业形态的转变改变了传统雇佣模式下的劳动关系，并对依附于此的社会保险制度构成了挑战。值此经济转型与就业模式更替之际，学者深入分析了就业形态转变的经济根源以及新就业模式的发展内涵与表征，揭示了从业者社会保险权益的集体性缺失这一基本事实，并尝试重新界定劳动关系的主体、客体和权利义务内容（朱海龙和唐辰明，2017）。就业形态的转变对社会保险制度造成了多大程度的影响？在当前制度下，社会保险体系与雇佣关系严格挂钩，劳动法的保护范围受限，如何在不破坏灵活性的情况下对新就业者予以有效的保护，是构建新制度还是扩充原有制度的覆盖范围？这些或许是比探讨新型就业者与用工方是否构成劳动关系更为有效的话题（Stewart和Stanford，2017）。

第二节　研究设计

一、就业转变影响基金平衡的理论分析

目前鲜有研究量化考察劳动者就业形态转变对社会保险制度运行造成的影响。对于社会保险制度而言，无法纳入规模庞大的新业态从业人员意味着其风险分散功能的弱化，最终可能导致基金失衡危机。就业是劳动者参与职工社会保险的前提，这也是就业形态转变能够影响社会保险基金平衡的制度基础。针对不同类型的就业人员，我国职工社会保险制度提供了两条不同的参保路径：一是雇佣就业人员由用人单位代为参保，二是无雇工的个体工商户、非全日制从业人员以及其他灵活就业人员自行申报参保。前者由用人单位和个人分担社会保险缴费，

---

① 资料来源：《中国共享经济发展报告（2020）》。

后者则由个人独自承担缴费责任,但在缴费基数和缴费率上享有优惠,从而造成了两者在参保率上的巨大差距(穆怀中等,2016)。根据统计数据可知,若以单位就业人员为应保对象,2019年我国职工养老保险参保率达78.9%,而若以全体就业人员为应保对象,则对应的参保率仅为40.2%[①],这意味着非雇佣就业人员的参保率非常之低。

正是不同就业方式人员的参保差异为就业形态转变影响社会保险基金平衡奠定了微观基础。根据前文的分析可知,我国劳动者的就业形态正朝着"去雇主化"方向发展,近些年来大量脱离雇佣组织(纪雯雯和赖德胜,2016)的新业态从业者更是加剧了这一转变趋势,从而使不具备稳定雇佣关系的就业人员数量进一步增加。一项针对农民工群体的研究表明,我国非正规就业农民工比重逐年上升,2017年已有半数以上农民工选择了非正规就业(汪润泉和金昊,2020)。其最终结果是越来越多的就业人员难以通过第一条路径参与职工社会保险,随着劳动力市场中非雇佣就业群体规模的扩大,职工社会保险制度的参保率必然下降。此外,根据我国社会保险法的规定,灵活就业人员可申报参加职工养老保险和医疗保险,但未被纳入失业、工伤、生育三险的参保范围,这又进一步缩小了职工社会保险制度的有效参保规模,其可能的结果是社会保险基金收入不足,无法满足日渐攀升的支付需求。

与此同时,就业形态转变在提高灵活性的同时,也牺牲了工作和收入的稳定性。在非雇佣就业群体中充斥着大量非正规就业人员,其收入水平普遍低于正规雇佣就业的员工(张抗私等,2018)。在新业态从业人员群体中,零工者的收入水平普遍低于同龄人(Schor,2017),月收入不满千元者达到上亿之多,这与西方后工业化国家的高收入自由职业不同(诸大建,2020)。即便是非雇佣就业人员选择参加职工社会保险,其缴费基数也低于正规就业的员工,其结果是在同等参保人数下,非雇佣就业者对社会保险基金的贡献更少。由此可以推测,即便在保证参保率的情况下,随着劳动就业"去雇主化"的推进,社会保险制度获取的基金收入也会减少,从而影响当下的基金平衡。

二、模型与变量选取

本章旨在探讨就业形态的"去雇主化"转变对城镇职工社会保险基金平衡的影响。在实证分析中以个体就业人数占比来反映就业形态的变化,以基金结余率、基金支付能力作为社会保险基金平衡的主要表征,所需数据来源于历年《中

---

① 2019年我国基本养老保险参保职工人数为31177.5万,单位就业人数为39522万,总就业人数为77471万。

国统计年鉴》和《中国劳动统计年鉴》。根据研究需要，本章收集了各省份社会保险基金收支、缴费人数、城镇各类型就业人数以及其他反映经济社会发展情况的统计数据，最终形成了一套2005~2018年省级面板数据。

为量化分析就业形态对社会保险平衡的影响，本章设计如下固定效应回归模型：

$$\text{Fund}_{it} = \beta_0 + \beta_1 \text{emp\_pat}_{it} + \beta_i X_{it} + z_i \delta + \rho_t + u_i + \xi_{it} \qquad (10-1)$$

其中，Fund_{it}表示i省t年的社会保险基金运行变量；emp_pat_{it}表示就业形态变量；X_{it}表示其他可能影响基金平衡的控制变量；z_i表示不随时间变化的个体特征；ρ_t表示时间固定效应；β_1表示模型的核心待估参数，若$\beta_1<0$且通过了显著性检验，则表明就业形态的"去雇主化"转变弱化了社会保险基金平衡能力，反之则表示就业形态转变对社会保险基金平衡存在正向影响。

本章的核心解释变量为各省份城镇个体就业人数占城镇总就业人数的比重。根据统计数据可知，2005~2018年除北京、上海的个体就业人数比重略有下降外，其他29个省份的个体就业人数占比均呈上升趋势，其中，安徽、福建、西藏、青海四省份的个体就业人数占比超过50%。

社会保险基金的运行状态是社会保险制度运营的最终表现，本章以社会保险基金结余率和支付能力作为模型中的被解释变量。其中，基金结余率=当年度社会保险基金收支结余/当年社会保险基金收入×100%；基金支付能力=社会保险基金累计结余/当年度社会保险基金支出×12。前者反映社会保险基金在各年度的收支平衡情况，若结余率为正则表明能够实现基金平衡，若结余率为负则意味着出现了基金失衡；后者反映按当年度的支付标准社会保险基金累计结余可支付的月数，取值越高表明基金支付能力越强。数据统计结果表明，2005~2018年，东北三省以及河北、青海、陕西等共11个省份出现过基金失衡，此外，甘肃与河南两省份的基金结余率、支付能力呈现明显的下降趋势，仅北京、福建、广东三省份的基金运行态势良好。

以2005年和2018年为例，各省份的社会保险基金年度结余率测算结果显示。2005年，上海的社会保险基金结余率仅为0.99%，居于全国最低位置；广东的社会保险基金结余率为26.18%，居于全国首位。由此可见，在地区统筹的制度安排下，地区间的基金结余情况存在的较大差距。相比于2005年，2018年有14个省份的基金结余率出现了下降，其中辽宁、黑龙江等省份的结余率下降幅度达20%以上，且这两个省份在2018年的基金结余率均为负值。

同样，比较各省份社会保险基金支付能力从2005~2018年的变化情况可知。2005年，社会保险基金支付能力最弱的是上海，其累计基金结余最多可支付约4个月，而广东的基金支付能力达30个月。2018年，基金支付能力最弱的是黑龙江，其累计基金结余最多可支付周期不到1个月，广东的支付能力仍居于全国首位，且其可支付月数上升至约48个月。相比于2005年，2018年吉林、宁夏等12个省份的社会保险基金支付能力出现下降。

为控制其他因素对基金运行的影响，本章加入了以下控制变量：首先，社会保险制度的待遇水平与筹资水平是影响基金运行的直接因素，对此，本章在模型中加入了人均社会保险水平。其次，就业是个体参加职工社会保险的基本前提，就业人数的变化可能会影响社会保险基金的筹资进而影响到基金运行，对此，本章加入城镇就业率作为控制变量。再次，人口老龄化会通过影响养老金等社会保险待遇的支付需求从而影响基金运行，对此，在控制变量中加入了老年人口抚养比。最后，一个地区的人口与经济社会发展情况也可能会对社会保险制度运行产生影响，故在模型中还加入了各省份人口规模、城镇化（城镇人口占比）、劳动力素质（人均教育财政投入）、经济发展水平（人均GDP对数）、工资水平、产业结构（二三产业产值占比）作为模型的控制变量。

第三节 就业"去雇主"化与基金平衡关系的实证检验

一、就业形态对基金平衡的回归结果

本章从基金结余率和基金支付能力两个维度考察就业形态转变对社会保险基金运行的影响，根据表10-1的回归结果可知。控制其他因素后，双向固定效应模型结果表明，个体就业对基金结余率、基金支付能力均起到了显著的负向作用，平均而言，个体就业比重每提高1个百分点，社会保险基金结余率下降约0.34个百分点，基金支付能力减弱约0.23个月。这意味着劳动力市场中就业形态的"去雇主化"转变对社会保险基金的可持续性构成了严峻的挑战，当个体就业等非雇佣就业群体规模不断上升时，社会保险制度无法及时做出调整，从而面临缴费对象的流失，对基金运行造成负面影响。

表10-1 基准回归结果

变量名	基金结余率	基金支付能力
个体就业	−0.338*** (0.080)	−0.233*** (0.033)

续表

变量名	基金结余率	基金支付能力
保险水平	-0.007*** (0.001)	-0.005*** (0.001)
人口规模	0.005** (0.002)	0.003*** (0.001)
就业参与率	0.235** (0.112)	0.094** (0.047)
劳动力素质	0.006*** (0.001)	0.002** (0.001)
工资水平	11.640** (4.981)	-1.278 (2.106)
老龄化	-0.630** (0.269)	-0.112* (0.067)
产业结构	0.269** (0.123)	0.064 (0.051)
城镇化	-0.591*** (0.202)	-0.490*** (0.085)
经济水平	8.401** (4.135)	5.298*** (1.755)
个体效应	是	是
时间效应	是	是
常数项	14.935 (20.049)	-19.827 (24.065)
观测值	434	434
R^2	0.495	0.612

注：显著性水平 *** 表示 $p<0.01$，** 表示 $p<0.05$，* 表示 $p<0.1$。

在控制变量方面，表10-1的结果显示，社会保险水平与老龄化程度对社会保险基金运行起到了显著的负向作用，社会保险水平越高、老龄化程度越大对应的基金支付需求越大，从而降低了社会保险基金的结余率和支付能力。就业参与和劳动力素质对社会保险基金运行存在显著的正向作用，就业参与率的提高、人均教育财政投入的增加，均能显著提升社会保险基金结余率、增强基金支付能力。这意味着提高人口就业参与率以及劳动者的整体素质有助于改善社会保险基金运行状态。其可能的原因在于，就业参与率的上升增加了社会保险制度的潜在缴费人口，扩充了社会保险基金收入来源；而劳动力素质的提升一方面有助于提高参保率，另一方面有助于提升收入水平，从而增强劳动者个体的缴费能力。

此外，社会保险基金的运行情况还与地区人口规模、城镇化水平、经济水平等因素有关，总体而言，人口规模大、经济水平高的省份其社会保险基金结余率相对较高，基金支付能力相对较强，而城镇化水平高的地区其基金结余率相对较低、基金支付能力相对较弱。

二、内生性与稳健性分析

为进一步检验去雇主化就业对社会保险基金运行的影响，需要排除遗漏变量造成的内生性问题，对此，本节采用上一期的个体就业比重（滞后项）作为本期就业形态的工具变量。根据表10-2的回归结果可知，上一期的个体就业占比与本期的个体就业比重具有显著的正相关性，即工具变量满足相关性要求，此外，t期的扰动项不会影响t-1期的观测值，因此，该工具变量也满足外生性要求。

表10-2 工具变量回归结果

变量名	基金结余率		基金支付能力	
	第一阶段	第二阶段	第一阶段	第二阶段
滞后一期	0.396*** (0.039)	—	0.395*** (0.039)	—
个体就业	—	-0.389** (0.183)	—	-0.390*** (0.079)
控制变量	是	是	是	是
个体效应	是	是	是	是
时间效应	是	是	是	是
F值	70.30	—	70.41	—
观测值	403	403	403	403
R^2	0.290	0.402	0.349	0.197

注：显著性水平 *** 表示 $p<0.01$，** 表示 $p<0.05$，* 表示 $p<0.1$。

根据二阶最小二乘（2SLS）估计法，在基金结余率模型的第二阶段回归结果中，个体就业对社会保险基金结余率的回归系数为-0.389且在5%统计水平上通过了显著性检验，这意味着就业的"去雇主化"转变确实对社会保险基金运行造成了负面影响。同样，在基金支付能力模型的第二阶段回归结果中，个体就业的回归系数为-0.390且在1%统计水平上通过了显著性检验，这表明就业形态的"去雇主化"转型确实弱化了社会保险基金的支付能力。

前文检验了就业形态转变对社会保险基金运行的影响,本部分从以下五个方面进行稳健性检验,以确保本节结论的可靠性:

第一,剔除离群值(西藏)样本。在测算各省的个体就业人数占比时,西藏的测算结果明显高于其他省份,其个体就业人数占比达70%以上,而其他省份均在50%以下,为避免离群值对回归结果的干扰,本节在模型中剔除西藏样本,表10-3中Panel A的结果表明个体就业占比对基金结余率、基金支付能力存在显著的负向影响。

表10-3 稳健性检验:样本筛选

Panel A 剔除西藏样本	(1)基金结余率	(2)基金支付能力
个体就业	-0.350** (0.051)	-0.260** (0.057)
控制变量	是	是
观测值	420	420
R^2	0.102	0.142
Panel B 2005~2014样本	(3)基金结余率	(4)基金支付能力
个体就业	-0.201** (0.099)	-0.087** (0.036)
控制变量	是	是
观测值	310	310
R^2	0.158	0.185
Panel C 养老保险基金	(5)基金结余率	(6)基金支付能力
个体就业	-0.444* (0.242)	-0.172** (0.067)
控制变量	是	是
观测值	186	186
R^2	0.618	0.377
Panel D 动态面板SYS-GMM	(7)基金结余率	(8)基金支付能力
个体就业	-0.153** (0.062)	-0.165** (0.083)
上期结余率	0.727*** (0.075)	—
上期支付能力	—	0.821*** (0.094)

续表

Panel D 动态面板 SYS-GMM	（7）基金结余率	（8）基金支付能力
控制变量	是	是
观测值	403	403
R^2	0.413	0.315

注：显著性水平 *** 表示 p<0.01，** 表示 p<0.05，* 表示 p<0.1。

第二，排除养老金并轨改革的影响。根据《国务院关于机关事业单位工作人员养老保险制度改革的决定》，2015年我国各省份开始将机关事业单位职工并入城镇企业职工基本养老保险制度，简称"并轨改革"，由此实现了机关事业单位职工与企业职工养老保险制度的统一。但由于各地具体改革方式不同，从而可能导致各省在养老保险参保职工、基金收入等数据上存在统计口径差异，比如江苏规定机关事业单位基本养老保险基金单独建账，与企业职工基本养老保险基金分别管理使用。对此，本节仅使用2015年以前的数据再次进行检验，如表10-3中Panel B 所示，检验结果未发生重大变化。

第三，提出财政补贴的影响。由于统计数据中的社会保险基金结余包含了财政补贴和基金收益，这会导致高估基金结余率和基金支付能力，从而造成估计偏误。本节通过《中国养老金发展报告》收集了2010~2015年各省份职工养老保险基金征缴收入，扣除基金支出后得到征缴收入结余，最终计算出各省份养老保险基金结余率和基金支付能力。使用不含财政补贴与基金收益的养老保险基金结余率和支付能力作为本节的被解释变量，得到估计结果如表10-3中Panel C 所示。个体就业对养老保险基金征缴结余率、支付能力均存在显著的负向影响，个体就业占比每提高1%，养老保险基金结余率下降约0.44%，基金支付能力下降约0.17个月。

第四，动态面板回归（SYS-GMM）。考虑到基金的运行存在一定的惯性，且政府可能根据上年度的基金运行情况做出相应的调整，对此，本节在原计量模型中分别加入基金结余率和基金支付能力的滞后一期，以构建动态面板模型，为克服动态面板可能存在的内生性问题，本节使用两步SYS-GMM方法进行估计[1]。根据表10-3中Panel D 展示的回归结果，社会保险基金结余率与上期的结余情况显著正相关，且动态面板回归结果显示，个体就业对社会保险基金结余率的回归系数为-0.153，且在5%水平上通过了显著性检验，即个体就业比重的上升降低了社会保险基金结余率。在基金支付能力维度，相邻两期的可支付月数具有显

---

① 根据表10-3中的Panel A 和Panel B 的检验结果可知，本节模型满足两步SYS-GMM估计的要求。

著的正相关性,此时,根据动态面板的回归结果,个体就业对基金支付能力的回归系数为-0.165,且在5%统计水平上通过了显著性检验,从而再次验证了个体化就业对社会保险基金支付能力的弱化作用。以上分析结果表明,社会保险基金运行确实存在惯性,基金结余率和基金支付能力均与上期显著相关,且控制这种相关性的SYS-GMM估计结果依旧验证了就业的个体化转变对社会保险基金运行的负面影响。

第五,考虑征收部门的影响。20世纪末我国社会保险基金征收机构发生了变革,部分省份由社保部门征收,部分省份由税务机构征收,两者在征收能力、征收效率方面存在差异(唐珏和封进,2019),从而会影响到基金运行情况。2005~2018年,除宁夏、河南变更过征收机构外,其他省份的征收机构未发生过变化,对此,本节通过分样本回归方法检验在不同征收机构情况下,就业形态对社会保险基金和养老保险基金运行的影响。

根据表10-4中Panel A展示的结果,在由社会保险部门负责征收的省份,就业形态中个体就业比重的上升对社会保险基金结余率、基金支付能力都产生了显著的负向作用,使用2010~2015年养老保险基金实际征缴收入重新构建被解释变量后,在由社保部门征收的地区,个体就业比重的上升同样降低了基金结余率和基金支付能力。此外,根据表10-4中Panel B的回归结果,在由税务部门负责征收的地区,就业形态的转变仅对社会保险基金支付能力存在显著的负向作用,而对社会保险基金结余率、养老保险基金实际征缴结余率、支付能力均无显著影响。根据本节使用的数据可知,税务机构征收的省份相应的政策费率水平低于社保部门征收的省份,其可能的原因在于,税务机构的征收效率更高,参保与缴费更加规范,进而所需的费率相对较低,故而这类地区个体就业人员的参保成本更低、参保水平更高,因此在税务机构征收的地区个体就业对社会保险基金运行的影响较弱。

表10-4 稳健性检验:区分征收部门

Panel A 社保部门征收	社会保险基金		养老保险基金	
	结余率	支付能力	结余率	支付能力
个体就业	-0.837*** (0.153)	-0.412*** (0.062)	-1.331* (0.706)	-0.505** (0.198)
个体效应	是	是	是	是
时间效应	是	是	是	是
控制变量	是	是	是	是
观测值	198	198	84	84
R^2	0.515	0.703	0.532	0.468

续表

Panel B 税务部门征收	社会保险基金		养老保险基金	
	结余率	支付能力	结余率	支付能力
个体就业	-0.067 (0.084)	-0.108*** (0.032)	-0.028 (0.215)	-0.052 (0.054)
个体效应	是	是	是	是
时间效应	是	是	是	是
控制变量	是	是	是	是
观测值	236	236	102	102
R^2	0.628	0.771	0.809	0.620

注：显著性水平 *** 表示 $p<0.01$，** 表示 $p<0.05$，* 表示 $p<0.1$。

第四节 "去雇主化"弱化基金平衡的路径分析

一、"去雇主化"与参保人数

根据本章的理论分析，个体化就业等新业态从业人员的低参保率是影响社会保险基金运行的重要渠道，随着城镇就业人员中个体化就业人口比重的上升，城镇职工参加社会保险的比例随之下降，导致制度损失了潜在缴费对象。对此，本节根据我国社会保险制度中五大险种的参保职工人数和城镇总就业人数计算出各险种的参保率①，构建就业形态影响社会保险参保率的回归模型，由此分析就业形态影响基金平衡的作用路径，结果如表10-5所示。

表10-5 就业去雇主化与参保率

变量名	养老	医疗	失业	生育	工伤
个体就业对参保率	-0.218*** (0.084)	-0.607*** (0.118)	-0.875*** (0.103)	-0.364*** (0.137)	-0.321** (0.140)
R^2	0.580	0.694	0.634	0.598	0.632

---

① 总参保率等于五大险种参保职工人数的均值除以城镇总就业人数。

续表

变量名	养老	医疗	失业	生育	工伤
个体就业对参保人数	-17.673*** (2.574)	-12.29*** (1.946)	-13.69*** (1.720)	-12.736*** (2.312)	-9.056*** (1.529)
R^2	0.482	0.416	0.378	0.604	0.628
控制变量	是	是	是	是	是
个体效应	是	是	是	是	是
时间效应	是	是	是	是	是
观测值	434	434	434	434	434

注：显著性水平***表示 $p<0.01$，**表示 $p<0.05$，*表示 $p<0.1$。

控制其他影响因素后，对各险种的参保率而言，个体就业均产生了显著的负向作用，随着个体就业人员占比的上升，养老、医疗等社会保险制度的参保率显著下降。以上结果表明，当城镇就业人员中个体化就业人数占比较高时，职工社会保险的参保水平确实会下降，从而对基金运行造成负面冲击。

在计量模型中，考虑到参保率的相关影响因素，本节加入了社会保险水平、政策缴费率、工会参与率、长期失业率等控制变量，同时加入了个体和时间固定效应。根据回归结果可知，各险种的保险水平、职工的工会参与率对参保率具有正向引导作用；政策费率对参保率存在挤出效应，尤其是在养老保险制度中挤出效应更显著，这与已有研究结论一致（封进，2013）；外商投资对参保率亦存在挤出作用，其可能的原因在于地方政府为了吸引外资而放松了参保监管与规范（彭浩然等，2018）；长期失业率、人口老龄化对参保率存在负面影响，城镇化水平高的地区参保率相对较高。

使用各险种的实际参保缴费人数替换前文模型中的参保率，检验就业形态的去雇主化转变对社会保险实际参保人数的影响。结果如表10-5所示，去雇主化显著降低了各险种的实际参保缴费人数，随着个体就业人数占比的上升，养老、医疗等五项社会保险制度的实际缴费人数均呈现一定程度的下降。

二、"去雇主化"与基金收入

在本章的解释路径中，就业形态的个体化转变降低了社会保险参保率，从而弱化了基金平衡能力。事实上，参保率的下降导致有效缴费人数的减少，而缴费人数的下降最终会减少社会保险基金收入。对此，本节以2005~2018年各险种的社会保险基金收入为被解释变量，检验就业形态转变对社会保险基金收入的影响效应。结果如表10-6所示，就业的去雇主化转变确实显著降低了社会保险基金收入，在各险种的实证模型中，个体就业占比的上升均减少了社会保险基金收入。

表 10-6　就业去雇主化与基金收入

Panel A 基准结果	养老	医疗	失业	工伤	生育
个体就业	-14.412*** (2.891)	-7.395*** (0.964)	-0.715*** (0.137)	-0.386*** (0.072)	-0.607*** (0.071)
控制变量	是	是	是	是	是
观测值	434	434	434	434	430
R^2	0.686	0.704	0.483	0.565	0.667
Panel B 稳健性检验	基金征缴收入		基金征缴收入对数	
个体就业	-16.533*** (2.834)		-0.005** (0.002)	
控制变量	是		是	
观测值	186		186	
R^2	0.751		0.836	

注：显著性水平 *** 表示 $p<0.01$，** 表示 $p<0.05$，* 表示 $p<0.1$。

在控制变量方面，本节的模型分析发现，缴费率对基金收入起到了负面作用，这意味着高缴费率并未带来高基金收入（汪润泉和张充，2019）。此外，外商投资、城镇化等因素对社会保险基金收入起到了促进作用。

考虑到前文使用的各险种社会保险基金收入中包含了财政补贴、基金收益等其他来源的收入，从而高估了社会保险的实际收入能力。对此，本节使用 2010~2015 年养老保险基金实际缴费收入作为因变量，检验个体就业对养老保险基金实际缴费收入的影响。根据表 10-5 中 Panel B 所示的回归结果，个体化就业比重每提高 1%，养老保险实际缴费收入减少约 16.5 亿元，对缴费收入取对数后，个体化就业依然存在显著的负向影响。这表明，就业形态的个体化转变确实会降低社会保险缴费收入，从而弱化了社会保险制度的基金平衡能力。

第五节　本章小结

在零工经济、平台经济的推动下，大量劳动者脱离了传统雇佣关系，从而推

第十章　就业形态的转变及其对基金平衡的弱化效应

动了劳动者就业形态的转变，这对我国职工社会保险制度的运行带来了挑战。本章以个体就业比重的变化衡量就业形态的转变，通过计量检验分析其对社会保险基金平衡的影响，主要研究结论如下：

第一，我国劳动者的就业形式呈现出明显的"去雇主化"趋势，在就业群体中个体就业人员比重逐年上升，这对职工社会保险基金平衡产生了显著的负面影响。随着个体就业占比的提升，职工社会保险基金结余率、基金支付能力均显著下降，且在考虑社会保险基金运行的惯性以及剔除财政补贴因素的干扰后，这一结论依然成立。

第二，在不同的征收环境下，就业形态转变对社会保险基金平衡的影响程度存在一定的差异。当由税务部门负责征收时，就业形态转变带来的负面影响相对较弱，而当由社会保险部门负责征收时，就业形态对基金平衡的负面作用更强，且使用养老保险基金实际征缴收入进行再次检验所得结论不变，这表明税务部门征收社会保险基金能够有效减缓就业形态转变带来的副作用。当前我国的社会保险改革已将基金征收职责全面转移到税务部门，本章的研究结论为这一改革举措提供了正当性。

第三，降低参保率和基金征缴收入是就业形态转变弱化社会保险基金平衡的主要原因。本章研究结果表明，随着个体就业比重的上升，职工社会保险制度的参保率会显著下降，且利用养老、医疗等分险种的参保率同样验证了这一结果，此外，使用养老保险基金实际征缴收入进行检验发现，个体就业占比对基金收入有显著的负向影响。

成本始终是企业在发展过程中需要面对的问题，零工经济、平台经济带来的灵活用工方式满足了企业的降成本需求，但需要警惕企业违规使用临时工、外包管理等措施规避法律责任。本章的研究发现有助于深化对社会保险与就业关系的理解。从文献检索来看，现有研究主要探讨了社会保险缴费对就业的挤出作用，本章分析了就业对社会保险的影响，从而完善了现有研究的逻辑链条。本章的研究结论具有重要的启示价值，在新业态发展趋势下，劳动者就业的去组织化和去雇主化已不可避免，且对现行社会保险制度构成了挑战。为促进社会保险与就业的良性互动与发展，需要针对劳动者就业形态的变化，对社会保险制度进行相应的变革，本章主张弱化劳动关系、解除劳动合同与社会保险的绑定关系，分类推进各类型就业人员的参保。

第十一章 "去雇主化"的参保效应：新业态人员的决策逻辑

新经济形势下，就业形态的转变改变了劳动力市场中的就业结构，出现了大量"去雇主化"的从业人员，对职工社会保险制度的运行也产生了重要影响，其底层逻辑在于新业态改变了从业者的行为决策。本章从个体参与职工社会保险这一微观行为出发，识别新业态对劳动者参保决策的影响效应，厘清新业态从业者的决策逻辑，从而明确就业形态转变影响社会保险制度运行的微观机制。相比于传统雇佣就业人员，新就业形态下的非雇佣就业者参与职工社会保险的概率更低，且在非雇佣就业群体内部，收入水平、教育程度以及具体就业形式是影响其参保决策的重要因素。经模拟测算表明，灵活就业人员参加职保的缴费负担和养老金待遇都远高于居保，但职保制度的缴费收益比低于居保。

第一节 新业态下劳动者的就业与参保现状

一、雇佣关系的松散化

在工业社会中，稳定的雇佣关系既保障了雇主的劳动力需求，也确保了就业人员能够获得持续的劳动收入。随着信息社会和数字经济的到来，就业形态出现了新的变化，方长春（2020）认为，从劳动关系和劳动方式角度出发，新就业形态可划分为三大基本类型：以"去雇主化"为典型特征的新就业形态、以"多雇主化"为典型特征的新就业形态、以标准劳动关系下劳动方式的新型化为特征的新就业形态，其中"去雇主化"是最典型的表现。

我国的新就业形态多以灵活就业的形式出现，新业态从业者的雇佣关系更加模糊，劳资双方的法律关系发生了变化，无法适用最低工资、社会保障等劳动保护措施（Aloisi，2015），从而引发了一系列社会问题。根据在江西开展的灵活就业人员调查发现，在 5108 个有效样本中，仅 6.73% 的就业人员与雇主或平台签订了劳动合同，36.71% 的就业人员签订了劳动协议，而 57.56% 的就业人员没有签订任何协议或合同。

根据被访者的具体工作类型进行分类比较，如表 11-1 所示，从事商业零售的灵活就业人员未签订任何劳动合同的比例最高为 75.4%，而该类就业人员签订合同的比例仅为 3.5%。从事同城配送的灵活就业人员签订劳动合同的比例最高为 24.6%。由此可见，尽管不同类型灵活就业人员签订合同的比例存在差异，但总体而言，灵活就业人员签订合同或协议的概率并不高。

表 11-1　不同行业类型人员签订劳动合同情况　　　　　单位：%

行业类型	无合同	合同	协议	行业类型	无合同	合同	协议
同城配送	38.4	24.6	36.9	装修维修	64.4	4.3	31.4
交通出行	43.1	15.6	41.3	食品餐饮	62.8	4.4	32.8
电子商务	47.3	6.7	46.0	美容美发	52.5	9.2	38.3
商业零售	75.4	3.5	21.1	旅馆民宿	56.6	7.5	35.8
家政服务	52.6	5.7	41.7	商务服务	37.2	3.5	59.3
教育培训	37.2	4.8	58.0	文化创意	54.4	6.3	39.4
加工制造	47.9	12.8	39.3	其他	65.0	2.1	32.9

注：根据调查数据整理得到。

二、职工保险的低参与度

相比于传统就业人员，新业态劳动者的就业形式更具多样性，就业的稳定性更弱，就业单位或平台为其参加职工保险的概率偏低，部分从业人员甚至没有单位或平台，只能以个人名义申请参加职工养老、医疗等社会保险制度。一项针对网约车驾驶员的调查发现，67.13% 的网约车驾驶员表示，平台企业没有为其缴纳社会保险，而在非标准就业的网约车驾驶员中，未参保率高达 91%（王永洁，2020）。从业者游离于社会保险制度之外，不仅意味着需要独自承担社会风险，同时也加大了社会保险全民参保目标的实现难度。

根据 2018 年中国家庭追踪调查数据，雇佣就业人员参加职工养老保险的比例为 30.4%，而非雇佣就业人员中仅有 8.6% 的人参加了职工养老保险。为细致地分析非雇佣就业人员的参保决策，本章使用在江西开展的灵活就业人员养老保险参保情况调查，比较不同类型灵活就业人员的参保情况。依据所得数据可知，在被调查的灵活就业群体中，49.02%的人参加了职工基本养老保险，24.73%的人参加了居民养老保险，26.25%的人未参加基本养老保险。

询问被访者参加居民养老保险而非职工养老保险的原因以及未参加任何基本养老保险的原因。结果指出，在参加了居民养老保险的被访者中，49.26%的人认为无法承担企业职工养老保险缴费，而在未参加任何基本养老保险的灵活就业人员中，52.08%的被访者表示未参保的原因是职工养老保险缴费负担重。此外，在参加居民养老保险的灵活就业人员中，13.11%的人认为参加企业职工养老保险并不划算。

由前文可知，经济负担是导致灵活就业人员未参加职工养老保险最主要的原因。在已经参加了职工养老保险的灵活就业人员中，养老保险的缴费负担问题也较为普遍，根据调查可知，企业职工基本养老保险缴费加重了参保人员的经济负担，18.32%的灵活就业人员认为养老保险缴费带来了较大/很大的经济负担，有24.06%的参保者认为养老保险缴费有一定的经济负担，仅7.54%的参保者认为养老保险缴费没有任何负担。综上所述，缺乏稳定雇佣关系的就业人员参加职工社会保险的比例明显不足，就业形态的转变将扩大未参保就业人员规模，长此以往将造成严峻的社会后果。

第二节 "去雇主化" 对就业人员参保的挤出

一、模型与变量说明

根据我国《社会保险法》的规定，劳动者参加职工社会保险的方式与其就业形式紧密相关，具有稳定雇佣关系的单位就业人员由雇佣单位代为参保缴费，而非雇佣就业人员自行申请参加职工社会保险。在此参保设计下，就业形态的转变使得更多的劳动者转向非雇佣就业，从而对参保产生了挤出作用。对此，本节使用2018年中国家庭追踪调查数据（CFPS），识别被访者的就业形式，检验就业形式对劳动者是否参加职工社会保险的影响效应。建立如下计量模型：

$$\text{Insur}_i = \beta_0 + \beta_1 job\_type + \beta_i X_i + \zeta_i \tag{11-1}$$

其中，Insur_i 表示被访者 i 参加职工社会保险的情况，本节以是否参加职工基本养老保险为测量标准；job_type 表示被访者是否处于非雇佣就业状态；X_i 表示影响被访者是否参保的其他因素。

从数据统计结果可以看出，就业人员参加职工基本养老保险的比例并不高，我国社会保险制度离"全民参保"目标还有很长的距离。在就业类型影响参保决策的计量模型中,为控制其他因素的影响,在模型中加入了被访者的个体特征变量和就业特征变量,其中,个体特征变量包括年龄、性别(女性=0;男性=1)、教育年限、婚姻状态(未婚=0;已婚=1;离丧=2)、户口性质(农业户口=0;非农户口=1)和健康情况,就业特征变量包括收入和工作强度(每周工作时间)。

二、实证结果分析

根据调查数据中被访者就业类型的差异,检验非雇佣就业对劳动者社会保险参与度的影响。从表11-2基准回归展示的估计结果中可以看出,在控制个体的特征变量和就业特征变量后,非雇佣就业对参保的回归结果显著为负,平均而言,非雇佣就业人员参加基本养老保险的概率仅为雇佣就业人员参保概率的34%($1-e^{1.078}$)。由此可见,拥有稳定雇佣关系的劳动者更容易获得职工社会保险。

表11-2 非雇佣就业对劳动者参保的影响结果

变量名	(1)基准回归	(2)IV第一阶段	(3)IV第二阶段
非雇佣就业	-1.078*** (0.097)	—	-2.260*** (0.120)
非雇佣就业占比	—	0.003*** (0.001)	—
控制变量	是	是	是
常数项	-2.635*** (0.174)	-0.395*** (0.063)	-2.385*** (0.282)
观测值	7869	7869	7869

变量名	(4)农业户口	(5)非农户口	(6)高中及以下	(7)大学及以上
非雇佣就业	-1.261*** (0.142)	-0.948*** (0.134)	-1.058*** (0.101)	-1.350*** (0.395)
控制变量	是	是	是	是
样本量	4942	2939	7032	849
R^2	0.133	0.077	0.133	0.019

注:显著性水平***表示$p<0.01$,**表示$p<0.05$,*表示$p<0.1$。

在控制变量方面,年龄对被访者参保存在显著的负面影响,随着年龄的增长，就业人员参加职工养老保险的概率呈下降趋势。不同性别劳动者参加职工养老保险的概率存在显著差异，相比于女性，男性的参保率要低0.9%。教育对参保起到了促进作用，平均而言，被访者受教育年限每增加1年其参加职工保险的概率上升15.5%。在户口性质方面，非农户口被访者参加职工保险的概率是农业户口者的2.37倍，可见非农户籍劳动者在就业市场中拥有绝对参保优势。在就业特征方面，收入对参保有显著的促进作用，收入水平越高的被访者参加职工养老保险的概率越大，平均而言，被访者的收入每提高1个百分点，其参保概率增加42.1%。工作强度对参保具有显著的负向影响，被访者周工作时间每增加1小时，其参加职工养老保险的概率下降0.5%。

考虑到个体的就业和参保决策会受到某些遗漏变量的影响，从而造成内生性问题，本节采用个体所在省份的非雇佣就业人口占总就业人口的比重作为工具变量，重新检验就业形态转变对个人参保决策的影响效应。通常而言，一个地区的非雇佣就业人口比重越高，个体选择非雇佣就业的概率也越高，根据表11-2中（2）列展示的第一阶段回归结果可知，省层面的非雇佣就业人口比重每提高1个百分点，个体选择非雇佣就业的概率上升3.4%（$e^{0.003}-1$），由此可知工具变量的选择符合相关性原则。在表11-2（3）列的第二阶段回归结果中，非雇佣就业对个人参加职工社会保险具有显著的挤出效应，其回归系数为-2.260，且在1%统计水平上通过了显著性检验。

第一，针对不同户口性质被访者进行分样本检验，表11-2中（4）列和（5）列的结果表明，无论是在农业户口样本中还是在非农户口样本中，非雇佣就业人员的参保概率均显著低于雇佣就业人员。在农业户口子样本中，非雇佣就业人员参加职工基本养老保险的概率是雇佣就业人员的28.3%（$e^{-1.261}$）；在非农户口子样本中，非雇佣就业人员参加职工基本养老保险的概率是雇佣就业人员的38.7%（$e^{-0.948}$）。

第二，根据被访者学历层次的不同，以"是否接受过高等教育"为标准，将样本分为高中及以下和大专及以上两个子样本，分别检验非雇佣就业对参保的影响效应。从表11-2中（6）列和（7）列展示的回归结果可以看出，在两个子样本中，非雇佣就业对参保都有显著的挤出效应，在高中及以下学历群体中，非雇佣就业人员参加职工基本养老保险的概率是雇佣就业人员的34.7%（$e^{-1.058}$），在大学及以上学历群体中，非雇佣就业人员参保的概率是雇佣就业人员参保概率的25.9%（$e^{-1.350}$）。

第三节 去雇主劳动者的参保决策差异

一、思路与模型设计

前文的实证分析表明在新就业形态下雇佣关系的弱化对劳动者参加职工社会保险具有挤出作用,事实上,新形态就业人员的参保情况也存在内部差异。为何有的就业人员选择参加职工社会保险,而有的就业人员却未参加职工保险或者参加了其他的保险项目?本节以5108名灵活就业人员为研究对象,通过计量模型识别新形态就业人员参加职工社会保险的决策因素。建立如下计量模型:

$$\text{Insur}_i = \beta_0 + \beta_i X_i + \zeta_i \tag{11-2}$$

其中,Insur 表示个体是否参加企业职工基本养老保险,对已参加人员赋值为"1",未参加者赋值为"0";X_i 表示一系列待检验的可能影响个体是否参保的因素,主要包括就业者的性别、年龄、学历等人口学特征变量以及收入、就业方式等工作特征变量。

根据问卷调查收集的数据,得到5000多名灵活就业人员的基本信息。在全样本中,女性占比达51.76%,这意味着相比于男性,女性选择灵活就业的可能性更大。从就业人员的年龄分布来看,被访者近似呈正态分布,36~45岁年龄段的青壮年占比最高达到33.9%,25岁以下和60岁以上年龄段占比均在10%以下。在受教育程度方面,高中/中专/高职群体占比最高,为35.2%,初中及以下学历群体占比次之。在婚姻状态方面,80%以上的灵活就业人员均已结婚,且被访者平均拥有的子女数超过2人。灵活就业人员的就业类型分布较广,在各就业类型中,个体经营或合伙经营等自雇就业者占比最高,为26.2%,其次是钟点工、街头小商贩等临时性就业者(17.6%)和小微企业、家庭作坊等非正规部门就业者(14.0%),企业主和各类型平台就业人员占比均在4%左右。此外,灵活就业群体的收入差距较大,月均收入的最大值和最小值存在100倍的收入差。

二、实证结果分析

对灵活就业人员参加职工养老保险决策因素的检验结果如表11-3所示。模型1展示了个体特征性因素对其是否参保的影响效应,根据回归结果可知,灵活就业人员的参保概率在性别、年龄、教育、婚姻状态等维度上存在显著差异。模型2展示了工作因素对其是否参保的影响效应,回归结果表明,收入水平和具体就业方式对灵活就业人员是否参加职工养老保险有显著的影响。模型3同时检验了个体性因素和工作因素的影响效应，再次验证了模型1和模型2的结论。

表11-3　灵活就业人员的参保决策

变量名	（1）模型1	（2）模型2	（3）模型3
性别（男性=0）	0.163*** (0.057)	—	0.098* (0.059)
26~35岁 （25岁以下=0）	0.217 (0.133)	—	0.273** (0.135)
36~45岁	0.746*** (0.146)	—	0.813*** (0.148)
46~60岁	1.029*** (0.151)	—	1.058*** (0.153)
60岁以上	0.141 (0.309)	—	0.159 (0.310)
高中、中专、技校等 （初中及以下=0）	0.554*** (0.074)	—	0.535*** (0.075)
大专	0.879*** (0.087)	—	0.816*** (0.088)
本科及以上	1.075*** (0.106)	—	0.971*** (0.108)
已婚	0.183 (0.122)	—	0.145 (0.124)
离丧	-0.432** (0.215)	—	-0.531** (0.217)
子女数	-0.048 (0.046)	—	-0.050 (0.047)
月收入	—	0.101* (0.054)	0.094* (0.0569)
自由职业（个体=0）	—	0.425*** (0.112)	0.365*** (0.115)
临时就业	—	-0.101 (0.090)	-0.106 (0.093)
非正规部门就业	—	0.1064 (0.093)	0.076 (0.096)
企业主	—	0.431*** (0.143)	0.371** (0.147)

续表

变量名	（1）模型1	（2）模型2	（3）模型3
平台就业	—	-0.743*** (0.156)	-0.636*** (0.159)
其他	—	0.525*** (0.082)	0.508*** (0.085)
常数项	-1.475*** (0.164)	0.652 (0.468)	-0.705 (0.519)
观测值	5108	5108	5108
R^2	0.047	0.047	0.047

注：显著性水平＊＊＊表示p<0.01，＊＊表示p<0.05，＊表示p<0.1。

以模型3展示的回归结果为例，女性灵活就业人员参加职工养老保险的概率显著高于男性，其参见职工养老保险的概率是男性参保概率的1.1倍（$e^{0.098}$），可能的原因在于女性的法定退休年龄更早，其参加职工养老保险后在50岁即可领取养老金，而男性要满60岁才可领取养老金，因此女性参加职工养老保险比男性更划算。不同年龄段灵活就业人员的参保决策存在显著差异，相比于25岁以下年龄段人群，各年龄段就业人员的参保率呈递增趋势，但60岁以上群体的参保率与25岁以下群体无显著差异。由此可判断，灵活就业人员的参保率与其年龄近似呈倒"U"型关系，在养老保险制度的15年最低缴费年限要求下，低龄段群体的参保意愿较低，随着年龄的增长，就业人员的参保率上升，而60岁以上群体已超过法定退休年龄不符合参保要求。

教育是提高灵活就业人员参保率的有效途径，根据回归结果可知，相比于初中及以下学历群体，随着学历层次的提升，灵活就业人员参加职工养老保险的概率逐步提升，以本科及以上学历群体为例，其参加职工养老保险的概率是初中及以下群体的2.6倍（$e^{0.971}$）。收入也是影响灵活就业人员参保决策的重要因素，回归结果表明，灵活就业人员的月收入每增加1%，其参加职工养老保险的概率上升9.4%。在调研中，灵活就业人员认为缴费负担重是导致自身未参保的主要原因，这与本节的实证分析结果一致，低收入灵活就业人员的参保率更低。不同职业类型的灵活就业人员在参保率上也存在显著差异，回归结果表明，相比于个体经营等自雇就业者，律师等自由职业者参保职工养老保险的概率要高44.1%（$e^{0.365}-1$），企业主的参保率要高44.9%（$e^{0.371}-1$），平台就业人员的参保率要低47.2%（$1-e^{-0.636}$）。

第四节 去雇主化劳动者的参保逻辑分析

我国《社会保险法》规定灵活就业人员参加养老、医疗等社会保险制度须由个人承担统筹账户和个人账户的缴费,这无疑加重了灵活就业人员的参保成本,造成了过高的缴费负担,从而导致灵活就业人员参加职工社会保险的比例偏低,在此背景下,部分灵活就业人员选择了参加居民保险。对此,本节通过比较灵活就业人员参加职工养老保险和居民养老保险的收益差距,进一步分析新就业形态下去雇主劳动者参保决策的微观机理。

一、政策背景与模型设定

我国职工养老保险(以下简称职保)采取"社会统筹+个人账户"的制度模式,其中社会统筹部分为现收现付制要求企业缴费,个人账户部分为完全积累制要求个人缴费。根据国发〔2005〕38号文件的规定,个体工商户和灵活就业人员参加基本养老保险的缴费基数为当地上年度在岗职工社会平均工资,缴费比例为20%,其中8%记入个人账户,2012年开始实施的《社会保险法》进一步明确了灵活就业人员参加职工养老保险的缴费责任。在实际执行层面,各地自行设计了灵活就业人员的缴费基数和缴费比率,目前,灵活就业人员的缴费基数按当地上年度社会平均工资的比例进行分档,其上下限分别为60%和300%,灵活就业人员可根据自身经济条件选择缴费基数档次。

在待遇发放方面,灵活就业人员达到法定退休年龄时,可领取统筹账户养老金和个人账户养老金,其中统筹账户养老金=(退休上年度当地在岗职工月平均工资+本人指数化月平均缴费工资)/2×缴费年限×1%,本人指数化月平均缴费工资=退休上年度当地在岗职工月平均工资×参保人缴费年限内平均缴费工资指数(指参保人员缴费年限内历年缴费工资指数的平均值)。个人账户养老金月标准为个人账户储存额除以计发月数。

城乡居民养老保险(以下简称居保)采取"基础养老金+个人账户养老金"模式,年满16周岁(不含在校学生)、不符合职工基本养老保险参保条件的城镇非从业居民,以及未参加职工基本养老保险的灵活就业人员均可以在户籍地自愿参加城乡居民养老保险。其中基础养老金由财政资金给付,个人账户养老金为完全积累制,由居民个人缴费,地方政府给予一定的补贴,年满60周岁时按账户积累额除以139个月进行给付。依据国发〔2014〕8号文件的规定,城乡居民养老保险设置为 100~2000 元/年，12 个缴费档次，各省份人民政府可以根据实际情况增设缴费档次，最高缴费档次标准原则上不超过当地灵活就业人员参加职工基本养老保险的年缴费额。

根据以上政策规定，灵活就业人员就既可以选择参加职工养老保险，也可以选择参加城乡居民养老保险。若选择前者，则需由个人承担统筹账户和个人账户的缴费，若选择后者，则只需缴纳个人账户的费用。鉴于此，本节通过精算模型分析同等条件下的灵活就业人员参加职工保险和居民保险两种不同制度下的负担和收益情况。

二、代表性个体的缴费负担与参保收益比较

（一）不同参保选择下的缴费负担比较

假设"标准人"从事灵活就业，其收入水平与社会平均工资保持一致，以 2020 年为参保元年。若其参加职保，则每年按当地上年度社会平均工资的一定比例为缴费基数，以 12% 和 8% 为统筹账户和个人账户的缴费比率；若其参加居保，则按固定的缴费档次缴纳保险费用，且假定在参保期限内缴费档次不发生变化。根据前文使用的灵活就业人员调查数据可知，参加职保的灵活就业人员平均缴费档次为 86.7%，参加居保的灵活就业人员平均缴费档次为 1014 元/年，由此，本节假设灵活就业人员参加职保的缴费档次为上年度社会平均工资的 87%，参加居保的缴费档次为 1000 元/年。

不考虑参保人的退保、死亡等意外情况，"标准人"参加职保的总缴费为：

$$CT_{zb} = W_{a-1} \times 87\% \times 20\% + W_a \times (1+g) \times 87\% \times 20\% + \cdots + W_a \times (1+g)^{b-a} \times 87\% \times 20\% = \sum_{a}^{b} W_{a-1}(1+g) \times 87\% \times 20\% \quad (11-3)$$

其中，a 表示初始参保年龄，b 表示退休年龄，且（b-a）大于等于 15 年；g 表示社会平均工资增长率，假设其与经济增长率保持一致，根据全球首席经济学家吉姆·奥尼尔[①]的预测，2021~2030 年我国的经济增速为 5.5%。2031~2040 年为 4.3%，2041~2050 年为 3.5%。

若"标准人"参加居保，且缴费年限为 T 年，则其总缴费为：

$$CT_{jb} = 1000 \times T \quad (11-4)$$

依据上述模型设计，测算最短缴费年限（15 年）[②]下灵活就业人员参加职保

[①] 游芸芸. 高盛全球首席经济学家吉姆·奥尼尔：2027 年中国将成为最大经济体［N］. 证券时报，2009-11-03（A006）.

[②] 此时 a=45 岁，b=60 岁。

和居保两种制度的缴费负担。如图 11-1 所示，在居保制度下，参保人每年按固定的数额缴费，15 年共缴纳保险费用为 15000 元。在职保制度下，参保人按月缴费，15 年间总计缴纳费用 368853 元。由此可见，若灵活就业人员选择参加职工养老保险，则其缴费额远超过居保的缴费额，15 年间职保的总缴费额是居保的 24.6 倍。比较职保和居保两种参保选择下每年的缴费负担情况，由图 11-1 可知，职保和居保的年缴费比逐年上升，2020 年参加职保的缴费额是参加居保缴费额的 16.2 倍，到 2034 年上升至 33.9 倍。由此可知，相比于居保，灵活就业人员选择参加职保需承担更高的缴费负担，且随着参保年限的增加，两者的负担差距不断上升。

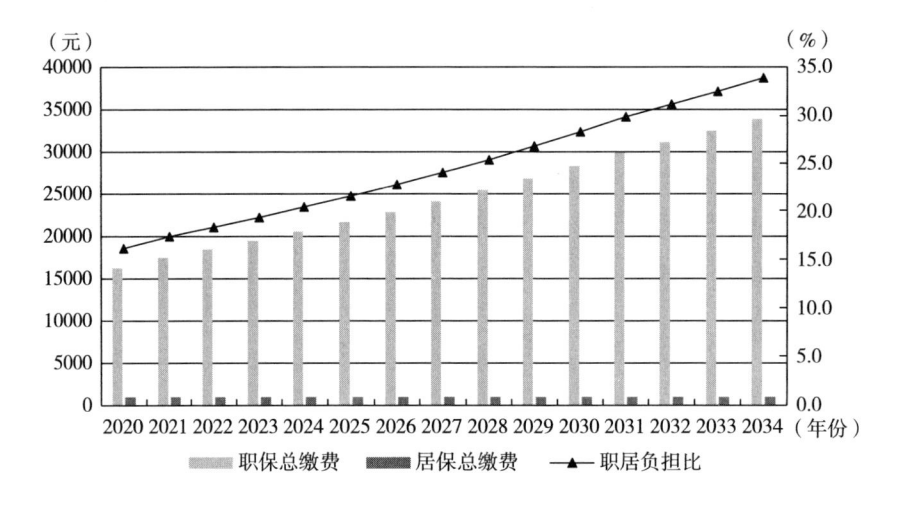

图 11-1 最低缴费年限下职保和居保的缴费负担

（二）不同参保选择下的缴费收益比较

若"标准人"选择参加职保则其退休后领取的养老保险包括基础养老金和个人账户养老金，退休当年基础养老金（P1_zb）和个人账户养老金（P2_zb）的计发标准分别为：

$$P1\_zb = (W_{b-1} + W_b)/2 \times (b-a) \times 1\% \tag{11-5}$$

$$P2\_zb = W_{a-1} \times 87\% \times 8\% \sum_{x=a}^{b-1}(1+g)^{x-a} \times (1+i)^{b-x}/N \tag{11-6}$$

若"标准人"选择参加居保则其退休后领取的基础养老金由政府财政支付，个人账户养老金根据个人缴费和财政补贴（B）的总额除以计发月数。由此，得到居保制度下个人账户的计发标准为：

$$P\_jb = (1000 + B) \sum_{x=a}^{b} (1+i)/N \qquad (11-7)$$

其中，i 为个人账户的投资收益率，假设职保和居保个人账户具有相同的收益率，根据国发〔1997〕26 号文件的规定，个人账户储存额参考银行同期存款利率计算利息，对此本节借鉴薛惠元和仙蜜花（2015）的做法，对个人账户收益率取值为 3%。N 为个人账户养老金的计发月数，本节不考虑参保人员的性别差异，按 60 岁退休年龄对 N 统一取值为 139 个月。

依据上述思路测算最低缴费年限要求下[①]灵活就业人员选择参加职保和居保两种不同制度对应的退休当年养老金水平。结果表明，在职保制度下，"标准人"退休当年每月领取的基础养老金为 2540 元、个人账户养老金为 1317 元，也即每月可领取养老金 3857 元。在居保制度下，"标准人"退休当年每月领取的基础养老金为 169 元[②]、个人账户养老金为 142 元，合计每月可领取养老金 311 元。由此可见，在退休初期职保的养老金待遇是居保的 12.4 倍。

根据我国人口预期寿命，假设参保人领取养老金的最高年限为 78 岁，测算职保和居保两种制度下，参保人终身领取的养老金数额，同时使用"待遇缴费比"比较灵活就业人员参加职保和居保的受益程度。测算结果表明，灵活就业人员参加职保的终生缴费额约为 36.9 万元，终生领取的养老金约为 141.3 万元，对应的缴费收益比为 3.8。而参加居保的终生缴费和终生养老金分别为 1.5 万元和 11.4 万元，对应的缴费收益比为 7.6。由此可见，灵活就业人员参加居保的收益要高于职保，也即对于灵活就业人员而言，参加居保比职保更加划算，这是导致灵活就业人员参加职工社会保险比例长期偏低的根本原因，也是其参保决策的底层逻辑。

第五节 本章小结

当下，就业形态的转变对社会保险制度运行产生了深刻的影响，本章从劳动者微观个体角度出发，以个人的参保决策为切入点，考察新业态下劳动者的参保决策行为，以此分析就业形态影响社会保险制度运行的微观机制。研究表明，新

---

① 参保人在 2020~2034 年缴纳保险费用，2035 年开始领取养老金，平均预期寿命为 78 岁。
② 2012 年我国城乡居民基本养老保险制度中基础养老金的发放标准为 55 元/月，假设养老金增长率为 5%。

业态下劳动者的雇佣关系更加松散化，半数以上的灵活就业人员未签订任何劳动合同或者协议，且灵活就业人员参加职工养老保险的比例不足50%。

利用中国家庭追踪调查数据的分析表明，就业形态的转变降低了劳动者参加职工社会保险的概率。非雇佣就业者参加职工养老保险的概率仅为雇佣就业人员参保概率的34%，且对不同户口性质和不同学历的就业人员而言，非雇佣就业对参保均有挤出效应。对于全体就业人员而言，受教育水平、收入水平对其参加职工保险有显著的提升作用，但工作强度越高的人参保概率越低。

基于灵活就业人员调查数据，考察其参保决策发现，随着年龄的上升，灵活就业人员参加职工养老保险的概率先上升后下降；女性灵活就业人员参加职工养老保险的概率高于男性；教育和收入是提高灵活就业人员参加职工养老概率的有效途径；相比于个体经营等自雇就业者，律师等自由职业者以及企业主参加职工养老保险的概率更高，但平台就业人员的参保率更低。

模拟测算同等条件下灵活就业人员参加职工养老保险和居民养老保险两种不同制度的缴费负担和缴费收益。结果表明，职保制度的缴费负担远高于居保，且随着参保年限的增长两者的缴费负担差距不断扩大，在15年的最低缴费年限下，职保的总缴费额是居保的24.6倍；职保制度的养老金待遇水平也高于居保制度，退休当年职保养老金是居保养老金的16.2倍；但灵活就业人员参加居保的收益率高于职保。

综上所述，就业形态的转变使得大量劳动者从事非雇佣就业，在现行社会保险制度下，其拥有参保决策的自主权，可自由选择参加职工养老保险或者居民养老保险。由于职保制度下参保人的缴费负担高于居保，且职工的缴费收益低于居保，从而导致灵活就业人员更多选择参加居民保险。

第十二章 高质量就业对社保基金运行效率的提升

就业对社会保险制度运行的影响不仅体现在就业规模和就业形态维度，还体现在就业质量维度。高质量就业既是劳动者个人的目标诉求，也是国家就业战略的核心内容，近年来我国政府就业工作的重心已逐渐从提升就业总量转向提高就业质量。随着就业质量的提升，劳动力市场越发规范、就业市场回报率上升，劳动者参加社会保险制度的积极性和能力得到加强，从而对社会保险制度运行产生正向反馈作用。本章利用省级层面的宏观统计数据和农民工微观调查数据，量化分析就业质量对社会保险基金平衡的影响效应，在此基础上，探讨高质量就业作为改善社会保险制度运行路径的有效性。

第一节 就业质量影响基金运行的理论分析

就业质量是对劳动者就业状态好坏程度的评价，一般而言，就业质量越高意味着劳动者的就业状态越好，相应的参保和缴费能力越强，从而对社会保险制度运行产生正向反馈作用。结合第六章对我国各省份就业质量的量化分析，一个地区的就业质量可以量化为五个方面的内容，其对社会保险基金运行的作用逻辑如图12-1所示。劳动报酬是劳动者在就业市场中获得回报的高低，劳动报酬越高意味着这个地区就业人员的收入和福利水平越高，故其缴纳社会保险费用的能力相对较高，且市场回报率较高的劳动者往往更注重收入和消费的平滑（惠炜和惠宁，2016），对社会保险的需求程度较高，相应的参保意愿和参保程度更好，由此，对社会保险基金运行具有正面促进作用。同理，就业质量的其他几个维度也会对社会保险基金运行产生类似的影响。劳动保护程度越高的地区，往往更加遵守《劳动合同法》等法律条款；劳动关系越和谐的地区，劳动者的制度性参与往往更高；就业环境和就业服务越高的地区，劳动者相对更容易获得高市场地位。这些都有可能提升劳动者参与社会保险制度的程度以及劳动者的缴费能力，从而起到改善社会保险制度运行的作用。

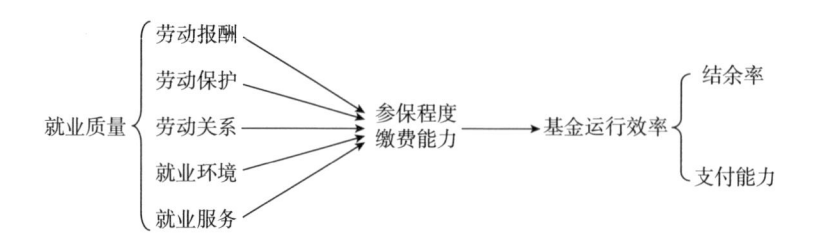

图 12-1 就业质量影响基金运行的理论逻辑

以上从区域角度分析了就业质量对社会保险基金运行的影响，从劳动者个体的角度而言，就业质量的提升亦可能影响到其参保决策，从而影响基金运行。对个体而言，高质量就业通常意味着其劳动就业享受更好的制度性保障，其中，参加社会保险往往被视为高质量就业的一个表现维度。因此，高质量就业者通常有更高的概率参与职工社会保险制度，而当劳动力市场中高质量就业者占比上升或者劳动者的平均就业质量提高时，极有可能是对社会保险制度运行带来正向的反馈作用。此外，高质量就业还意味着劳动者具有更高的收入水平、更强的市场谈判能力等，这些因素会降低劳动者获取社会保险权益的难度，从而提升其社会保险参与度，根据我国社会保险制度的缴费规定，高收入者的缴费基数也相对较高，其参与社会保险制度时缴纳的保险费用较高，从而为社会保险制度运行补充了基金收入。

第二节 区域就业质量与基金运行效率

一、模型与变量选择

为量化分析地区就业质量提升对社会保险基金运行的影响效应，本章使用 2005~2018 年中国 31 个省份（不包括港澳台地区）的宏观统计数据，以基金结余率和基金支付能力为核心被解释变量，以各地区就业质量综合得分及其五个维度的得分为解释变量，设计如下固定效应回归模型：

$$\text{Balance}_{it} = \beta_0 + \beta_1 \text{job\_quality}_{it} + \beta_i X_{it} + z_i \delta + \sigma_t + u_i + \xi_{it} \qquad (12-1)$$

$$Payable_{it} = \partial_0 + \partial_1 job\_quality_{it} + \partial_i X_{it} + z_i\delta + \sigma_t + u_i + \xi_{it} \qquad (12-2)$$

其中，$Balance_{it}$ 表示 i 省 t 年的社会保险基金结余率，即当年度基金收支结余与基金收入的比值；$Payable_{it}$ 表示 i 省 t 年的社会保险基金支付能力，即当年度基金累计结余与基金支出的比值除以 12；$job\_quality_{it}$ 表示 i 省 t 年的就业质量。测算得到各省份的就业质量以及社会保险基金结余率、基金支付能力指标数据后，通过单因素拟合曲线发现，就业质量与基金结余率、就业质量与基金支付能力具有明显的正向关系。β_i 和 ∂_i 分别表示就业质量对社会保险基金结余率和基金支付能力的影响系数，若其取值大于零且通过了显著性检验，则意味着提升就业质量能够有效改善社会保险基金运行状态。X_{it} 为影响基金运行的其他控制变量。为控制其他因素对基金运行的影响，同时为避免变量间的共线性问题，在分析模型中加入的控制变量包括人口规模（各省份年末人口数）、就业率（各省份就业人口占比）、老龄化（各省份老年人口抚养比）、城镇化（各省份城镇人口比重）以及地区经济发展水平（人均 GDP 对数）和外商投资（各省份人均外商投资对数）。

二、基准回归结果

依据前文设定的计量模型，采用双向固定效应模型，检验地区就业质量得分对所在省份社会保险基金运行效率的影响。如表 12-1 中 Panel A 所示，在控制其他因素后，双向固定效应模型结果显示，就业质量对社会保险基金结余率存在显著的正向影响，平均而言，就业质量得分每增加 1 分，社会保险基金结余率就提高 6.3%，此外，就业质量对社会保险基金支付能力同样具有显著的正向作用，平均而言，就业质量得分每增加 1 分，社会保险基金支付能力就提高约 0.011 个月。由此可见，就业质量越高的地区对应的社会保险基金运行越平稳，提升就业质量是改善社会保险基金运行状态的有效路径。此外，社会保险基金的运行效率还与地区的经济社会环境有关。人口规模较大的地区社会保险基金较为充足、支付能力也较强；老龄化程度的加深会降低基金结余率、弱化基金支付能力；经济发展水平对基金结余和基金支付能力均有改善作用；地区劳动力素质的提升也有助于改善基金运行效率。

表 12-1 省域就业质量与基金运行的基准回归结果

Panel A 基准回归	基金结余率	基金支付能力
就业质量	0.063*** (0.008)	0.011*** (0.001)

续表

Panel A 基准回归	基金结余率	基金支付能力
控制变量	是	是
时间效应	是	是
个体效应	是	是
常数项	−358.726*** (97.964)	−115.685*** (42.087)
观测值	434	433
R^2	0.414	0.565

Panel B 基金结余率	东部地区	中部地区	西部地区
就业质量	0.061*** (0.021)	0.076*** (0.032)	0.062*** (0.009)
观测值	84	48	54
R^2	0.639	0.873	0.696
Panel C 支付能力	东部地区	中部地区	西部地区
就业质量	0.317** (0.144)	0.401** (0.184)	0.114** (0.063)
常数项	83	48	54
R^2	0.423	0.661	0.535
控制变量	是	是	是
个体效应	是	是	是
时间效应	是	是	是

注：显著性水平 *** 表示 $p<0.01$，** 表示 $p<0.05$，* 表示 $p<0.1$。

考虑到我国地区间的发展差异，其就业质量以及社会保险制度运行均存在较大的差距，本节根据各省份的地理位置将 31 个省份划分为东部、中部、西部三个地区，通过分样本检验再次验证就业质量对社会保险基金运行的影响效应。

表 12-1 中 Panel B 的检验结果表明，在东部地区，就业质量对社会保险基金结余率的回归系数为 0.061；在中部地区，就业质量对社会保险基金结余率的回归系数为 0.076；在西部地区，就业质量对社会保险基金结余率的回归系数为 0.062。且在三个子样本中，就业质量的回归系数均在 1% 水平上通过了显著性检验，因而，在东部、中部、西部三个地区就业质量的提升均能起到提高社会保险基金结余率的作用。

在基金支付能力方面，表 12-1 中 Panel C 展示的回归结果表明，在不同地区就业质量的提高对社会保险基金可支付月数均存在显著的正向影响。在东部地区，就业质量对基金支付能力的回归系数为 0.317；在中部地区，就业质量对基金支付能力的回归系数为 0.401；在西部地区，就业质量对基金支付能力的回归系数为 0.114。且在上述三个地区，就业质量的回归系数均通过了显著性检验。综合以上结果可知，提高区域就业质量对改善社会保险基金平衡、维护社会保险制度良性运行具有显著的正面效应。

三、稳健性检验

通常而言，社会保险制度的运行存在一定的惯性，当前的基金运行状态会受先前状态的影响，具体而言，社会保险基金的结余率情况以及支付能力与基金运行的历史状态有关。对此，本部分采用动态面板模型，检验在控制基金运行动态的情况下，就业质量对基金平衡状态的影响。

根据表 12-2 中（1）列展示的回归结果，社会保险基金的结余程度与上一期的结余率显著正相关，控制两者间的正向关系以及其他因素的影响后，就业质量对基金结余率的回归系数为 0.037，且在 1% 水平上通过了显著性检验，这意味着就业质量确实起到了提高社会保险基金结余率的作用。同样，控制上一期的基金支付能力以及各类控制变量后，就业质量对社会保险基金支付能力的回归系数为 0.020，且在 10% 水平上通过了显著性检验。

表 12-2 就业质量提升基金运行效率的稳健性检验

变量名	（1）动态面板		（2）剔除财政补贴		（3）就业质量滞后一期	
	结余率	支付能力	结余率	支付能力	结余率	支付能力
就业质量	0.037*** (0.016)	0.020* (0.011)	0.198** (0.010)	0.822*** (0.128)	0.103* (0.052)	0.124*** (0.024)
上期结余率	0.665*** (0.047)	—	—	—	—	—
上期支付能力	—	0.920*** (0.056)	—	—	—	—
控制变量	是	是	是	是	是	是
时间效应	是	是	是	是	是	是
个体效应	是	是	是	是	是	是
观测值	403	401	186	186	403	402
R^2	0.313	0.402	0.623	0.492	0.381	0.394

注：显著性水平 *** 表示 $p<0.01$，** 表示 $p<0.05$，* 表示 $p<0.1$。

考虑到社会保险基金结余中存在财政补贴，进而高估了社会保险基金当期结余率和支付能力，对此，本部分使用2010~2015年剔除财政补贴后的养老保险基金征缴收入重新计算基金结余率和支付能力。在此基础上，重新评估就业质量的影响效应，根据表12-2中（2）列展示的回归结果，无论是在基金结余率维度还是基金支付能力维度上，就业质量均起到了显著的正向促进作用。平均而言，就业质量每增加1分，养老保险基金结余率就提升19.8%，养老保险基金支付能力延长约0.8个月。

上述实证模型使用的就业质量和社会保险基金运行变量的取值皆来自同一时期，故而可能遭遇双向因果问题的干扰，就业质量与社会保险基金运行状态可能存在相互影响关系。对此，本部分使用就业质量的滞后一期作为核心解释变量，检验其对社会保险基金运行的影响。根据表12-2中（3）列的估计结果，在控制其他因素以及双向固定效应后，上一期的就业质量对当期社会保险基金结余率以及当期社会保险基金支付能力均具有显著的正向影响，上期就业质量每提高1分，当期社会保险基金结余率提高10.3%、基金支付能力延长0.124个月。由此可知，在控制双向影响问题后，就业质量对社会保险基金运行确实存在显著的改善作用，两者间的因果关系成立。

四、就业质量不同维度的影响效应

本章从五个维度合成了各省份就业质量得分，为进一步检验就业质量不同维度对社会保险基金运行的影响效果差异，本部分针对就业质量的五个维度分别进行实证检验。

如图12-2所示，在控制其他因素后，除劳动关系外，其他四个维度对社会保险基金结余率均存在显著的正向影响。平均而言，劳动报酬得分每增加1分，社会保险基金结余率就提高4.8%；劳动保护得分每增加1分，社会保险基金结余率就提高10.1%；就业环境得分每增加1分，社会保险基金结余率就提高7.7%；就业服务得分每增加1个百分点，社会保险基金结余率就提高4.2%。上述结果一方面再次验证了就业质量对社会保险基金结余率的正面影响，另一方面也表明就业质量不同维度的作用效果存在差异，相对而言，劳动保护维度对社会保险基金结余的提升作用强于其他几个维度。

将上述模型中的被解释变量替换为基金支付能力，考察就业质量各维度对基金支付能力的影响效应。根据图12-2展示的结果可知，除劳动保护的系数未通过显著性检验外，就业质量其余四个维度对社会保险基金支付能力均有显著的提升作用。平均而言，劳动报酬得分每增加1分，社会保险基金支付能力就延长约0.239个月；劳动关系得分每增加1分，社会保险基金支付能力就延长约0.021个

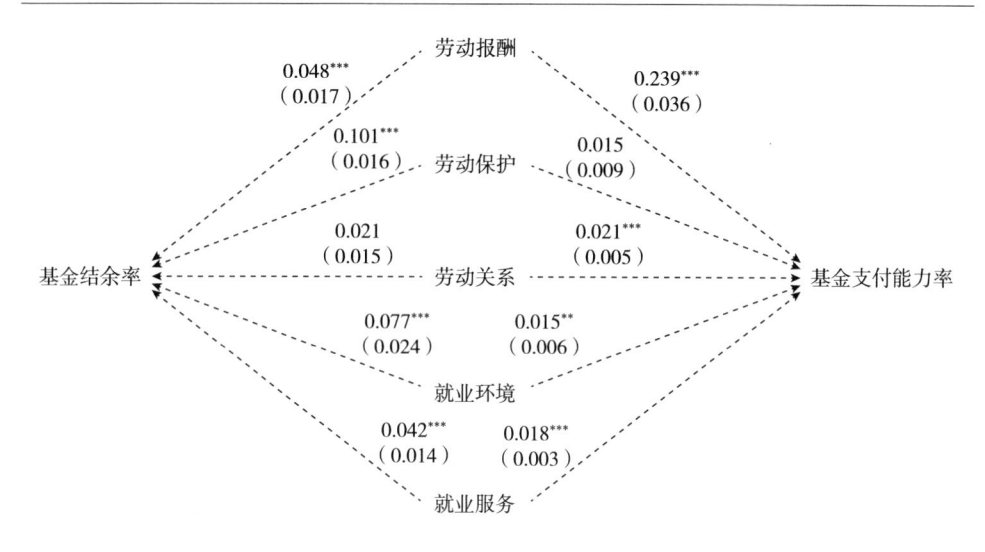

第十二章 高质量就业对社保基金运行效率的提升

```
           0.048***    劳动报酬    0.239***
           (0.017)                (0.036)
           0.101***    劳动保护    0.015
           (0.016)                (0.009)
基金结余率  0.021       劳动关系    0.021***   基金支付能力率
           (0.015)                (0.005)
           0.077***    就业环境    0.015**
           (0.024)                (0.006)
           0.042***    就业服务    0.018***
           (0.014)                (0.003)
```

图 12-2 就业质量各维度对基金运行效率的影响

注：显著性水平 *** 表示 $p<0.01$，** 表示 $p<0.05$，* 表示 $p<0.1$。

月；就业环境得分每增加 1 分，社会保险基金支付能力就延长约 0.015 个月；就业服务得分每增加 1 分，社会保险基金支付能力就延长约 0.018 个月。综合上述分析结果可知，就业质量对社会保险基金平衡的正向效应主要通过劳动报酬、劳动保护、就业环境、就业服务四个维度起作用，促进高质量就业尤其是提高就业质量这四个维度的得分有助于增强社会保险基金的平衡能力。

第三节 劳动者就业质量与基金运行

一、模型与分析思路

前文利用各省份统计数据合成地区就业质量指数，检验了区域就业质量对社会保险基金运行的影响，本节利用全国流动人口动态监测调查数据，从平均工资、社会保险参与、就业稳定性、职业阶层四个维度检验农民工就业质量对社会保险基金运行的影响效应。

受户籍制度、城乡教育资源不均衡等因素的影响，农民工在劳动力市场中长期处于弱势地位，其就业质量普遍低于其他就业群体。提升农民工群体的就业质量是我国就业工作的重点内容之一，改善农民工就业质量既是维护该群体劳动权益的需要，也是提升全社会总体就业质量的有效路径。本节使用 2013~2018 年流动人口调查数据，测算出各省份农民工的平均工资、平均参保率、平均雇佣就业占比（具有稳定雇主）和平均白领阶层占比，然后匹配对应年份的省级统计数据，在此基础上检验各省份农民工平均就业质量对基金运行的影响。

2013~2018 年，各省份农民工平均工资从 3026.2 元上升至 4416.5 元，年均增长率在 7.7% 左右。农民工参加职工社会保险的比例偏低，2013 年各省份农民工参保率的均值仅为 12.4%，随后缓慢增长，2018 年各省份参保率的均值为 18.2%，这意味着农民工参加职工社会保险的情况并不乐观，尽管《社会保险法》实施后，农民工参加职工社会保险已有法律依据，但其实际参保率并不高。此外，雇佣就业仍是农民工就业的主要渠道，历年各省份农民工雇佣就业的比例均值在 50% 上下浮动。在农民工群体中白领阶层比例偏低，2013 年各省份白领农民工比例均值仅为 4.9%，在随后的年份中其涨幅也不高。

二、实证结果分析

立足前文的模型与分析思路，本节首先从工资维度分析农民工就业质量对社会保险基金运行的影响。获取工资收入是农民工从农业部门转向非农业部门最主要的原因，工资水平的高低是衡量农民工就业质量好坏的核心指标，如果某一地区农民工群体的工资水平较高，那么该地区农民工的就业质量就相对较高。

依据图 12-3 展示的回归结果，控制其他因素后，农民工群体的工资水平对社会保险基金运行有着显著的正向作用。平均而言，一个地区农民工的平均工资每提高 1 个百分点，该地区的社会保险基金结余率就增加 5.08%，基金支付能力延长约 1.99 个月。由此结果可知，提高农民工群体的收入水平有助于改善职工社会保险制度的基金运行情况。我国社会保险制度规定，劳动者以上年度的平均工资为社会保险缴费基数，如果个人工资低于社会平均工资的 60%，则以社会平均工资的 60% 为缴费基数，如果个人工资高于社会平均工资的 300%，则以社会平均工资的 300% 为缴费基数。一直以来，农民工群体的工资水平较低，因而其社会保险缴费基数偏低，提高农民工的工资水平有助于提高其社会保险缴费基数，从而增加了社会保险基金收入。

从就业稳定性维度检验农民工就业质量对社会保险基金运行的影响。稳定性差是农民工就业的一大特点，加强就业稳定性是提升农民工就业质量的重要渠道，若一个地区农民工稳定就业的比重越高则意味着该地区农民工的就业质量相对较高。是否拥有稳定的雇主是衡量农民工就业稳定性的重要指标，根据回归结果，农民工雇佣就业比例对社会保险基金运行有着显著的正向作用，平均而言，一个地区农民工雇佣就业的比例每增加 1 个百分点，则该地区社会保险基金结余

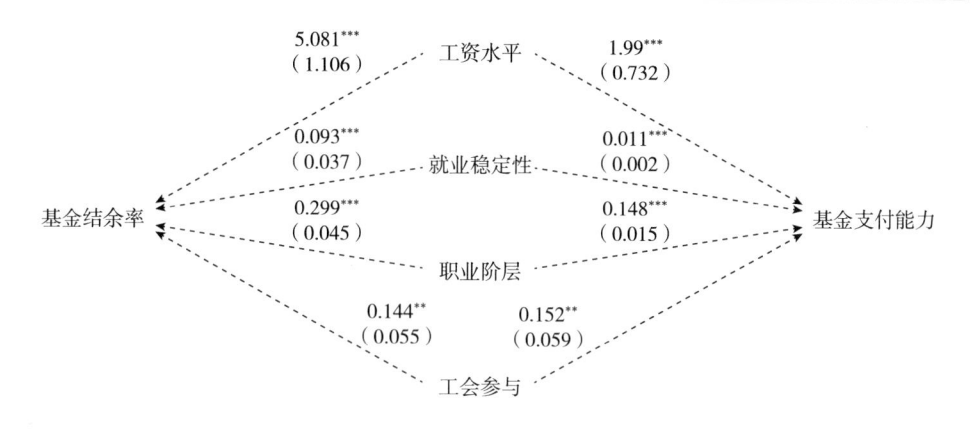

第十二章 高质量就业对社保基金运行效率的提升

```
                    5.081***          1.99***
                    (1.106)  工资水平  (0.732)
                    0.093***          0.011***
                    (0.037) 就业稳定性 (0.002)
基金结余率 ◄                                       ► 基金支付能力
                    0.299***          0.148***
                    (0.045)  职业阶层  (0.015)
                    0.144**           0.152**
                    (0.055)  工会参与  (0.059)
```

图 12-3　区域内农民工就业质量各维度对基金运行效率的影响

注：显著性水平 *** 表示 $p<0.01$，** 表示 $p<0.05$，* 表示 $p<0.1$。

率提高 0.09%，基金支付能力增加约 0.01 个月。由此可知，提升农民工群体的就业稳定性有助于增强社会保险基金的平衡能力。

接着从职业阶层维度检验农民工就业质量对社会保险基金运行的影响。根据农民工从事的具体职业，将"企事业单位负责人、专业技术人员、办事人员等"归类为白领，将"建筑工人、生产或加工工人、其他生产运输工人（如司机、搬运工、维修工等）"归类为蓝领。白领农民工比例越高社会保险基金的运行状态越好，平均而言，一个地区农民工群体中白领阶层比例每增加 1 个百分点，社会保险基金结余率就提高约 0.30%，基金可支付月数增加约 0.15 个月。这意味着提升农民工群体的阶层地位有助于社会保险基金的良性运行，农民工职业阶层的提升是就业质量改善的重要标志。

从参保率维度考察农民工就业质量对社会保险基金运行的影响。职工社会保险是针对劳动者的风险防范制度，参与职工社会保险意味着劳动者获得了相应的制度庇护，能够解除后顾之忧，因此，提高参保率是改善农民工就业质量的重要途径。根据图 12-3 展示的结果可知，农民工的参保率对社会保险基金运行有显著的正向作用。某一地区农民工群体的参保率每提高 1 个百分点，该地区社会保险基金结余率就上升约 0.14%，社会保险基金支付能力增加约 0.15 个月。以上结果表明，提升农民工群体的参保率有助于改善社会保险基金运行状态。

综上所述，提高农民工群体的就业质量能够有效改善社会保险基金运行，农民工群体的工资水平越高、就业稳定性越强、职业阶层地位越高、参加社会保险的比例越大，对应地区的社会保险基金结余率越高、基金支付能力越强。

第四节 本章小结

就业对社会保险制度运行具有反馈作用，提高劳动者的就业质量有助于促进社会保险制度良性运行。本章以各省份基金结余率和基金支付能力作为反映社会保险制度运行状态的关键指标，从宏观和微观两个层面检验就业质量对社会保险制度运行的影响效应。在宏观层面，利用各省份统计数据构造了就业质量综合指标，在微观层面基于全国流动人口动态监测调查数据，构造了农民工群体的就业质量指数，分别检验了地区就业质量和农民工群体就业质量对社会保险基金平衡的影响效应。本章的主要研究发现如下：

第一，提高区域就业质量对社会保险基金运行有显著的提升作用。地区就业质量越高，对应的社会保险基金结余率越高、基金可支付的月数越长，且在不同地区，就业质量的改善对基金运行均存在显著的改善作用。在采用动态面板回归、剔除基金财政补贴和使用就业质量滞后一期作为解释变量进行稳健性检验时，上述结论依然显著成立。区域就业质量主要从劳动报酬、劳动保护、就业环境、就业服务四个维度对基金平衡起作用，某一地区劳动者的报酬水平越高、劳动保护程度越高、就业环境越好、就业服务越完善，对应的社会保险基金结余率越高、基金可支付时间越长。

第二，改善农民工群体的就业质量对平衡社会保险基金有显著的促进作用。某一地区农民工群体的工资水平越高、就业稳定性越强、职业阶层地位越高、参加社会保险的比例越高，对应的该地区社会保险基金结余率和基金可支付能力越强。根据本章的研究结论可知，改善就业质量是增强社会保险基金平衡能力的有效路径，实现更高质量的就业对优化社会保险制度运行状态有着显著的促进作用，尤其是，改善农民工等弱势群体的就业质量有助于改善社会保险基金的运行状态，推进社会保险制度迈向高质量发展。

第五部分

总　结

　　本书以"社会保险与就业的互动关系"为核心研究内容，第二部分考察了社会保险缴费对企业雇佣规模、员工结构，以及劳动者就业决策、就业质量的影响效应；第三部分从供给、需求多视角评估了社会保险降费改革的就业效应；第四部分探讨了就业对社会保险制度运行的反馈作用。本部分对上述几个部分的研究内容进行全面总结，并基于研究结论提炼推进社会保险与就业良性互动以及两者高质量发展的政策建议，最后针对本书的研究不足提出未来的研究展望。

第十三章 研究结论、政策建议与研究展望

第一节 研究结论

社会保险与就业具有内在关联性,近年来,我国职工社会保险制度与劳动就业间的协调性较弱,澄清两者间的相互作用关系,促进社会保险与就业的良性互动,是维持社会经济稳定运行的需要,也是推进社会保险与就业高质量发展的需要。本书立足于我国社会保险制度实践,以不同类型企业和劳动者为分析对象,探究社会保险制度的"高费率"以及"降费改革"对就业的影响效应;以基金平衡为切入点,探讨"就业形态转变"及"就业质量改善"对社会保险制度运行的反馈效果。

围绕上述两个核心问题,本书开展了以下研究:

第一,社会保险高缴费率对就业的负面影响研究。从企业用工决策和个体就业决策两个维度评估"高费率"产生的就业效应及其作用机制,以厘清社会保险缴费对就业规模、就业结构等的影响效应。从宏观和微观视角构建就业质量评价指标体系,考察社会保险缴费对就业质量的影响效应。

第二,社会保险降费改革的就业效应研究。从劳动力需求视角评估降费改革对企业雇佣规模以及工资和福利决策的影响。从劳动供给视角分析降费改革对劳动者就业决策、工资获得和保险权益的影响,同时以农民工群体为例,评估了降费改革对次级劳动力市场主体就业决策与就业回报的影响效应。

第三,就业对社会保险制度运行的反馈作用研究。首先,揭示劳动力市场中的"去雇主化"趋势,呈现我国就业发展中的新变化;其次,以基金平衡为切入点,分析就业"去雇主化"对社会保险制度运行的影响作用,并从劳动者的

参保决策出发，解释"去雇主化"影响社会保险基金平衡的作用机制；最后，从区域和个体两个维度检验就业质量对社会保险基金运行的作用效果。

通过以上研究，本书的主要结论如下：

第一，社会保险缴费对就业的影响具有多维性，在就业总量、就业结构和就业质量等维度均产生了显著的负面效应。

首先，在总量维度，社会保险缴费对就业的影响主要表现为"就业挤出"效应，其作用逻辑在于社会保险制度的高费率降低了企业的劳动力需求和个体的劳动供给。基于企业主体的研究发现，社会保险缴费引发了上市企业的"解雇效应"和"资本替代效应"以及小微企业的"减员效应"。当社会保险缴费率上升时，上市企业一方面缩小了员工规模，另一方面也加大了投资，采用资本替代劳动的方式降低劳动力需求，从而对就业产生了直接和间接的挤出作用。对小微企业而言，缴费率的上升提高了劳动力成本，迫使其通过裁员的方式减轻成本负担。基于劳动者个体的研究发现，社会保险缴费对流动人口、中老年群体就业有显著的挤出作用，且其影响路径是多方面的。一是高缴费率加大了流动人口在城市正规劳动力市场中的就业难度，从而获取就业机会的概率下降。二是高缴费率降低了个体的实际工资率，从而导致劳动供给减少。三是社会保险缴费对劳动者施加了隐含税收，缴费率越高对应的边际隐含税率越大，从而劳动者提前退出劳动力市场的收益越大，这对中老年群体产生了"提前退休效应"。

其次，在结构维度，社会保险缴费对就业的影响主要表现为两个方面：一是缴费改变了企业内部的员工结构。二是缴费改变了个体的就业类型，导致就业朝着"非正规化"方向发展。在企业层面，本书研究发现，随着社会保险缴费率的上升，小微企在裁员时具有明显的结构性偏好，相比于男性员工、技术型员工，小微企业会优先减少女性员工、非技术型员工，此外，小微企业还倾向于使用非正式员工替代正式员工。在个体层面，由于社会保险缴费降低了企业劳动力需求，劳动者难以获得正规就业的机会，但迫于生存需要，个体对劳动收入的依赖性较大，此时，劳动者会选择从事灵活就业、自营就业的非正规就业，从而导致劳动力市场中非正规就业比重上升。社会保险缴费的"就业非正规化"现象与当下的就业形态转变趋势结合，为社会保险制度发展面临的新风险埋下了伏笔。

再次，在质量维度，社会保险缴费对就业的影响集中体现为高费率弱化了就业质量。无论是基于宏观数据构建的省域就业质量指标，还是基于农民工主体微观数据构建的个体就业质量指标，针对社会保险缴费与就业质量关系的研究均证实了缴费率对就业质量的弱化效应。在省域就业质量层面，社会保险缴费对就业质量的弱化作用，更多表现在劳动报酬、劳动保护、劳动关系和就业服务四个维度。在个体就业质量层面,社会保险缴费对农民工就业质量的弱化作用存在"传递"效应,并不因农民工是否真正参加职工社会保险而发生变化,且社会保险缴费对农民工就业质量的弱化作用主要表现为"六个降低",即社会保险缴费降低了农民工的小时工资水平、企业与农民工签订劳动合同的概率、参加职工社会保险的概率、就业稳定性、职业地位和工会参与。社会保险缴费弱化就业质量的主要机制在于,高费率影响了企业的薪酬决策,企业通过降低员工工资等方式进行成本转嫁,而这一行为会导致市场中其他主体也降低劳动力购买价格,最终使整体就业质量下降。

最后,社会保险缴费在上述三个维度上的"就业效应"具有明显的群体差异,随着缴费率的上升,不同禀赋的市场主体所受到的影响程度不同,其行为决策也有差异。对企业主体而言,随着社会保险缴费率的上升,非国有企业、500人以上的大规模企业,以及东部、中部地区企业更倾向于通过"解雇效应"缓解劳动力成本压力,而劳动密集型企业更倾向于选择资本替代劳动。对流动人口主体而言,社会保险缴费对农村户籍劳动者就业的挤出作用以及就业质量弱化作用更强,城镇户口身份能够有效缓和缴费的"就业挤出效应"和"就业质量弱化效应",且缴费产生的"就业非正规化"现象也仅存在于农村户籍流动人口中。此外,人力资本也能缓解社会保险缴费的就业挤出效应与就业非正规化效应,当缴费率上升时,低学历人口更容易失去就业或者选择非正规就业。

以上研究结论具有重要的启示价值。尽管社会保险缴费对就业的挤出作用已得到众多学者的证实,但缴费对就业影响的多维性以及群体差异性仍需进一步关注,且市场中各决策主体在不同维度上的权衡现象也需要更深入的考察。如企业面临高费率的市场环境,其会在薪酬、员工规模等方面进行取舍。此外,在当前经济下行、就业难度增大的环境下,地方政府可能存在"以降低质量换取数量"的决策行为。

第二,社会保险降费改革起到了"稳就业"的作用,且对就业结构、就业质量也有一定的正面影响,但其影响效果存在较大的群体差异。

首先,近年来的社会保险降费改革对劳动力需求和劳动力供给均有提升作用,从而促进了就业。在劳动力需求层面,2016年的降费改革显著提高了企业的员工人数,为稳岗就业奠定了基础,尤其是国有企业、外资企业,以及农林牧渔业、采矿业、制造业企业等传统劳动密集型企业在降费后增加了雇佣规模。在劳动力供给层面,降费改革显著提升了个体就业概率,无论是城镇户籍劳动者还是农民工均获得了降费的"就业促进"效应。但降费对个体就业的促进作用不是均匀分布的,在城镇劳动者中,男性更容易在降费中获得就业机会;在农民工群体中,较高学历者更容易获得就业机会,且降费力度越大,对农民工群体的就业促进作用越大。

其次,降费改革缓解了"就业非正规化"现象,能够引导个体转向正规受雇就业,从而优化就业结构。基于农民工群体的研究发现,社会保险降费对农民工就业存在"引导效应",降费改革导致农民工从灵活就业、创业等稳定性较弱的就业形式转向了相对稳定的雇佣就业,且这一效应主要存在于初中及以上学历群体。与此不同的是,降费对城镇户籍劳动者的就业类型并无引导效应,这与前文缴费对劳动者就业类型的影响结果一致。相比于农民工,城镇户籍劳动者有更稳定的就业偏好,其就业类型随缴费率变动而变化的概率更低。

最后,降费改革对就业质量有一定的提升作用,但其作用效果存在维度和群体差异。基于企业主体的研究发现,社会保险降费显著提高了企业的薪酬水平,且降费的工资效应主要存在于国有企业、资本密集型企业。此外,降费改革还提高了企业的工会和教育培训经费支出,这对企业员工的人力资本有提升作用,进一步的分析表明,降费对工会和教育培训经费的提升作用主要存在于国有企业、民营企业、劳动密集型企业和东部地区企业。基于劳动者主体的研究发现,降费改革对就业质量的影响存在明显的户籍差异。对城镇户籍劳动者而言,降费改革对其工资水平无提升作用,但显著提高了其参加职工社会保险的概率,且降费的参保效应存在外溢性,针对养老保险单险种的降费改革不仅能够提高城镇劳动者参加养老保险的概率,也能提高参加其他社会保险项目的概率,但对非雇佣就业者,降费仅能提高单险种的参保率。对农民工而言,降费改革提高了其收入水平,且主要是较高学历农民工能够在降费改革中获得工资增长。在参保方面,降费对农民工参加职工社会保险并无促进作用,甚至还起到了负面影响,仅在统筹地区内的跨县流动就业农民工有一定的正向影响。

由上可知,社会保险降费对就业的影响同样具有多维性,除了"稳就业",降低社会保险缴费率对劳动者的就业类型、不同维度的就业质量均产生了一定程度的影响,且不同市场主体能否在降费改革中获得"好处"与其自身的禀赋条件有关。

第三,就业对社会保险制度运行产生了反馈作用,就业的"去雇主化"弱化了社会保险基金平衡能力,提高就业质量有助于加强社会保险基金的健康运行。

首先,就业"去雇主化"是新业态的典型表现,对社会保险基金平衡构成了挑战。在城镇劳动人口中,个体就业等无稳定雇佣关系的劳动者比重逐年上升,这一群体大多游离在社会保险制度之外,无法为社会保险制度运行提供基金收入。研究发现,随着个体就业占比的上升,职工社会保险基金结余率、基金支付能力均显著下降,其作用路径主要在于就业形态转变降低了参保率和基金征缴收入。就业去雇主化对社会保险基金平衡的负面影响受到征收环境的调节，当由税务部门负责征收时，就业形态转变带来的负面影响相对较弱，而当由社会保险部门负责征收时，就业形态对基金平衡的负面作用更强，这表明税务部门征收社会保险基金能够有效减缓就业形态转变带来的副作用。当前我国的社会保险改革已将基金征收职责全面转移到税务部门，本书研究结论为这一改革举措提供了正当性。

其次，就业"去雇主化"影响社会保险基金运行的底层逻辑在于，去雇主化劳动者的参保决策发生了变化。一方面，新业态下的从业人员缺少稳定的雇主，从而也失去了社会保险制度对雇主—雇员强制参保的约束。另一方面，这类就业人员获得了参保选择权，其在职工社会保险与居民社会保险之间自由选择。根据模拟分析可知，同等条件下去雇主化就业人员参加职保制度的缴费负担远高于参加居保，且随着参保年限的增长两者的缴费负担差距不断扩大，在相同的缴费年限下，参加居保获得的收益率远高于职保，从而导致该类就业人员更多地选择参加居保而非职保。

最后，改善就业质量是提升社会保险基金运行效率的有效路径。从区域层面来看，就业质量主要从劳动报酬、劳动保护、就业环境、就业服务四个维度对基金平衡起作用，某一地区劳动者的报酬水平越高、劳动保护程度越高、就业环境越好、就业服务越完善，对应的社会保险基金结余率越高、基金可支付时间越长。从个体层面来看，改善农民工等弱势群体的就业质量对平衡社会保险基金有显著的促进作用。农民工群体的工资水平越高、就业稳定性越强、职业阶层地位越高、参加社会保险的比例也会越高，从而能够为社会保险制度运行提供人力和物力。

第二节　政策建议

本书围绕社会保险费率与就业的关系开展了大量实证研究，基于核心发现以及主要结论所依赖的制度条件，强调社会保险与就业应当以"共建共享"为目标，增强二者间的协调性，实现良性互动。

一、优化社会保险制度设计，增强就业保护功能

建立职工社会保险制度的初衷在于帮助就业人员分散社会风险、解除其后顾之忧，然而，社会保险功能的发挥需依赖于良好的制度设计。本书从缴费维度探

讨了社会保险制度对就业的影响，发现我国职工社会保险制度对就业起到了一定的负面影响。结合研究结论和当下的制度环境，本书从社会保险参数设计以及政策执行层面提出以下建议。

（一）加大降费力度，强化降费的"稳就业"效果

长期以来，我国职工社会保险制度的缴费率偏高，企业和个人的缴费负担过高，自2015年以来的社会保险降费改革在一定程度上减轻了企业负担，但在"促进就业"方面的作用仍有待加强。根据本书的研究结论，社会保险降费对企业的劳动力需求以及个体的劳动供给均起到了促进作用，但在宏观层面，降费对地区就业总规模的提升作用不够显著，其可能的原因在于降费力度不够。此外，在就业质量方面，当前降费改革的作用效果较弱，仅民营企业等部分企业在降费后提高了员工的工资水平，针对劳动者个体的研究发现，绝大多数就业人员并未通过降费获得实质性的"收益"，降费对个体就业质量的改善程度有限。因此，在未来的制度改革中，应继续加大社会保险降费力度，通过减轻企业和劳动者负担，激发劳动力市场活力，巩固和加大降费改革的就业效应，不仅实现就业总量的提高，也要推进就业质量的提升。

（二）优化社会保险费率结构，平衡企业和个人负担

企业和员工共担社会保险缴费责任，是俾斯麦模式社会保险制度的基本特征，也是我国职工社会保险制度的筹资原则。在社会保险降费改革之前，企业与员工的缴费率分别在30%和11%左右，2019年费率调整后，企业和员工的缴费率分别在24%和10.5%左右，可见在降费前后企业承担的缴费率均高于个人。本书针对小微企业的研究发现，企业与员工承担的费率比值越大，对企业雇佣规模的挤出作用越大，这意味着在既定的总缴费率下，要求企业承担更多的缴费责任将导致更多的失业问题。鉴于此，在社会保险费率调整这一参数改革中，要重视企业和员工的责任分摊比例，尤其是在当下经济下行、就业形势较为严峻的环境下，要合理调整社会保险费率结构，在保障社会保险制度基本待遇水平不变的前提下，为企业提供更多的让利空间。一方面，降低企业承担的费率比重，有助于发挥生产功能和就业促进功能；另一方面，强调个人的缴费责任，有利于强化社会保险制度的权利义务原则，加强社会保险待遇与缴费的关联性，提高缴费激励。

（三）合理调整养老金领取条件，设置梯度缴费率

根据我国的制度设计，就业人员参加职工养老保险至少需缴费满15年，如此，参保人缴费满15年后继续缴费的动机将减弱，部分就业人员不再继续缴纳社会保险费用。这对社会保险制度而言，将导致严重的基金损失，造成有效征缴收入不足，对参保人而言，退休后的养老金收入也会偏低。此外，从20世纪50年代至今我国的法定退休年龄未经调整，而在此期间我国的人口预期寿命得到了

大幅度的延长，尽管当前政府正积极推动延迟退休年龄改革，但落实政策面临较大的阻力，不仅如此，我国的社会保险缴费还产生了"提前退休"效应，高费率导致部分劳动者在达到法定退休年龄之前就退出了劳动力市场。鉴于此，本书建议延长最低缴费年限，参保人员在缴费满15年后仍需继续缴纳养老保险费用，但缴费要求可适当降低，如设置梯度缴费率，在缴费满15年后，缴费年限越长对应的缴费率越低。此外，考虑到延迟法定退休年龄面临的阻力较大，本书建议设置养老金领取年龄取代法定退休年龄，如养老金领取年龄设定为65岁，劳动者在达到60岁后可自行选择退休或者继续工作缴费，对选择退休的劳动者需等待至65岁方可申请领取养老金，对选择继续工作缴费的劳动者可给予缴费优惠。

（四）针对小微企业、农民工等重点群体实施缴费优惠

过高的社会保险缴费率会引发一系列不良后果，尤其是对小微企业、农民工等群体产生的负面效应更为严重，导致其难以真正参与到社会保险制度中来。鉴于这类群体的市场能力较弱，在制定社会保险缴费政策时，可适度对其提供优惠。如制定多梯度的社会保险缴费率，对困难群体实施较低档次的缴费率，并根据其经营和市场表现情况，适时调整其适用的缴费档次。

二、加强就业引导，发挥正向反馈作用

社会保险制度的正常运行以稳定、有效的基金筹集为前提，而就业的变化会影响社会保险基金筹资效率，从而对社会保险制度运行发挥反馈作用。研究发现，就业形态的转变以及劳动关系的松散化降低了就业人员的参保率，而改善就业质量是提高社会保险基金征收效率的有效途径。鉴于此，本书提出以下建议：

（一）放松制度门槛，分类推进就业人员参保

就业人口的增长无法有效转化为社会保险缴费人口的增长，这是我国职工社会保险制度面临的重大问题，对制度的可持续发展构成了严峻的挑战。尽管我国职工社会保险已实现了制度层面的全覆盖，但研究发现，农民工等流动就业群体的参保率持续偏低，新经济下的新业态就业人员由于雇佣关系问题无法参与到职工社会保险制度中来，从而对社会保险制度的基金运行造成了不良影响。鉴于此，提升就业人员的参保率是社会保险制度发展必须完成的任务。在制度改革中，应以"弱化劳动关系、引入合约关系，解除劳动合同与社会保险的绑定"为总体原则，分类推进不同类型就业劳动者全员参保，强化制度设计的融入性与共享性。

一方面，不再把签订劳动合同作为参加社会保险的前置条件。在我国的制度实践中，签订劳动合同与参加社会保险存在显著的正向关系，企业出于节约成本的考虑，会以各种手段不与劳动者签订劳动合同。解除劳动合同与社会保险的绑

定,有助于避免用人单位为规避缴费责任而无限制采取非正规雇佣方式使用劳工,为各类型就业人员共同参与职工社会保险奠定基础。

另一方面,针对不同类型就业人员有序推进参保计划。对雇佣就业劳动者,在推进参保计划时不能因户籍身份不同而区别对待,对此,社会保险经办机构以及税务部门在核查企业参保情况时要切实履行监督责任,督促相关人员参保缴费。针对自雇就业劳动者,要加强政策引导、做好政策宣传,对有能力有条件的就业人员可鼓励参加职工社会保险制度,鉴于自雇就业者可看成是"雇主与雇员的合一体",其统筹账户的缴费由个人承担,政府可给予适当的补贴以及缴费上的优惠。对于各类型平台经济从业人员,则采取分类原则,若劳动者仅通过单一平台获取收入,则遵照雇佣就业者办法参保,并由平台承担相应缴费责任;若劳动者通过多个平台获取收入,则按劳动者在各平台的收入构成,由主要收入来源平台分担相应缴费责任;若劳动者存在正规就业单位仅通过平台获取兼职收入,则按照雇佣就业者处理,由正规就业单位承担相应责任。

(二)优化市场结构,全面提升劳动者就业质量

在既定的就业人口规模下,提高劳动者的就业质量有助于提高社会保险基金收入。一方面,就业收入涉及社会保险缴费基数,提高收入水平对社会保险基金筹集有着直接的促进作用,从而改善基金运行状态。另一方面,就业稳定性涉及社会保险缴费的持续性,稳定的就业能够带来稳定的缴费收入。因此,在就业领域的改革中要采取多渠道提升劳动者就业质量,尤其是农民工等群体更应成为重点关注对象,可通过组织就业培训、开展公共就业服务等,提高劳动者的就业能力。

第三节　研究展望

18世纪的工业革命与机器大生产催生了"业缘关系",雇主与雇员间稳定的劳动关系应运而生,此时以解决劳资矛盾为"初心"的俾斯麦社会保险体系顺势建立,并逐步推广至世界其他国家。随着社会保险制度在各国的推广和实践,其与就业的关系问题逐渐受到学术界的关注,并引发了持久的讨论。本书紧密贴合中国当前的社会保险费率改革,立足地区、企业、个人多主体,从总量、结构、质量多维度考察了社会保险缴费、降费对就业的影响效应,以及就业对社会保险制度运行的反馈作用。社会保险与就业的关系颇为复杂,本书侧重于费率视角的考察,难以顾全方方面面,从全部研究过程来看,仍存在不少有待改进和探

讨之处。

第一，从地区层面检验社会保险缴费与降费的就业效应时，缺少对空间关联性的考量。本书利用省级层面的宏观统计数据，考察了社会保险缴费与就业关系，在实证分析过程中假设地区之间的社会保险缴费以及就业是独立的，不存在相关影响。然而，有部分研究指出，地方政府在筹集社会保险基金时存在"逐底竞争"等空间关联行为，这可能会导致在社会保险缴费与就业的关系中也存在空间效应，在未来的实证研究中可以进一步探讨。

第二，在关于降费的就业效应研究中，主要以2016年的养老保险降费改革为例，理由是在自2015年以来的多轮费率调整中，仅2016年的养老保险降费能够清晰地划分出降费地区和非降费地区，满足政策实验研究的条件。在未来进一步研究中，可以探讨借助更加科学的研究方法，辨析多轮降费改革的总体就业效应，从而更加准确地判断我国社会保险降费在稳就业以及提高就业质量方面的作用效果。

第三，关于缴费基数就业效应的研究有待推进。本书重点考察了缴费率这一参数设计对就业的影响，而未讨论缴费基数变动所产生的影响。在我国的制度实践中，各地区实际使用的缴费基数存在差异，此外，2019年颁布的《降低社会保险费率综合方案》不仅调整了缴费率，对缴费基础也做了相应调整，要求各省份以本省城镇非私营单位就业人员平均工资和城镇私营单位就业人员平均工资加权计算的全口径城镇单位就业人员平均工资，核定社保个人缴费基数上下限，合理降低部分参保人员和企业的社保缴费基数。缴费基数的下调在一定程度上减轻了企业和个人的实际缴费负担，从而可能会影响就业，这些在今后的实证研究中可以更加细致地考察。

第四，社会保险与就业的关系还可能受社会保险待遇水平的影响，需要进一步检验。本书的侧重点在于考察费率的就业效应，仅在部分章节涉及了待遇指标，如在考察社会保险与提前退休的关系时，同时检验了缴费和待遇的影响效应。从制度运行过程来看，社会保险对就业的影响更多地体现在缴费维度，但从劳动者的角度而言，获取社会保险待遇亦可能是其选择就业或者正规就业的重要原因，因此，社会保险对就业的最终影响效果应是缴费和待遇双重作用的结果。

参考文献

[1] 陈鹏军. 基本养老保险制度与职工退休选择行为研究[J]. 社会主义研究, 2015 (3): 95-100.

[2] 程名望, 华汉阳. 购买社会保险能提高农民工主观幸福感吗？——基于上海市2942个农民工生活满意度的实证分析[J]. 中国农村经济, 2020 (2): 46-61.

[3] 程煜, 何益欣, 刘玉萍. 社保降费改革的政策效果评估——基于企业异质性的视角[J]. 山西财经大学学报, 2021, 43 (8): 1-15.

[4] 程煜, 汪润泉, 杨翠迎. 社会保险"阶段性降费"能否实现稳就业？——基于劳动供给的分析[J]. 财政研究, 2021 (2): 96-110.

[5] 邓睿. 社会资本动员中的关系资源如何影响农民工就业质量？[J]. 经济学动态, 2020 (1): 52-68.

[6] 丁守海, 丁洋, 吴迪. 中国就业矛盾从数量型向质量型转化研究[J]. 经济学家, 2018 (12): 57-63.

[7] 丁守海. 最低工资管制的就业效应分析——兼论《劳动合同法》的交互影响[J]. 中国社会科学, 2010 (1): 85-102+223.

[8] 董芳, 周江涛. 《社会保险法》实施对外出农民工社会保险参保率的影响研究[J]. 社会保障研究, 2020 (2): 76-88.

[9] 都阳. 制造业企业对劳动力市场变化的反应：基于微观数据的观察[J]. 经济研究, 2013, 48 (1): 32-40+67.

[10] 方长春. 新就业形态的类型特征与发展趋势[J]. 人民论坛, 2020 (26): 56-59.

[11] 封进, 韩旭, 何立新. 中国城镇劳动者退休行为及延迟退休的福利效果[J]. 劳动经济研究, 2017 (5): 18-40.

[12] 封进. 中国城镇职工社会保险制度的参与激励[J]. 经济研究, 2013, 48 (7): 104-117.

[13] 封进．社会保险对工资的影响——基于人力资本差异的视角［J］．金融研究，2014（7）：109-123．

[14] 葛结根．社会保险缴费对工资和就业的转嫁效应——基于行业特征和经济周期的考察［J］．财政研究，2018（8）：93-104．

[15] 郭席四．我国转型期提前退休的危害及其控制［J］．统计与决策，2005（12）：48-49．

[16] 郭思文，陈建伟．民族地区小微企业就业带动能力及其影响因素研究——基于"中国小微企业调查"数据的比较分析［J］．民族研究，2019（6）：48-60+140．

[17] 韩俊强．农民工养老保险参保行为与城市融合［J］．中国人口·资源与环境，2017，27（2）：135-142．

[18] 黄宏伟，展进涛，陈超．"新农保"养老金收入对农村老年人劳动供给的影响［J］．中国人口科学，2014（2）：106-115．

[19] 黄亚捷，闫雪凌，马超．FDI对中国城镇化发展的影响——基于劳动力就业中介效应的实证研究［J］．中山大学学报（社会科学版），2018，58（4）：185-195．

[20] 惠炜，惠宁．消费平滑理论研究新进展［J］．经济学动态，2016（2）：101-113．

[21] 纪雯雯，赖德胜．网络平台就业对劳动关系的影响机制与实践分析［J］．中国劳动关系学院学报，2016（4）：6-16．

[22] 靳庆鲁，孔祥，侯青川．货币政策、民营企业投资效率与公司期权价值［J］．经济研究，2012，47（5）：96-106．

[23] 孔微巍，廉永生，张敬信．我国劳动力就业质量测度与地区差异分析——基于各省市2005—2014年面板数据的实证分析［J］．哈尔滨商业大学学报：社会科学版，2017（6）：5-17．

[24] 赖德胜，苏丽锋，孟大虎．中国各地区就业质量测算与评价［J］．经济理论与经济管理，2011（11）：88-99．

[25] 李昂，申曙光．社会养老保险与退休年龄选择——基于CFPS2010的微观经验证据［J］．经济理论与经济管理，2017（9）：55-70．

[26] 李国正，王一旻．人口红利消失背景下农民工收入与就业率的性别差异研究［J］．宁夏社会科学，2017（1）：100-108．

[27] 李琴，彭浩然．预期退休年龄的影响因素分析——基于CHARLS数据的实证研究［J］．经济理论与经济管理，2015（2）：89-100．

[28] 李锐，官小容．中美养老保险制度提前退休激励效应比较——基于

Harmonized 健康与退休追踪数据的分析［J］．中国人口科学，2020（1）：16-28+126.

［29］李珍，王向红．减轻企业社会保险负担与提高企业竞争力［J］．经济评论，1999（5）：56-60.

［30］李勇辉，沈波澜，李小琴．儿童照料方式对已婚流动女性就业的影响［J］．人口与经济，2020（5）：44-59.

［31］陆万军，张彬斌．就业类型、社会福利与流动人口城市融入——来自微观数据的经验证据［J］．经济学家，2018（8）：34-41.

［32］廖少宏．提前退休模式与行为及其影响因素［J］．中国人口科学，2012（3）：96-112.

［33］林熙，林义．我国城镇中老年劳动者退休决策行为分析——基于 Cox 比例风险模型［J］．天府新论，2017（3）：124-133.

［34］刘贯春，叶永卫，张军．社会保险缴费、企业流动性约束与稳就业——基于《社会保险法》实施的准自然实验［J］．中国工业经济，2021（5）：152-169.

［35］刘婧，郭圣乾，金传印．经济增长、经济结构与就业质量耦合研究——基于 2005—2014 年宏观数据的实证［J］．宏观经济研究，2016（5）：99-105.

［36］刘苓玲，慕欣芸．企业社会保险缴费的劳动力就业挤出效应研究——基于中国制造业上市公司数据的实证分析［J］．保险研究，2015（10）：107-118.

［37］刘玉，孙文远 FDI 的就业质量效应：基于省级面板数据的分析［J］．审计与经济研究，2014，29（6）：103-110.

［38］吕天阳，邱玉慧，杨蕴毅．社会保险数据碎片化现状分析——基于对 A 省 11 种基金的调研［J］．社会保障研究，2015（4）：67-73.

［39］吕学静，何子冕．养老保险费率降低的工资与就业效应——基于上市公司的实证分析［J］．社会保障评论，2019，3（4）：54-69.

［40］马双，孟宪芮，甘犁．养老保险企业缴费对员工工资、就业的影响分析［J］．经济学（季刊），2014（3）：969-1000.

［41］穆怀中，陈洋，陈曦．灵活就业人员参保缴费激励机制研究——以家庭预期收益效用为视角［J］．中国人口科学，2016（6）：11-24+126.

［42］穆怀中，张楠．城镇养老保险缴费对就业影响的门槛效应研究［J］．经济体制改革，2018（4）：20-25.

［43］宁本荣．产业转型中和谐劳动关系构建：挑战与应对——以上海市为

例〔J〕．上海行政学院学报，2018（1）：89-96．

〔44〕潘泽泉，林婷婷．劳动时间、社会交往与农民工的社会融入研究——基于湖南省农民工"三融入"调查的分析〔J〕．中国人口科学，2015（3）：108-115+128．

〔45〕彭浩然，岳经纶，李晨烽．中国地方政府养老保险征缴是否存在逐底竞争？〔J〕．管理世界，2018，34（2）：103-111．

〔46〕彭浩然．基本养老保险制度对个人退休行为的激励程度研究〔J〕．统计研究，2012（9）：33-38．

〔47〕钱雪亚，胡琼，邱靓．工资水平的成本效应：企业视角的研究〔J〕．统计研究，2016，33（12）：17-27．

〔48〕钱雪亚，蒋卓余，胡琼．社会保险缴费对企业雇佣工资和规模的影响研究〔J〕．统计研究，2018（12）：68-79．

〔49〕秦立建，苏春江．医疗保险对农民工工资效应的影响研究〔J〕．财政研究，2014（5）：14-17．

〔50〕任超然．阶段性降低养老保险缴费率增加了企业投资吗？——来自A股上市公司的证据〔J〕．保险研究，2021（4）：106-120．

〔51〕邵国栋，朱小玉，刘伟．基于生命周期理论的延迟退休年龄合理性研究〔J〕．云南社会科学，2007（5）：53-56．

〔52〕申广军，邹静娴．企业规模、政企关系与实际税率——来自世界银行"投资环境调查"的证据〔J〕．管理世界，2017（6）：23-36．

〔53〕申曙光，孟醒．财富激励与延迟退休行为——基于A市微观实际数据的研究〔J〕．中山大学学报（社会科学版），2014（2）：181-193．

〔54〕宋弘，封进，杨婉彧．社保缴费率下降对企业社保缴费与劳动力雇佣的影响〔J〕．经济研究，2021，56（1）：90-104．

〔55〕宋锦，李曦晨．产业转型与就业结构调整的趋势分析〔J〕．数量经济技术经济研究，2019，36（10）：38-57．

〔56〕宋帅，秦子洋．社保缴款对退休行为的影响研究——基于OECD数据的实证分析〔J〕．劳动经济评论，2020，13（2）：63-76．

〔57〕苏丽锋，陈建伟．我国新时期个人就业质量影响因素研究——基于调查数据的实证分析〔J〕．人口与经济，2015（4）：107-118．

〔58〕苏丽锋，赖德胜．高质量就业的现实逻辑与政策选择〔J〕．中国特色社会主义研究，2018（2）：32-38．

〔59〕苏丽锋．我国转型期各地就业质量的测算与决定机制研究〔J〕．经济科学，2015（4）：41-53．

[60] 孙婧芳. 城市劳动力市场中户籍歧视的变化：农民工的就业与工资 [J]. 经济研究, 2017, 52（8）：171-186.

[61] 孙泽人, 赵秋成, 肇颖. "新农保"是否真的减少了农村老年人的劳动参与？——基于 CHARLS 两期截面数据的研究 [J]. 商业研究, 2020（10）：117-126.

[62] 唐珏, 封进. 社会保险征收体制改革与社会保险基金收入——基于企业缴费行为的研究 [J]. 经济学（季刊）, 2019, 18（3）：833-854.

[63] 陶纪坤, 张鹏飞. 社会保险缴费对劳动力需求的"挤出效应" [J]. 中国人口科学, 2016（6）：78-87+127-128.

[64] 汪润泉, 金昊, 杨翠迎. 中国社会保险负担实高还是虚高？——基于企业和职工实际缴费的实证分析 [J]. 江西财经大学学报, 2017（6）：53-63.

[65] 汪润泉, 金昊. 高费率对农民工参加职工社会保险的挤出效应——基于就业类型选择的分析 [J]. 人口与发展, 2020（6）：13-24.

[66] 汪润泉, 张充. 高费率低待遇与基金失衡：中国社会保险制度困境 [J]. 江西财经大学学报, 2019（1）：82-94.

[67] 王建国, 李实. 大城市的农民工工资水平高吗？ [J]. 管理世界, 2015（1）：59-70.

[68] 王永洁. 平台型非标准就业与劳动力市场规制 [J]. 北京工业大学学报（社会科学版）, 2020（3）：94-100.

[69] 王弘钰, 王辉. 农民工与城镇职工偏差行为的代际比较研究——基于雇佣不平等的分析视角 [J]. 农业技术经济, 2016（6）：86-96.

[70] 王宏鸣, 张继良. 小微企业社保缴费承受力分析 [J]. 调研世界, 2018（8）：49-54.

[71] 温兴祥, 郑子媛. 城市医疗保险对农民工家庭消费的影响——基于 CFPS 微观数据的实证研究 [J]. 消费经济, 2019, 35（6）：23-32.

[72] 问清泓. 共享经济下社会保险制度创新研究 [J]. 社会科学研究, 2019（1）：86-98.

[73] 吴海青, 锁凌燕, 孙祁祥. 新农保对农村中老年人劳动供给时间的影响——基于年龄与家庭收入的异质性分析 [J]. 财经理论与实践, 2020（3）：39-45.

[74] 吴培材. 新农合对农村劳动力就业选择的影响——基于 CHNS 数据的实证分析 [J]. 西安财经学院学报, 2019（1）：76-83.

[75] 肖小勇, 黄静, 郭慧颖. 教育能够提高农民工就业质量吗？——基于 CHIP 外来务工住户调查数据的实证分析 [J]. 华中农业大学学报（社会科学

版），2019（2）：135-143+169.

[76] 薛惠元，仙蜜花．灵活就业人员参加养老保险的制度选择——基于职保与城乡居保制度比较的视角［J］．保险研究，2015（2）：94-104.

[77] 薛进军，高文书．中国城镇非正规就业：规模、特征和收入差距［J］．经济社会体制比较，2012（6）：59-69.

[78] 鄢伟波，安磊．社会保险缴费与转嫁效应［J］．经济研究，2021，56（9）：17.

[79] 阳义南，肖建华．参保职工真的都反对延迟退休吗？——来自潜分类模型的经验证据［J］．保险研究，2018（11）：107-116.

[80] 阳义南．我国职工退休年龄影响因素的实证研究［J］．保险研究，2011（11）：63-73.

[81] 姚俊．流动就业类型与农民工工资收入——来自长三角制造业的经验数据［J］．中国农村经济，2010（11）：53-62.

[82] 杨翠迎，汪润泉，程煜．费率水平、费率结构：社会保险缴费的国际比较［J］．经济体制改革，2018a（2）：152-158.

[83] 杨翠迎，汪润泉，沈亦骏．政策费率与征缴水平：中国城镇职工社会保险缴费背离性分析［J］．公共行政评论，2018b，11（3）：162-177+213.

[84] 杨俊，宋媛．养老保险制度对提前退休影响的性别差异分析［J］．浙江社会科学，2008（7）：18-23.

[85] 杨俊．养老金奖惩机制与延迟退休——基于苏南C市女性劳动者的数据研究［J］．社会保障评论，2021，5（3）：51-61.

[86] 杨俊．养老保险和工资与就业增长的研究［J］．社会保障研究，2008（2）：132-141.

[87] 杨一心．整体性视角下的中国社会保险治理［J］．社会保障评论，2021（3）：62-78.

[88] 杨东亮，郑鸽．城市规模对劳动力工资的异质性影响——基于中国2017年流动人口调查数据的实证［J］．财经科学，2021（2）：95-108.

[89] 杨红燕，陈鑫，聂梦琦，罗萍，秦昆．地方政府间"标尺竞争""参照学习"与机构养老床位供给的空间分布［J］．中央财经大学学报，2020（2）：106-116.

[90] 杨正雄，张世伟．最低工资对农民工非正规就业和工资的影响［J］．农业经济问题，2020（9）：40-54.

[91] 姚先国，方昕，张海峰．高校扩招后教育回报率和就业率的变动研究［J］．中国经济问题，2013（2）：3-11.

[92] 尹恒，张子尧，曹斯蔚．社会保险降费的就业促进效应——基于服务业的政策模拟 [J]．中国工业经济，2021（5）：57-75.

[93] 詹宇波，姚林肖，高扬．中国劳动保护强度测度——基于1994—2016省际面板数据 [J]．上海经济研究，2020（2）：43-52.

[94] 詹长春，汤飞，梅强．小微企业社会保险缴费负担研究——以江苏省镇江市为例 [J]．探索，2013（6）：154-158.

[95] 张川川，赵耀辉．老年人就业和年轻人就业的关系：来自中国的经验证据 [J]．世界经济，2014，37（5）：74-90.

[96] 张川川．养老金收入与农村老年人口的劳动供给——基于断点回归的分析 [J]．世界经济文汇，2015（6）：76-89.

[97] 张抗私，李善乐．我国就业质量评价研究——基于2000—2012年辽宁宏观数据的分析 [J]．人口与经济，2015（6）：62-72.

[98] 张抗私，刘翠花，丁述磊．正规就业与非正规就业工资差异研究 [J]．中国人口科学，2018（1）：83-94+128.

[99] 张丽琼，朱宇，林李月．家庭化流动对流动人口就业率和就业稳定性的影响及其性别差异——基于2013年全国流动人口动态监测数据的分析 [J]．南方人口，2017，32（2）：1-12.

[100] 张鹏飞．企业社会保险缴费挤出职工工资的差异研究 [J]．北京社会科学，2020（8）：11.

[101] 张原．农民工就业能力能否促进就业质量？——基于代际和城乡比较的实证研究 [J]．当代经济科学，2020，42（2）：16-31.

[102] 张世伟，武娜．农民工和城镇工劳动报酬差异的变动 [J]．统计与信息论坛，2014，29（7）：71-75.

[103] 赵静，毛捷，张磊．社会保险缴费率、参保概率与缴费水平——对职工和企业逃避费行为的经验研究 [J]．经济学（季刊），2016，15（1）：341-372.

[104] 赵颖．减税激励与小微企业发展——基于所得税减半征收的证据 [J]．经济学动态，2022（5）：110-126.

[105] 赵建国，王净净．城市规模、社会网络与农民工的自我雇佣选择 [J]．山西财经大学学报，2022，44（7）：29-41.

[106] 赵亮，张世伟．人力资本对农民工就业、收入和社会保险参与的影响 [J]．重庆大学学报（社会科学版），2011，17（5）：48-52.

[107] 周春芳，苏群．我国农民工与城镇职工就业质量差异及其分解——基于RIF无条件分位数回归的分解法 [J]．农业技术经济，2018（6）：32-43.

[108] 周广肃，李力行. 养老保险是否促进了农村创业 [J]. 世界经济, 2016（11）：172-192.

[109] 周作昂，赵绍阳. 农民工参加城镇职工社保对工资的替代效应 [J]. 财经科学, 2018（7）：59-69.

[110] 周天勇，张弥. 经济运行与增长中的中小企业作用机理 [J]. 经济研究, 2002（4）：76-83+95-96.

[111] 朱海龙，唐辰明. 互联网环境下的劳动关系法律问题研究 [J]. 社会科学, 2017（8）：85-94.

[112] 朱火云，丁煜，王翻羽. 中国就业质量及地区差异研究 [J]. 西北人口, 2014（2）：92-97.

[113] 朱文娟，汪小勤，吕志明. 中国社会保险缴费对就业的挤出效应 [J]. 中国人口·资源与环境, 2013, 23（1）：137-142.

[114] 朱武祥，张平，李鹏飞，王子阳. 疫情冲击下中小微企业困境与政策效率提升——基于两次全国问卷调查的分析 [J]. 管理世界, 2020, 36（4）：13-26.

[115] 诸大建. U盘化就业：中国情境下零工经济的三大问题 [J]. 探索与争鸣, 2020（7）：9-12.

[116] Acemoglu D. Labor-and Capital-Augmenting Technical Change [J]. Journal of the European Economic Association, 2003, 1（1）：1-37.

[117] Aldrich, Mark. On the Track of Efficiency: Scientific Management Comes to Railroad Shops, 1900-1930 [J]. Business History Review, 2010, 84（3）：501-526.

[118] Aloisi A. Commoditized Workers: Case Study Research on Labor Law Issues Arising from a Set of on-demand/gig Economy Platforms [J]. Comp. Lab. L. & Pol'y J., 2015, 37（3）：620-653.

[119] Anderson P M, Bruce D M. The Effects of the Unemployment Insurance Payroll Tax on Wages, Employment, Claims and Denials [J]. Journal of Public Economics, 2000, 78（1-2）：81-106.

[120] Autor D H, Kerr W R, Kugler A D. Does Employment Protection Reduce Productivity? Evidence From US States [J]. Economic Journal, 2010, 117（521）：189-217.

[121] Bennmarker H, Mellander E, Ockert B. Do Reginal Payroll Tax Reductions Boost Employment? [J]. Labour Economics, 2009, 16（5）：480-489.

[122] Berk J B, Stanton R, Zechner J. Human Capital, Bankruptcy, and Cap-

ital Structure [J]. The Journal of Finance, 2010, 65 (3): 891-926.

[123] Bernal R, Eslava M, Meléndez M, et al. Switching from Payroll Taxes to Corporate Income Taxes: Firms' Employment and Wages after the 2012 Colombian Tax Reform [J]. Economia, 2017, 18 (1): 41-74.

[124] Bernanke B, Gertler M, Review A E, et al. Agency Costs, Net Worth, and Business Fluctuations [J]. American Economic Review, 1989, 79 (1): 14-31.

[125] Bocialetti G. Quality of Work Life [J]. Group & Organization Management, 1987, 12 (4): 386-410.

[126] Börsch-Supan A. Incentive Effects of Social Security on Labor Force Participation: Evidence in Germany and across Europe [J]. Journal of Public Economics, 2000, 78 (1-2): 25-49.

[127] Brittain J A. The Incidence of Social Security Payroll Taxes. [J]. American Economic Review, 1971, 61 (1): 110-125.

[128] Brittain J A. The Payroll Tax for Social Security [M]. Washington, D. C.: Brookings Institution, 1972.

[129] Burchell B, Sehnbruch K, Piasna A, et al. The Quality of Employment and Decent Work: Definitions, Methodologies, and Ongoing Debates [J]. Cambridge Journal of Economics, 2014, 38 (2): 459-477.

[130] Cahuc P, Carcillo S, Barbanchon T L. Do Hiring Credits Work in Recessions? Evidence from France [R]. IZA Discussion Paper, 2014.

[131] Chang F. Uncertain Lifetimes, Retirement and Economic Welfare [J]. Economica, 1991, 58 (230): 215-232.

[132] Coile C C. The Evolution of Retirement Incentives in the US [R]. Social Security Programs and Retirement around the World: Reforms and Retirement Incentives [R]. NBER Working Paper, 2018.

[133] Cruces G, Galiani S, Kidyba S. Payroll Taxes, Wages and Employment: Identification through Policy Changes [R]. CEDLAS, Working Papers, 2010, 17 (4): 743-749.

[134] Dalmazzo A. Debt and Wage Negotiations: A Bankruptcy-Based Approach [J]. The Scandinavian Journal of Economics, 1996, 98 (3): 351-64.

[135] Damiani M, Pompei F. Labour Protection and Productivity in the European Economies: 1995-2005 [J]. Social Science Electronic Publishing, 2009, 7 (2): 373-411.

[136] Doeringer P B, Piore M J. Internal Labor Markets and Man power Analysis

[M]. Lexington MA: D C Heath, 1971.

[137] Egebark J, Kaunitz N. Payroll Taxes and Youth Labor Demand [J]. Labour Economics, 2018 (55): 163-177.

[138] Elias F. Labor Demand Elasticities over the Life Cycle: Evidence from Spain's Payroll Tax Reforms [R]. Columbia University Job Market Paper, 2015.

[139] Feldstein M. Social Security, Induced Retirement, and Aggregate Capital Accumulation [J]. Journal of Political Economy, 1974, 82 (5): 905-926.

[140] Feldstein M., Samwick A. Social Security Rules and Marginal Tax Rates [J]. National Tax Journal, 1972 (45): 1-22.

[141] Feng, Jin, Lixin He, Hiroshi Sato. Public Pension and Household Saving: Evidence from Urban China [J]. Journal of Comparative Economics, 2011, 39 (4): 470-485.

[142] Friedman G. Workers Without Employers: Shadow Corporations and the Rise of the Gig Economy [J]. Review of Keynesian Economics, 2014, 2 (2): 171-188.

[143] Gertler M, Gilchrist S. Monetary Policy, Business Cycles and the Behavior of Small Manufacturing Firms [J]. Quarterly Journal of Economics, 1994, 109 (2): 309-340.

[144] Gruber J, Wise D. Social Security and Retirement: An International Comparison [J]. American Economic Review, 1998, 88 (2): 158-163.

[145] Gruber J. The Incidence of Payroll Taxation: Evidence from Chile [J]. Journal of Labor Economics, 1997, 15 (3): 72-101.

[146] Gruber J, Krueger A B. The Incidence of Mandated Employer-Provided Insurance: Lessons from Workers Compensation Insurance [J]. Tax Policy and the Economy, 1991 (5): 34-55.

[147] Gruber J. The Incidence of Mandated Maternity Benefits [J]. American Economic Review, 1994, 84 (3): 622-641.

[148] Hamermesh D S. New Estimates of the Incidence of Payroll Tax [J]. Southern Economic Journal, 1979, 45 (4): 1208-1219.

[149] Heckman J J, Ichimura H, Todd P. Matching as An Econometric Evaluation Estimator [J]. The Review of Economic Studies, 1998, 65 (2): 261-294.

[150] Holmlund B. Payroll Taxes and Wage Inflation: The Swedish Experience [J]. Scandinavian Journal of Economics, 1983, 85 (1): 1-15.

[151] ILO. Decent Work Indicators for Asia and the Pacific: A Guidebook for

Policy-makers and Researchers [R]. Geneva, 2008.

[152] ILO. Report of the Director-general: Decent Work. International Labor Conference [R]. 87 th Session, Geneva, 1990.

[153] Junya H, Yasushi A. Reappraisal of the Incidence of Employer Contributions to Social Security in Japan [J]. Japanese Economic Review, 2010, 61 (3): 427-441.

[154] Kalemli-Ozcan S. Does the Mortality Decline Promote Economic Growth? [J]. Journal of Economic Growth, 2002, 7 (4): 411-439.

[155] Kaushal N. How Public Pension affects Elderly Labor Supply and Well-being: Evidence from India [J]. World Development, 2014 (56): 214-225.

[156] Kohei K, Atsuhiro Y. Who Bears the Burden of Social Insurance? Evidence from Japanese Health and Long-term Care Insurance Data [J]. Journal of the Japanese and International Economics, 2004, 18 (4): 565-581.

[157] Korkeamki O, Uusitalo R. Employment and Wage Effects of A Payroll-tax Cut-evidence from A Regional Experiment [J]. International Tax and Public Finace, 2009, 16 (6): 753-772.

[158] Kugler A, Kugler M. The Labour Market Effects of Payroll Taxes in a Middle-Income Country: Evidence from Colombia [J]. Economics Working Papers, 2003 (4): 561-562.

[159] Lejour A M, Verbon H A A. Capital Mobility, Wage Bargaining, and Social Insurance Policies in an Economic Union [J]. International Tax and Public Finance, 1996, 3 (4): 495-513.

[160] Llorente R M D B, Macias E F. Job Satisfaction as an Indicator of the Quality of Work [J]. Journal of Socio Economics, 2005, 34 (5): 656-673.

[161] Lubotsk D, Olson C A. Premium Copayments and the Trade-off between Wages and Employer-Provided Health Insurance [J]. Journal of Health Economics, 2015 (44): 63-79.

[162] Malgarini M, Mancini M, Pacelli L. Temporary Hires and Innovative Investments [J]. Applied Economics, 2013, 45 (17): 2361-2370.

[163] Mansson J, Quoreshi A. Evaluating Regional Cuts in the Payroll Tax from A Firm Perspective [J]. Annals of Regional Science, 2015, 54 (2): 323-347.

[164] Matsa D A. Labor Unemployment Risk and Corporate Financing Decisions [J]. Social Science Electronic Publishing, 2013, 108 (2): 449-470.

[165] Murphy K J. The Impact of Unemployment Insurance Taxes on Wages [J].

Labour Economics, 2007, 14 (3): 457-484.

[166] Nyland C, S B, Thomoson, C J, Zhu. Employer Attitudes towards Social Insurance Compliance in Shanghai, China [J]. International Social Security Review, 2011, 64 (4): 73-98.

[167] Ooghe E, Schokkaert E, Flechet J. The Incidence of Social Security Contributions: An Empirical Analysis [J]. Empirica, 2003 (31): 81-106.

[168] Papps K L. The Effects of Social Security Taxes and Minimum Wages on Employment: Evidence from Turkey [J]. ILR Review, 2012, 65 (3): 686-707.

[169] Pisauro G. The Effect of Taxes on Labor in Efficiency Wage Models [J]. Journal of Public Economics, 1991, 46 (3): 329-345.

[170] Prescott E C. Why Do Americans Work so Much More than Europeans? [J]. Social Science Electronic Publishing, 2006 (28): 2-13.

[171] Rogerson R, Wallenius J. Retirement in a Life Cycle Model of Labor Supply with Home Production [J]. Social Science Electronic Publishing, 2009 (78): 23-34.

[172] Saez E, Schoefer B, Seim D. Payroll Taxes, Firm Behavior, and Rent Sharing: Evidence from A Young Workers' Tax Cut in Sweden [J]. American Economic Review, 2019, 109 (5): 1717-1763.

[173] Salisu M. Foreign Direct Investment and Growth in EP and is Countries [J]. The Economic Journal, 2002 (1): 92-105.

[174] Schor J B. Does the Sharing Economy Increase Inequality Within the Eighty Percent? Findings From A Qualitative Study of Platform Providers [J]. Cambridge Journal of Regions, Economy and Society, 2017, 10 (2): 263-279.

[175] Stewart A, Stanford J. Regulating Work in the Gig Economy: What Are the Options? [J]. The Economic and Labour Relations Review, 2017, 28 (3): 420-437.

[176] Stiglitz J E. Utilitarianism and Horizontal Equity: The Case for Random Taxation [J]. Journal of Public Economics, 1982, 18 (1): 1-33.

[177] Stock J, Wise D. Pensions, The Option Value of Work, and Retirement [J]. Econometrica, 1990, 58 (5): 1151-1180.

[178] Stokke H E. Regional Payroll Tax Cuts and Individual Wages: Heterogeneous Effects across Education Groups [J]. International Tax Public Finance, 2021 (28): 1360-1384.

[179] Summers L H. Some Simple Economics of Mandated Benefits [J]. The

American Economic Review, 1989, 79 (2): 177-183.

[180] Tachibanaki T, Yukiko Y. The Estimation of the Incidence of Employer Contributions to Social Security in Japan [J]. Japanese Economic Review, 2008, 59 (1): 75-83.

[181] United Nations Statistical Commission and Economic Commission for Europe [R] // Towards An International Qualityof Employment Framework: Conceptual Paper of the Task Force on the Measurement of Quality of Work. Working Paper No. 1 Geneva: UNECE, 2007.

[182] Vere J P. Social Security and Elderly Labor Supply: Evidence from the Health and Retirement Study [J]. Labour Economics, 2011, 18 (5): 676-686.

[183] Weitenberg J. The Incidence of Social Security Taxes [J]. Finances Publiques, 1969 (19): 193-208.

[184] World Bank, Development Research Center of the State Council [R] // The People's Republic of China (DRC) (2013), China 2030: Building a Modern, Harmonious, and Creative Society. Washington D. C. World Bank, 2013.

[185] Yves, Delamotte, Shin-ichi Takezawa. Quality of Working Life in International Perspective [J]. Asia Pacific Journal of Management, 1984 (9): 67-69.